政治经济学新连线·学术研究系列

马克思经济学与数理分析

〔日〕藤森赖明　李帮喜／著

社会科学文献出版社
SOCIAL SCIENCES ACADEMIC PRESS (CHINA)

政治经济学新连线丛书

丛 书 主 编　孟　捷（清华大学）

丛 书 顾 问　史正富（复旦大学）

白暴力（北京师范大学）

潘　毅（香港理工大学）

李　玲（北京大学）

丛书支持单位　清华大学《资本论》与当代问题研究中心

出版说明

　　清华大学《资本论》与当代问题研究中心成立于 2013 年，是清华大学的校级科研机构，出版有《清华政治经济学报》。由该中心策划的"政治经济学新连线丛书"，在秉持古典经济学和马克思以降的分析传统的同时，力图展现当代政治经济学研究与时俱进的品格与风貌。"政治经济学新连线丛书"包括学术研究系列和战略研究系列两种，前者为纯学术性著作，后者虽亦不乏学术性，但研究内容与重大政策和战略问题密切关联。从今年开始，本丛书将陆续出版，敬希各位读者垂注。

序　言

目前，作为各大高校教材的经济学书籍大多以主流经济学理论为主，而主流经济学以外的理论却很少被介绍到。

我们有很多的机会，在很多场合听到主流经济学家所鼓吹的增长至上主义、市场万能主义，在这些人看来，景气衰退、经济危机之类的现象好像早已逝去，跟他们无缘似的。

其实，主流经济学的理论根本无法从本质上深度剖析或解释已经发生过的几次经济危机。比如，2008年发生的世界经济危机的根源到底是什么？该如何解释这场危机？很多人面对这样的严峻现实，不由得会对主流经济学产生各种各样的疑问或疑虑。甚至会有很多人的头脑里浮现出主流经济学一般教科书中的"奇妙"记述而百思不得其解。

被称为边际生产力学说的理论认为被生产出的商品就一定能售出。生产主体在追求利润最大化的理想状态下，实际上利润为零，在这个理想状态下什么决定了价格比率。然而，现实中的企业是不是零利润呢？如果不是的话，那么又是用什么来决定价格比率呢？

主流经济学也告诉我们，人们都是做自己想做的事情，任何人都能实现一个"最优"状态。但是，如果真是那样的话，那我们学习诸如此类的经济学岂不是在浪费时间？为何这么说，因为谁都知道做自己想做的事情，不用别人教都会。

他们的经济学又告诉我们，人们需要理性行为。举个简单的例子，要理解"边际"这个概念，需要微分等知识，而现实社会中又有多少人真正理解微分法呢？即使是经济学科的学生也未必都能掌握微分的相关知识。因此，可以说在现实经济中不能实现合理行动的人数不胜数。其实在这种主流经济学中类似的、近乎荒唐的例子还有很多，我们不再一一列举了。

本书的一个主要目的就是，用非主流的理论来解释主流经济学所不能解释的一些重要经济现象，为读者分析清楚一些理论上的关键问题。

本书的经济学说以马克思经济学说为主。马克思的经济理论于19世纪展开，本书从更为现代的视角来重新审视马克思的学说，说明它具有严谨的理论框架。

马克思的经济理论　以产业资本为核心的现代资本主义经济体制于19世纪初期诞生，对其提出根本质疑的经济学家、思想家首先是马克思。马克思明确了资本主义经济是一个以资本对劳动剥削为基础的经济。资本家之间的竞争导致景气循环和波动，资本之间的逐利竞争使得社会的大多数无产阶级沦为牺牲品被卷入到恐慌当中。

马克思以及与其传统相近的经济学家用与主流经济学派不同的方法构建了理论模型，深化了对经济现象的认识。

本书的读者对象及内容框架　本书可以作为大学本科高年级乃至研究生层次的政治经济学专业以及理工专业学生的教科书或参考书使用，也可以供与政治经济学相关的研究人员使用。近十年来，本书的作者之一藤森赖明以本书内容作为日本早稻田大学政治经济学部马克思经济学及社会主义经济学的讲义使用，主要授课对象是本科3年级以上（包括3年级）的学生。

本书的内容框架如下。

第一章主要明确马克思劳动价值学说的几个基本概念。第二章概述和梳理剩余价值论。第三章概述资本循环过程及再生产图式分析。第四章介绍学说史上著名的转形问题。第五章利用两大部类模型，以更为一般的形式讨论马克思的价值论、剩余价值论和再生产理论。第六章考察马克思两大部类动态模型与资本主义经济的波动。第七章对有关技术进步的置盐定理进行阐述。第八章详细阐释其他文献一般不予讨论的复杂劳动到简单劳动的还原问题。第九章整理斯拉法的标准商品理论。斯拉法分析资本的问题意识，在研究商品生产经济时是一个非常重要的工具。第十章考察商品经济中作为一个重要生产因素的固定资本，详细分析其运动规律。第十一章讨论马克思-斯拉法模型与固定资本、剑桥方程式等的关系。第十二章详细分析马克思的经济理论与联合生产问题。第十三章应用Moore-Penrose的伪逆性质从一个特征值问题的角度详细分析拥有矩形系数矩阵的马克思-斯拉法均衡模型。本章从特征值问题的意义上看，可以说是对华罗庚的"对偶不稳定"命题的一个推广。第十四章和第十五章主要通过前面的基础理论对现实的中国经济进行一些应用分析。第十四章推算了中国经济的固定资本系数，同时绘制了von Neumann-Leontief工资利润曲线。第十五章用大道理论分析了关于中国经济的一个规划模型。第十六章是本书的主要结论以及现实意义。

第一章至第九章基本上以两大部类模型为中心进行讨论，所应用的数学工具比较简单，本科高年级学生足以理解这些内容。

第十章以后属于中高级内容。所应用的数学工具以及分析方法略有一定的难度，但对于有一定数学（特别是线性代数）基础的人而言也不难理解。我们在本文中使用了不少具体的数值例，以便帮助理解相关的理论模型的结构和核心。

致中高级读者　本书对马克思的经济理论，特别是再生产理论及其对经济计划的应用进行基础性的解说。为能使大家更好地理解再生产理论，我们在最开始的几章中把价值论重新梳理了一遍。

其中，在导入马克思的价值论以及以其为基础的马克思的再生产理论时，所使用的数学模型都比较简单。

马克思经济理论的分析重点可概括为以下两点：其一，阐明资本主义经济是以对劳动者的剥削为基础的逐利经济；其二，明示完全依赖市场来调整供需关系的竞争性市场经济的均衡是不稳定的。

也就是说，在讨论马克思价值论的前半部分，资本主义经济的利润源泉存在于对劳动者的剥削中。而在再生产模型的讨论中，需明示竞争均衡的不稳定性。不考虑固定资本的模型的特征是，使得均衡利润率得以成立的均衡生产价格稳定，但数量的供需调整的均衡不稳定，这是一个被称为对偶不稳定的鞍点均衡。

本书后半部分，讨论了阐明固定资本问题的模型。伴随着商品生产的发展，固定资本在经济中的作用不容忽视，它所占比重也日益增加。

在本书中我们把固定资本要素引入马克思理论的基本模型，称为马克思-斯拉法模型。

包含固定资本，以等式表示且均衡利润率成立的生产价格的均衡并不稳定。完全依赖市场功能来调整数量的均衡显示出更强的不稳定性。正如应用分析中所示，耐久性设备（固定资本）长期而言会对商品经济带来巨大影响。

我们需要有一个可代替（竞争型）商品经济的经济体系。本书给出了一类均衡计划模型。

固定资本发挥重要作用的现代经济要实现稳定增长，明确的计划主体的存在必不可少。通过一个强有力的计划主体的切实有效主导，可以实现竞争经济无法实现的经济均衡。大道定理即明示了这一点。本书中，作为一个长期经济规划的例子，介绍了 Kantorovich 的展望规划论和 DOSSO 的大道理论。

数学方法　理解本书内容所需的基础数学知识主要以线性代数为主。更具体地说，是关于非负矩阵特征值和特征向量的 Perron-Frobenius 定理、线性规划法、广义逆矩阵（特别是伪逆）的知识。当然，作为基础知识，基础微分法、矩阵、向量，特别是关于特征值问题的线性代数的基础知识，以及常系数差分方程式等也有一定的需要。

为何要回归线性经济学？ 被称为线性经济学的经济理论以线性结构为其基础，于20世纪五六十年代开始盛行。线性经济学简单来说是指主要经济变量间的关系是以一次式为基础框架的经济理论。

目前有很多前沿理论是由线性到非线性，分析的视野也越来越广泛。一个复杂的经济现象用非线性的方法来解释和分析也的确比较易于理解。既然如此，我们为什么还要用线性的经济模型来分析上述理论呢？这当然需要一个合理的解释。

我们可以看到，在经济恐慌或危机时，各种各样的经济指标或动向与非线性及分形(Fractale)等概念似有较高的亲和性。实际上，经济物理学的研究也存在类似的现象。但是，线性经济学的诸多理论命题所体现的经济运动形态，与物理法则等的自然现象有所不同，它是以一种不稳定的鞍点均衡为主的运动。要使经济稳定就需要考虑各种各样的政策。

非线性模型存在的复杂性和难点，其实已隐藏于线性的结构中，而我们也知道其实可以在线性范畴内找到解决这些复杂问题的办法。

要充分理解经济危机的基础，首先就要理解鞍点均衡的存在以及它的不稳定性，这才是能真正深入理解复杂经济现象的第一步。

模拟计算的运用 本书的一个特点是，在进行一般理论分析的同时，通过大量的简单模型以及数值例来解释特定的经济现象。

我们在计算处理方面，使用了Scilab及Maxima等数值计算工具。

分担执笔 本书由两人分担执笔。藤森赖明已于1982年出版英文著作(*Fujimori*, 1982)，这本著作可以作为研究人员的参考书目使用。本书可以说是该著作的延续和发展，其中增加了很多最新的研究成果。特别是，关于固定资本的部分以及利用现实的投入产出表等基础数据进行实证计算的部分。

前面的基础部分主要由藤森赖明主笔，后半部分特别是关于包含固定资本的部分，主要依据李帮喜的博士论文(*Bangxi Li*, 2012)修改，由李帮喜主笔。数学附录主要由藤森赖明主笔。

本书的原文由作者两人用日文撰写而成，日文部分的文体统一方面由藤森赖明负责审定。李帮喜负责中文稿的最后定稿和 TEX 排版。

致谢 本书采用了以下开源系统和软件，在此表示由衷的感谢。

Scilab 是由INRIA 开发的一款科学工程计算软件。Maxima 的源码开放得益于Schelter 教授，这是一款计算机代数系统。

本书的排版采用了以斯坦福大学教授高德纳(Knuth)开发的计算机排版系统 —— TEX 为基础的中文 LATEX。

藤森赖明　李帮喜

2014年初夏于清华园

目　　录

图 目 录

表 目 录

第一章　马克思的劳动价值论

第一节　何谓商品

财富的元素　《资本论》的开篇第一节讲道：

> "资本主义生产方式占统治地位的社会的财富，表现为
> '庞大的商品堆积'，单个的商品表现为这种财富的元素
> 形式。因此，我们的研究就从分析商品开始。"（《资本
> 论》第一卷，人民出版社，2004，第一册，第一篇，第1章，
> 第1节。）

马克思是从分析商品开始分析资本主义经济的。商品是人们日常观察到的经济中的基本要素。

使用价值　商品可以满足人们的需求和欲望，而商品也一定是由一个生产主体来生产的，这是商品所具有的一种性质。商品的这种能满足人们需求和欲望的性质，与商品的质有关，称之为**使用价值**。①

不是为自己所用，而是为他人所用的使用价值称为**商品**。比如说，某一主体 A 为另一主体 B 生产使用价值，同样，B 也可以为 A 生产使用

---

① 这个跟**效用**的概念极为相近。

1

价值。这样，A 和 B 就可以通过交换各自的使用价值而得到各自生活所需的东西。类似于这样的使用价值的（定期）交换，在人类历史的初期阶段就存在，可以说人类经济史的大部分是商品经济的历史。

价值 2个商品进行交换，比如说可简单表现为：

$$x \text{ 量的商品 A} = y \text{ 量的商品 B.}$$

商品具有质的一面。A 和 B 进行交换，正是因为它们不同质。同一商品不会被互相交换。因此，上述图式的两边从自然、物理、化学等方面都是不同质的。也就是说，从通常意义上来讲，是无法还原到"共通项"的东西。

商品的质本身并不是决定其量的一面。这里需要从质以外也就是使用价值以外的层面来解释交换过程的等号所具有的含义。

但是，就如交换过程由等号联想到的一样，商品有量的一面。也就是说，2个商品进行交换，可以看成是因为从某种意义上它们能视为同一个的量。只有存在一个可将不同质的东西还原为共通项的载体，才能画上等号。这即是上述交换图式中等号所具有的含义。

将上述交换图式稍作变形，比如说，来交换2倍量的商品。这时，图式不会有任何本质上的变化。即这个图式表现的只是一个比例关系。因此，交换价值本身实际上只是某种东西所呈现的一个形态。

如果要一一列举商品的基本性质，即所有商品所共通的性质，唯一能说成共通项的是，商品是劳动的产物这一性质。基于劳动的、存在于交换价值背后的实体称为价值。因此，在考察交换价值之前我们先来考察一下价值。

第二节　劳动及它的二重性

劳动　劳动是人类进行具有合理目的的精神上、肉体上的活动的总称。人类所具备的精神上、肉体上的能力的总体称为**劳动（能）力**。劳动力的功能即为劳动。

有用劳动　创造商品的使用价值的劳动为**有用劳动**，或者称**具体的有用劳动**。

　　"上衣是满足一种特殊需要的使用价值。要生产上衣，就需要进行特定种类的生产活动。这种生产活动是由它的目的、操作方式、对象、手段和结果决定的。由自己产品的使用价值或者由自己产品是使用价值来表示自己的有用性的劳动，我们简称为有用劳动。"（《资本论》第一卷，人民出版社，2004，第一册，第一篇，第1章，第2节。）

　　具体的有用劳动与具体工作的内容相关。比如，烤面包的劳动、机械工的劳动等。有用劳动的总体表现了**社会分工**。

　　"各种使用价值或商品体的总和，表现了同样多种的、按照属、种、科、亚种、变种分类的有用劳动的总和，即表现了社会分工。这种分工是商品生产存在的条件，虽然不能反过来说商品生产是社会分工存在的条件。"（《资本论》第一卷，人民出版社，2004，第一册，第一篇，第1章，第2节。）

抽象的人类劳动　我们可以考虑这样一个概念，即，它跟劳动内容无关，忽略具体的有用劳动，用共通的尺度来衡量劳动量，亦是某种商品的生产所需的抽象表示的劳动量。这样，作为商品共通性的交换价值实体的劳动，称之为**抽象的人类劳动**。

劳动的二重性 由劳动生产商品的过程来考虑，我们知道劳动本身具有二重性。

$$\text{劳动}\begin{cases}\text{质：具体的有用劳动} \Longrightarrow \text{使用价值}\\\text{量：抽象的人类劳动} \Longrightarrow \text{价值}\end{cases}\Bigg\}\text{商品}$$

图 1-1　劳动的二重性

商品价值 劳动的量是由劳动时间来测定的。**商品价值**是指生产商品的社会性的必要劳动时间，也就是说，由正常的生产条件和劳动的社会平均熟练度来生产该商品所需要的直接和间接的劳动时间。

这样，商品的价值就是为生产活动而直接或间接支出的劳动所凝结或结晶化的东西。

劳动可区分为熟练劳动（复杂劳动）和不熟练劳动（简单劳动）。在计算方面，复杂劳动几倍于简单劳动。这类问题被称为复杂劳动到简单劳动的还原问题。之后我们还会详细讨论这种还原问题，现阶段我们先假定劳动同质。

概括来讲，所有的劳动，一方面是生理学意义上的人类劳动力的支出，它基于一种同等且共通的人类劳动的属性，形成商品的价值；另一方面是特殊目的限定形态下的人类劳动力的支出，它基于具体的有用劳动这个属性，形成商品的使用价值。

第三节　价值形态论

价值并非是以其原有的形态出现在商品生产者的面前。它是作为商品的一种交换比率，或者是以多少钱这样的货币形式而出现的。这些被称为**价值形态**。价值形态论是要明确货币如何从商品世界诞生的。

交换图式　把交换现象通过图式来表示，多见于诸多的经济学教科书中。通过某种商品的一定量与其他商品的一定量相等这种形式来表示是它们所共通的特征。交换图式最为简单的框架是假定有2个商品所有者和2种不同种类的商品。

人们把自己拥有的商品进行交换，是因为这些商品归属于特定的人。人们对商品的这种支配权，称为**所有（权）**。这样，商品的交换就会改变商品的所有者。

进行交换的场所，经济学中称为**市场**。

简单的价值形态　最简单、最基本的交换图式可表现为

$$x\text{ 量的商品 A}=y\text{ 量的商品 B.}$$

称之为**简单的价值形态**。

这个图式反映了商品具有的基本性质。

从交换图式中可以看出，商品 A 的所有者需意识到的是，他所拥有的商品的交换价值是由商品 B 给予的。商品 A 的交换价值只有在市场上找到交换对象才能得以体现。从这个意义上来说，基本图式的左边是通过右边来体现价值的**相对的价值形态**，右边称之为给予左边商品价值的**等价形态**。左边的商品 A 通过对方体现它的交换价值，而右边的商品 B 则是由自己来体现对方的价值，成为一面**价值镜**。

简单的价值形态下，两边的量纲是劳动时间 ($[H]$)。因此，它明确了商品的价值通过其他商品的使用价值来表现的矛盾。这明示了商品的（辩证法性的）性质，即商品所内含的价值和使用价值的矛盾，以及价值和使用价值的对立物的统一。

作为数量比例的交换价值　通过数量可以表现为，假设商品 A 由重量 ($[K]$) 单位来衡量，商品 B 由容量 ($[L]$) 单位来衡量，对它们的单位价值 a 和 b，有代数式 $xa = yb$ 成立。考虑量纲问题有，$[K][H/K] = [L][H/L]$。由此可知，$\dfrac{b}{a} = \dfrac{x}{y}$。也就是说，1单位商品 B 与 $\dfrac{x}{y}$ 单位的商品 A 的价值相同。

用商品 B 测定商品 A 所具有的**交换价值**是数量比例 $\dfrac{y}{x}$。需要注意的是，这个数量比例是一个有量纲 $[L/K]$ 的数。即，交换价值的量纲中丝毫没有劳动时间的"痕迹"，价值是作为交换价值来呈现的。

扩大的价值形态　所有者甲在市场会遇到以下情况：

$$x \text{ 量的商品 A} = y \text{ 量的商品 B}$$
$$= z \text{ 量的商品 C}$$
$$= \cdots.$$

如果 n 个所有者分别把 n 种不同种类的商品拿到市场上来的话，那么商品 A 可以有 $n-1$ 个交换价值的表现形式。我们称之为**扩大的价值形态**。

不仅是所有者甲，其他的商品所有者也会遇到同样的交换系列。也就是说，一共存在 $n(n-1)$ 个交换价值的表现形式。

一般的价值形态　扩大的价值形态的右边和左边互换后，出现以下简洁图式：

$$x \text{ 量的商品 A} =$$
$$y \text{ 量的商品 B} =$$

$$z \text{ 量的商品 C} =$$

$$\cdots = a \text{ 量的商品 Z}.$$

我们称之为**一般的价值形态**。

这个图式意味着，n 种商品中，有 1 个商品被放在了右边的等价形态的位置上。剩下的 $n-1$ 种商品的交换价值通过等价形态下的商品的量来表现。这样，交换价值的表现可简化到 $n-1$ 个。右边的商品 Z 即处于**一般的等价形态**下。

从扩大的价值形态到一般的价值形态的变化，是一个从 $n(n-1)$ 个交换价值的表现形式到 $n-1$ 个交换价值的表现形式的简化过程。通过这个简化，可以大幅度地减少交换时所需的信息量。

第四节　货币

货币商品、货币形态　一般的等价形态下的商品由某一特定的商品取代时，这个特定的商品称为**货币商品**。此时，一般的价值形态即蜕变为**货币形态**。货币形态的图式除右边的商品为货币商品外，与一般的价值形态的图式没有什么不同。

$$x \text{ 量的商品 A} =$$

$$y \text{ 量的商品 B} =$$

$$z \text{ 量的商品 C} =$$

$$\cdots =$$

$$a \text{ 量的商品 Z} = g \text{ 量的货币商品 G}.$$

某一商品具有货币功能的话，那这种货币商品的 1 单位可以有货币称呼，比如说人民币、美元、日元等。这样，交换价值或者交换比率同样可用货币单位来表现。用货币单位来表示的交换比率称为**名义价格**。

例如，前面一般价值形态的图式中，如果商品 Z 为货币商品，并且1单位的 Z 为人民币（或者美元）的话，其名称可变成其他商品的交换价值的名称。例如，商品 A 的1 单位可用货币表示为 $\frac{g}{x}$ 人民币（或者美元）。

货币的功能　马克思所说的**货币**，其本身即是商品，且有以下功能：

第一，作为衡量商品的交换价值的一个价值尺度。

第二，作为交换的手段、流通的手段。

第三，作为储藏的手段。

第四，作为支付的手段。

第五，作为世界货币。

贵金属货币　货币的必要条件是质量一定、可分割、一定程度的稀少性以及其本身的价值不会出现较大的变动等。如果它本身的价值出现了大的变动，那么就会妨碍它作为储藏手段或者支付手段的功能的发挥。从历史事实而言，金银等贵金属具有作为货币的特性。

作为货币必要性的一个补充说明　交换价值的确定是否保证某一商品的所有者一定能通过交换获得想要的商品？对这个疑问的回答是否定的。作为一个否定的例子，假定有一个由3人3商品组成的交换场所。假设主体1通过交换商品1 获得商品2，主体2 通过交换商品2 获得商品3，主体3 通过交换商品3 获得商品1，那么任何2人之间的交换都不会成立。为何任何2人之间的交换都不会成立呢？其理由是，即使一时性地直接获得不需要的商品，但其不能作为支付手段发挥作用，即不能有效地获得自己所想要的商品。

因此，为了能够保证通过交换获得想要的商品，必须要有一个特别的体系，即对共通的支付手段要达成一致。人类发明的是可与任何其他商品进行交换的特别商品，即货币。

第五节　等价关系与交换

商品交换与马克思的下行法　经济学的诸多学派都是从阐述交换问题开始展开他们的分析的。这是因为对很多人来讲，交换现象是最容易理解的一种现象。

在此，我们先根据马克思的下行法来考察一下现象层面的交换问题。这样，更能深层次地体现马克思劳动价值论的意义及特征。先不考虑每个人是如何得到其所拥有的商品，仅考察纯粹的交换行为。

狭义的交换的公正性　当事人在交换时所关心的事情是什么？在一般的价值形态下，商品只有一种交换比率，就此而言，仅由交换而得的商品所有者所拥有的商品的量不会出现增减的情况。因此，首先我们需要注意的是，仅通过交换，各个市场参加者的拥有份额是不会出现增减的，这是最为关心的事情。交换不会让他们拥有的份额出现变动，这即是**狭义的交换的公正性**。

作为等价关系的交换　对交换的形式及条件进行数理分析的是Krause（1979）。

Krause 利用双项关系 $\sim$，把 A 可以跟 B 交换表现为 $A \sim B$。

如果 $A \sim B$，那么也可以进行逆向交换，当然可以认为 $B \sim A$。

进而，如果 $A \sim B, B \sim C$，那么也可以认为 $A \sim C$。最后，虽然在现实的市场中不会发生，不过从概念上，当然会有 $A \sim A$ 成立。由上可知，交换关系 $\sim$ 是一种等值或等价关系。

这种等值关系可以利用数量比率来表现。假设存在 m 种商品，1 单位的商品 i 可以获得 t_{ij} 量的商品 j，那么我们将这些关系表示成一个交换比率矩阵。

$$
T = \begin{pmatrix}
t_{11} & t_{12} & \cdots & t_{1m} \\
t_{21} & t_{22} & \ddots & t_{2m} \\
\vdots & \ddots & \ddots & \vdots \\
t_{m1} & \cdots & t_{m,m-1} & t_{mm}
\end{pmatrix}
$$

对角线上的 $t_{ii}=1$。这即是 $A \sim A$。因此，交换关系中需要引入单位元素 1。重要的一点是，比率 $t_{ij}(i \neq j)$ 有量纲，但比率 $t_{ii}=1$ 没有量纲，它是一个无名数。

一物一价 假设拥有某个商品 i 的所有者将自己所拥有的商品与商品 k 交换，再将商品 k 跟原来的商品 i 进行交换，若令最初拥有的量为 1，那么再交换后的商品 i 的拥有量即为 $t_{ij}t_{ji}$。

如果 $t_{ij}t_{ji}=1$，那么交换之前和交换之后的拥有量没有变化。这样，我们可以确认2个商品的交换是狭义公正交换。

如果 $t_{ij}t_{ji}<1$，那么交换后拥有量有所减少。这样，应该在某处出现了不公正的交换。

对于任意的一个商品而言，保证狭义公正交换的交换比率的体系需满足以下关系。即，对任意的 $i,j,k,\cdots,l$，有

$$t_{ij}t_{jk}\cdots t_{li}=1.$$

此时，T 的各列、各行成比例。

由上可知，比率1应有其意义，应存在交换比率之间的倒数关系，由此我们可确认交换比率只有1种，即一物一价。

商品的交换比率只有一种是狭义的交换公正性的充要条件。一物一价是市场经济最基本的标准。没有这个原则，市场经济将无法成立。

第六节　价值实体论

马克思最先对价值进行了定义，并说明了价值是作为价值形态来体现的，从价值形态中产生了货币形态，从商品世界中诞生了商品货币，价值的体现形态即为价格。

另一方面，根据 Krause 的主张，交换可以作为等值关系来把握，狭义的交换的公正性可在一物一价的原则下被保证。如果市场中的交换正常进行，那么只要确定交换比率，商品经济即可顺利运行。即使不明示价值的实体也能表示逻辑上的等价性。

那么，价值实体为什么重要呢？换句话说，为什么仅仅有交换比率还不够呢？

就像货币商品具有的性质一样，不变质的自然特性与储藏及支付相关的时间性或空间性等层面有关。交换比率在那样的时间或空间的视点下也必须站得住脚。那怎样才能使其变为可能？

如前所述，狭义的交换的公正象征性地表现在一物一价的原则下。但它所要求的只是交换价值比率的唯一确定。即使先确定了交换价值，那交换价值的大小本身为什么是那个大小？比如说商品 A 的价格是 $\dfrac{g}{x}$ 的话，除此以外的价格是不是就不可能呢？这些都还没有被合理阐释。

代入等号和比较等号　马克思的价值形态论可概括为，交换的基本图式的等号是作为代入等号(Assignment) 来把握的。即，是将右边的值赋予左边的项的一个操作。该操作也可以称为是商品交换价值的值的初始化。

一般来讲，X 和 Y 进行交换时，可记为 $X = Y$，此时的等号是比较等号，可理解为左边和右边是一个同等的量。之所以能这样，实际上是在其"背后"有了由代入等号进行的实体价值的值的初始化。

马克思在展开价值形态论的分析时，认为给予一般商品的价值规定形式，说明由此而被确定的商品的交换比率的顺序，进而决定货币商品的价值，从而得出以货币为中心的交换比率体系的成立。

货币的价格　马克思认为"货币不具有价格"。对此，越村(1961, p.46)认为"货币拥有为1的单位价值"。其实很明显，这两种说法都是指交换中的 $A \sim A$ 或者 $t_{ii} = 1$。

从强调没有量纲这一点马克思是正确的，但从交换计算的连贯性来讲越村是正确的。

出售与购买的分离——恐慌的第一种可能性　货币作为一种支付手段发挥作用的话，交换的图式即变为

$$W \longrightarrow G \longrightarrow W'.$$

前半部分 $W \longrightarrow G$ 称为出售行为，后半部分 $G \longrightarrow W'$ 称为购买行为。即商品交换分离为卖和买。

卖出而获得货币的商品拥有者未必会购买其他商品而抛掉货币。也就是说，卖和买未必会相互抹消。卖和买所发生的时间、空间也可以是异时、异地。因此，买卖不一定会均衡。非均衡时的市场上的交换是不均衡的，也就是说会遭遇到恐慌。马克思将此称为**恐慌的第一种可能性**。

价值论看上去是一种静态的理论，其实它内含了诸如恐慌之类的动态现象的萌芽。

商品拜物教　作为使用价值的商品，并没有呈现出什么不可思议的地方。但是，作为价值物的商品在人们看来具有不可思议的性质。

商品的使用价值从表面上来看非常明显。什么样的商品有着什么样的使用价值，作为使用价值物具体又是什么，比如说它对于人们的视觉和触觉来讲是个很自然的存在，也不过是人和物之间的一种物理性的关系罢了。但是，作为商品的价值物的相互关系跟商品的自然性质以及由

此产生的物理性的关系无关。作为价值物的商品的关系，在人们的眼里犹如一种跟人独立的关系。商品的价值关系是基于人类劳动的产物这一共通性，由人类自己确立的关系。虽然如此，却犹如与人类独立的关系一样表现出来。这即是马克思所说的商品的**拜物性质** 或者**商品拜物教**。

商品世界的拜物性质是由生产商品的劳动所具有的社会性质而产生的。

生产物成为商品，是因为它是个别的私人劳动的产物。这些私人劳动的总体形成了社会总劳动。每个生产者通过商品的交换才得以相互进行社会性的接触。生产者的私人劳动的社会性质才得以通过交换来体现。商品的交换关系不单是物与物之间的关系，也是生产商品的生产者（所有者）之间的关系。

这样，商品的价值关系本质上是人与人的关系作为物与物的关系来体现的。

从货币的角度来看，商品的拜物性质得到了彻底的体现。原因在于，货币从它一诞生就具有了购买力这样的"魔力"。

价值的决定过程　在交换的内部，无法决定价值的大小。因此，需要在交换的外部来探求价值决定的要素。

交换图式中没有说明的是，为何当事人拥有那个商品，这个商品又是怎样在市场上跟其他商品进行交换才得以出现的。除了偶发性获得这个商品的情形外，为了能够定期在市场供应这一商品，其中最为妥当的解释是当事人在生产这一商品。

而市场的各个参加者通过交换获得他们自己需要的商品，有着各种各样的理由，最基本的理由是，需要消费并来维持生活。也就是说，经济活动的范围是作为

生产 —— 交换 —— 消费

这一基本范畴来把握的。因此，为了阐明交换过程未阐明的事情，关键在于要在生产过程或者消费过程中探求原因。经济学的理论在此阶段大

致可分为两类。一类是在生产过程中探求交换比率、交换价值的决定要素；另一类则是在消费过程，也就是消费者的主观满足度上探求其决定要素。基于消费者的主观满足度的价值论被称为**效用价值学说**。

下面我们要论述的关于马克思的理论，是基于在生产过程中探求价值的这类学说。马克思在价值形态论中，是从商品的价值以投入的劳动量来衡量这一基础展开讨论的。即，马克思所说的价值实体是投入在生产过程中的劳动。这样，由劳动决定价值的理论称为**劳动价值学说**。马克思所展开的劳动价值学说是由古典经济学的伟人之一李嘉图所展开的。①

马克思在展开价值的尺度的讨论时，假定了**等价交换**条件。这是一物一价，即比狭义公正交换具有更广泛的含义。我们在下一章能看到，即使表面上看上去是一种公正的交换，但其实也出现了实体性的不等价交换，马克思注意到了这个现象。

我们之后的讨论一方面要深化马克思对生产过程的分析，另一方面来明确生产过程的诸多条件是如何决定经济中的各种状态的。

① 在学说史中，存在一类跟劳动价值学说一样，以劳动为基础来讨论商品价值的**支配劳动价值学说**。因此，劳动价值学说目前存在一个支流。关于支配劳动价值学说我们将在后面的讨论中提到。

第二章 马克思的剩余价值论

第一节 资本的原始运动

异质商品的获得 物物交换的最简单的商品交换图式可以表现为

$$W \longrightarrow W'.$$

交换的两端是不同种类的商品。交换的目的若是获得满足物欲的商品，那么商品的运动则不会再循环往复下去，于是在此终止。

导入货币 G 后，如前所述，商品的交换图式变为

$$W \longrightarrow G \longrightarrow W'.$$

即使将直接性的交换分割成销售和购买两大要素，如果是按照由销售到购买的顺序，那么因为商品交换是以获得满足物欲的商品为动机的，所以交换的起点和终点跟直接性的物物交换的情形一样，依然是异质的商品。

若必要的商品可通过交换来获得，那么因为商品的拥有者达到了他的目的，就此而言，这样的商品交换有一定的终止点。即使用货币来作为介质，商品交换的性质也不会出现较大的变更。

为满足物欲的商品交换是为买而卖的。的确，由商品交换而得到需求的商品时，同样的商品交换会循环往复进行下去。但是，即使是循环往复地进行，其新的始点不是与之前的商品交换连接在一起，而是被切

断的。

为卖而买　考虑一个以 G 为起点的图式又会怎样呢？以 G 作为上述图式的出发点，则商品交换的由购买到销售的顺序图式为

$$G —— W —— G'.$$

这个起点和终点都是同质的货币。由交换获得的（终点的）商品与起点（的商品）同质，所以这里的商品交换的主要问题不是商品的质而是商品的量。为卖而买，这是这个图式所表现的含义。从这个角度来看商品的运动时，可以认为具有经济意义的运动是

$$G < G'.$$

由货币到资本的转化　为卖而买的交换图式，从数量的差额角度考虑，容易想象到它没有终点，会不断地循环往复下去。即

$$G < G' < G'' < \cdots.$$

呈现这种运动形态的东西，即呈现出有不断增强倾向的货币的集合，我们暂称之为**资本**。马克思将其称为**货币到资本的转化**。

换句话说，资本最初的特征有两点：

第一，它以**货币形态**出现。

第二，它是**增殖的价值物**。

以上的交换图式中，每个销售和购买的部分都是等价交换。那么，在等价交换下，如何使

$$G < G'$$

变为可能呢？单就交换图式而言，看似不太可能。

> "如果是等价物交换，不产生剩余价值；如果是非等价物交换，也不产生剩余价值。流通或商品交换不创造价值。"
> （《资本论》第一卷，人民出版社，2004，第一册，第二篇，第4章，第2节，第190页。）

　　"资本不能从流通中产生，又不能不从流通中产生。它
必须既在流通中又不在流通中产生。"（《资本论》第一
卷，人民出版社，2004，第一册，第二篇，第4章，第2节，
第193页。）

　　马克思是在以劳动力的商品化作为主线的剩余价值论中，对资本主
义经济的商品生产中的价值增殖体系进行说明的。

第二节　劳动力的商品化

劳动力　马克思是如下定义劳动力的：

　　"我们把劳动力或劳动能力，理解为一个人的身体即活的
人体中存在的、每当他生产某种使用价值时就运用的体力和
智力的总和。"（《资本论》第一卷，人民出版社，2004，
第一册，第二篇，第4章，第3节，第195页。）

自由劳动者　货币拥有者要在市场上遇到作为商品的劳动力，需要满足
一系列的条件。

　　商品交换除由其本身所体现的性质之外，不会包含任何的从属关
系。因此，把自己的劳动力作为商品在市场上卖出的劳动力拥有者，可
以自由地处理自己的劳动力，并且可以作为一个对等的交易方来跟货币
拥有者进行交易。

　　劳动力在市场上卖出的条件是，劳动力的拥有者并非把劳动力作为
自己劳动产物的商品，而是出现了必须要出售自己劳动力本身的状况。
资本家可以购买作为商品的劳动力，但是必须要存在一个出售劳动力的
社会阶层。

　　也就是说，货币拥有者需要遇到双重意义上的"自由"劳动者。

即，作为一个自由人可以把自己的劳动力作为商品出售的自由劳动者，并且，除了劳动力以外没有其他任何可以出售的商品。从其他商品生产所需要的工具等中解放的这个意义上来讲是自由劳动者。

一端存在这样的劳动者，另一端存在购买劳动力的货币拥有者，这是历史发展的结果。

马克思的分析就是以这样的事实为起点的。

> "劳动力的买和卖是在流通领域或商品交换领域的界限以内进行的，这个领域确实是天赋人权的真正伊甸园。那里占统治地位的只是自由、平等、所有权和边沁。自由！因为商品例如劳动力的买者和卖者，只取决于自己的自由意志。他们是作为自由的、在法律上平等的人缔结契约的。……平等！因为他们彼此只是作为商品占有者发生关系，用等价物交换等价物。所有权！因为每一个人都只支配自己的东西。边沁！因为双方都只顾自己。"（《资本论》第一卷，人民出版社，2004，第一册，第二篇，第4章，第3节，第204页。）

劳动力的价值 劳动力商品的价值，跟其他商品一样，是由商品的生产和再生产所需要的劳动时间决定的。劳动力作为活的人，能力才能存在，所以劳动力的再生产是以个人的存在为前提的。若有个人的存在，则劳动力的再生产就是对他自身的一种维持。为了维持个人生活，他需要一定量的生活手段。一个作为劳动者来劳动的人，一定会消耗肉体上和精神上的各种能力，所以为了次日也能劳作，必须从量上要确保他恢复体力等所需的生活手段。

生活手段的总额，必须是能维持劳动者个人的正常生活。可以认为其范围除自然、生理上的需要以外，还由文化和历史等要素来综合（或平均）界定。

劳动力的拥有者终归免不了死亡，那么市场上要确保劳动力的卖方，就需要补充死亡退出者。这也必须从量上包括被培育的劳动者子弟的生活手段。

为能让一个很一般的人变成一个在一定的劳动领域中能够熟练工作的高度劳动力的占有者，需要有一定的训练和教育。这种训练教育费用也必须包含在取决于劳动力价值的生活手段中。

这样，劳动力的价值归结于以上的种种生活手段的总价值。

劳动与劳动力　劳动者具有的基本（精神上、肉体上的）能力称为**劳动力**。劳动力的功能称为**劳动**。因此，劳动和劳动力完全是两个不同的概念。如果某个人没有占有任何生产所需的工具，但又要从人格上自由地跟货币占有者对等地进行商品交换，那么他只能把自己的劳动力出售到市场上。实际上，这在劳动市场上是可能的。这样，可使劳动力的商品化变为可能。劳动力是劳动者自身的再生产，即，它是由劳动者的生活的再生产而被再生产的，最终是由消费品进行的再生产。劳动力的再生产所需的消费品的总价值决定了劳动力的价值。

资本对劳动的支配　资本主义经济存在两大阶级，即占有生产资料的资本家阶级和提供劳动的劳动者阶级。

资本主义经济是以劳动力的商品化为基础的。评价劳动力商品的共通尺度称为**工资**。

资本主义经济的中心是占有生产资料的资本家。

- 生产上的决策是资本家的专管事项。
- 生产的结果（生产物）归生产资料的占有者即资本家所有。

生产资料的占有者获得生产结果这一规则使资本家社会得以成立，生产资料以外的生产要素，亦即劳动力也是由资本家通过支付工资来购买的，它也是资本的一部分。其功能也是作为资本所具有的功能来发挥，也就是资本支配劳动。于是工薪劳动者从任何一种意义上来讲都是对从生产过程中生产出来的生产物没有所有权。资本家的生产并非资本与劳动的共同作业。

资本从实物上,是由生产资料和劳动力构成的。在开始生产前需要准备好所需的一切。若这些东西都要在资本家的指挥下进行,那么劳动力(商品)也必须由资本家事先购买(预备)好。我们之后的分析以**工资预付**为前提。为能更充分地发挥资本家的指挥(掌控)权,所需资本都必须预付才能使其变为可能。因此,马克思开篇关于资本总额的一个数量规定就是,生产资料 + 工资。

第三节　劳动过程与价值增殖过程

一　劳动过程

劳动过程　劳动力的使用即是劳动本身。某个人要把他的劳动表现为商品,那他首先要在使用价值中去表现它。这种性质,不依据于商品的生产是否被资本家管理。因此,我们要把劳动的过程作为与任何特定的社会形态相独立的东西来考察。

我们来看一下商品的生产过程,它首先是生产使用价值的过程。生产使用价值的过程称之为**劳动过程**。

劳动过程中,投入生产所需的劳动对象、劳动资料、劳动等,产出作为使用价值的商品。

> "劳动首先是人和自然之间的过程,是人以自身的活动来中介、调整和控制人和自然之间的物质变换的过程。人自身作为一种自然力与自然物质相对立。为了在对自身生活有用的形式上占有自然物质,人就使他身上的自然力——臂和腿、头和手运动起来。当他通过这种运动作用于他身外的自然并改变自然时,也就同时改变他自身的自然。他使自身的

自然中蕴藏着的潜力发挥出来，并且使这种力的活动受他自己控制。"（《资本论》第一卷，人民出版社，2004，第一册，第三篇，第5章，第1节，第207~208页。）

劳动是人类有合理目的的活动。

"他不仅使自然物发生形式变化，同时他还在自然物中实现自己的目的，这个目的是他所知道的，是作为规律决定着他的活动的方式和方法的，他必须使他的意志服从这个目的。但是这种服从不是孤立的行为。除了从事劳动的那些器官紧张之外，在整个劳动时间内还需要有作为注意力表现出来的有目的的意志。"（《资本论》第一卷，人民出版社，2004，第一册，第三篇，第5章，第1节，第208页。）

劳动过程的简单要素是，有合理目的的活动或者劳动本身，以及劳动对象和劳动手段。

比如说包含水及其他物质的土地，就可以作为人类劳动的对象而存在。通过劳动而从土地中直接获取的东西也是自然界中存在的劳动对象。这样，**劳动对象** 是指进行劳动的对象，通过变形、变质而变成生产物，经过一次生产行为便消失的东西。

如果劳动对象本身由过去的劳动所获得，则称其为**原料**或者**原材料**。所有的原材料都可作为劳动对象，但所有的劳动对象并非都是原材料。因为有的劳动对象经过一次使用就被消耗掉了，也被称为**流动资本**。

劳动资料　劳动资料是指，劳动对象和劳动之间的中介，比如机械设备、其他的固定设备、建筑物等都是劳动资料。在一个长期的生产期间使用，而后被报废的东西一般称为**固定资本**。

"劳动资料是劳动者置于自己和劳动对象之间、用来把自己的活动传导到劳动对象上去的物或物的综合体。……

劳动者直接掌握的东西，不是劳动对象，而是劳动资料。"（《资本论》第一卷，人民出版社，2004，第三篇，第5章，第1节，第209页。）

劳动过程的结果即通过劳动获得的生产物是人们当初计划的结果。但重要的一点是，从所获得的生产物的形态来看，我们不知道到底是由谁付出了怎样的劳动。

"可见，在劳动过程中，人的活动借助劳动资料使劳动对象发生预定的变化。过程消失在产品中。它的产品是使用价值，是经过形式变化而适合人的需要的自然物质。劳动与劳动对象结合在一起。劳动对象化了，而对象被加工了。在劳动者方面曾以动的形式表现出来的东西，现在在产品方面作为静的属性，以存在的形式表现出来。劳动者纺纱，产品就是纺成品。"（《资本论》第一卷，人民出版社，2004，第三篇，第5章，第1节，第211页。）

劳动过程的关联 某一劳动过程中，活劳动控制劳动资料，把原材料变为所需的生产物。我们可以认为从中使用的劳动资料是其他劳动过程的结果。对于某一劳动过程来讲，劳动资料一方面是条件，另一方面又是其他劳动过程的结果。而生产劳动资料的劳动过程也需要以为之生产的原材料作为条件。也就是说，生产物既是劳动过程的结果，也是条件。[①]

"当一个使用价值作为产品退出劳动过程的时候，另一些使用价值，以前的劳动过程的产品，则作为生产资料进入劳动过程。同一个使用价值，既是这种劳动的产品，又是那种劳动的生产资料。所以，产品不仅是劳动过程的结果，同

[①] 马克思把社会分工定义为有用劳动的总集，从劳动过程的相互依存性来看，可以说社会分工是构成各个劳动过程的相互依存和关联的体系。

时还是劳动过程的条件。"（《资本论》第一卷，人民出版社，2004，第三篇，第5章，第1节，第212页。）

作为劳动过程的结果的生产物，是劳动资料还是原材料，并没有一个固定的定位。劳动过程的各种要素的定位是相对的，不是绝对的。

　　"一个使用价值究竟表现为原料、劳动资料还是产品，完全取决于它在劳动过程中所起的特定的作用，取决于它在劳动过程中所处的地位，随着地位的改变，它的规定也就改变。"（《资本论》第一卷，人民出版社，2004，第三篇，第5章，第1节，第213页。）

劳动资料及劳动对象与活劳动合为一体，变为其他的生产物。劳动对象和劳动资料在其过程中消耗、磨灭。这是一种劳动对象、劳动资料的消费。为了与个人进行的消费区别，称之为**生产性消费**。

二　价值增殖过程

价值形成过程　正如商品本身是使用价值和价值的统一一样，商品的生产过程也必须是劳动过程和价值形成过程的统一。

　　劳动的二重性规定商品的二重性，即使用价值和价值。使用价值取决于劳动过程，价值取决于价值形成过程。

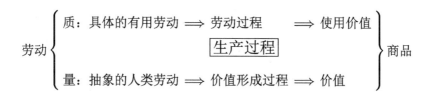

图2-1　生产过程的二重性

凡是商品生产并不是以其使用价值为目的，而是以交换价值为物质基础的。资本家决定生产某个商品时，有两件事情比较重要。一是生产具有交换价值的使用价值；二是商品的价值要大于或等于生产前预付的金额。

价值增殖过程　假设货币占有者可购买劳动者作为商品的劳动力。劳动者一天拿到的工资是固定的，比如100元。我们来比较一下让他工作4小时和让他工作8小时的情形。很明显，让他工作8小时的话，他所生产的产品的量应该是让他工作4小时的2倍。因此，劳动者新创造的价值的大小也有1倍的差距。

　　劳动力商品的特殊性之一就表现在它的使用价值就是作为新创造价值的源泉的劳动本身这一点上。

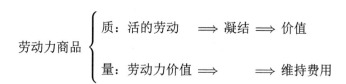

图2-2　劳动力商品的价值和使用价值

　　"包含在劳动力中的过去劳动和劳动力所能提供的活劳动，劳动力一天的维持费和劳动力一天的耗费，是两个完全不同的量。前者决定它的交换价值，后者构成它的使用价值。……劳动力的价值和劳动力在劳动过程中的价值增殖，是两个不同的量。"（《资本论》第一卷，人民出版社，2004，第三篇，第5章，第2节，第225页。）

　　劳动力的价值由其所需的生产时间（投入的劳动时间）来衡量。另一方面，由活劳动新创造的价值，正是由投入的劳动时间本身来衡量。因此，劳动力的价值和劳动力的功能所创造的价值是用同一个尺度来衡量的。然而，劳动力的价值大小和劳动创造的价值的大小是不同的东西。因此，货币占有者让劳动者的劳动时间大于为购买这个劳动力而支付的劳动力的价值金额相当的劳动时间，那么货币占有者即可获得高于劳动力价值的新创造价值。

劳动新创造的价值当中，超过劳动力价值的部分，马克思称之为**剩余价值**。一方面，在生产价值的过程中，若某个商品在生产过程中产生了更大的价值，那么这个过程就称为**价值增殖过程**。产生剩余价值的价值形成过程即是价值增殖过程。

> "如果我们现在把价值形成过程和价值增殖过程比较一下，就会知道，价值增殖过程不外是超过一定点而延长了的价值形成过程。如果价值形成过程只持续到这样一点，即资本所支付的劳动力价值恰好为新的等价物所补偿，那就是单纯的价值形成过程。如果价值形成过程超过这一点而持续下去，那就成为价值增殖过程。"（《资本论》第一卷，人民出版社，2004，第三篇，第5章，第2节，第227页。）

> "如果我们把价值形成过程和劳动过程比较一下，就会知道，劳动过程的实质在于生产使用价值的有用劳动。在这里，运动只是从质的方面来考察，从它的特殊的方式和方法，从目的和内容方面来考察。在价值形成过程中，同一劳动过程只是表现出它的量的方面。所涉及的只是劳动操作所需要的时间，或者说，只是劳动力被有用地消耗的时间长度。在这里，进入劳动过程的商品，已经不再作为在劳动力有目的地发挥作用时执行一定职能的物质因素了。它们只是作为一定量的对象化劳动来计算。无论是包含在生产资料中的劳动，或者是由劳动力加进去的劳动，都只按时间尺度计算。"（《资本论》第一卷，人民出版社，2004，第三篇，第5章，第2节，第227~228页。）

> "以前我们分析商品时所得出的创造使用价值的劳动和创

造价值的同一个劳动之间的区别，现在表现为生产过程的不同方面的区别了。

作为劳动过程和价值形成过程的统一，生产过程是商品生产过程；作为劳动和价值增殖过程的统一，生产过程是资本主义生产过程，是商品生产的资本主义形式。"（《资本论》第一卷，人民出版社，2004，第三篇，第5章，第2节，第229~230页。）

不变资本与可变资本 把资本作为价值来看的话，可由生产之前和生产之后不改变大小的生产资料的价值，和生产之前和生产之后改变大小的工资部分构成。生产资料部分称为**不变资本**，工资部分称为**可变资本**。表2-1列出了这种分类。

表 2-1 资本的分类

马克思的 资本分类	资本的 实体项目	其他学派的 资本分类
不变资本	土地 固定设备 机械	固定资本
	原材料	流动资本
可变资本	劳动力	

↑ 价值增殖过程   ↑ 劳动过程

马克思所划分的不变资本和可变资本的资本分类，与固定资本和流动资本的资本分类有所不同。马克思重视不变资本和可变资本的区别，是为了明确由劳动力的商品化而进行的剩余价值的生产以及由资本带来的剥削问题。这种区分方法本身很重要。

第四节 价值与剩余价值

价值与剩余价值 我们在之前的部分明确了与马克思的剩余价值相关的几个本质性的概念及规律。下面，我们来整理一下它的数量上的逻辑关系。

假定劳动为标准的或同质的劳动，劳动的支出用其持续时间（劳动时间）来衡量。某一单位期间，比如1年，在这个单位期间内来衡量它的量。

令某一期生产的商品的价值为 W。它是由生产中支出的生产资料的价值 C 和支出的劳动 L 的合计来决定的。

$$W = C + L \qquad (2\text{-}1)$$

L 表示经济整体创造的新价值。[①]

劳动者通过获得的工资来进行自己劳动（能）力的再生产，这样才能支出劳动。

劳动力的价值跟其他商品一样，是其再生产（即劳动者维持生活）所需的消费品价值的合计。

新创造的价值中超过工资的部分称为**剩余价值**。令工资为 V，剩余价值为 M，因为 $L = V + M$，所以商品的价值

$$W = C + V + M. \qquad (2\text{-}2)$$

---

① 通俗经济学中，称这个新价值的部分为**附加价值**。仅投入生产资料和劳动，若价值形成只按投入要素的价值的简单相加计算的话，那么附加价值的源泉即是劳动。因为生产资料的价值已经包含在商品价值中且已被回收。剩下的是劳动，即附加价值的源泉。

用比率 $\mu = \dfrac{M}{V}$ 定义**剩余价值率**。[①] 剩余价值是资本无偿获取的东西，马克思将其称为资本对劳动的**剥削**。剩余价值率是剥削的一个指标，也称为**剥削率**。

技术 生产过程是指，通过组合各个生产要素，生产一定的产品的过程。生产要素的组合方法称为**技术**，是一种重要的知识。

资本的构成 比率 $\xi = \dfrac{C}{V}$ 称为资本的**技术构成**或者**有机构成**。

价值的决定在技术和剩余价值率都给定时是唯一的，不会依据其他的因素而发生变化。因此，可以用价值来衡量和描述各种经济变量。

---

① 在马克思的分析中，假定了即使有多个商品生产部门，每个部门的剩余价值率也是均一的。也就是说，如果有2个生产部门，它们通过下标来区别，可有

$$\mu = \frac{M_1}{V_1} = \frac{M_2}{V_2}. \tag{2-3}$$

第三章 资本循环与再生产图式理论

本章主要把资本的运动形态作为资本循环来整理，概述以资本循环为基础的马克思的再生产图式理论。

第一节 资本循环

资本的运动可以在各种形态下观察到。从前面的分析中我们可以明确，资本最初的表现形态是货币，这种货币形态又可以变为生产设备以及劳动力，结果生产了新的商品。即，资本作为货币、生产资料、劳动力、产出的商品来表现。因此，可以考察以它们作为起点和终点的运动形态。马克思在此明示了3种资本的循环范式。

一 货币资本的循环

假设资本家手头有一定数额的货币 G，这时资本以货币的形态而存在，称之为**货币资本**。资本家支出其手头的货币来购买生产所需的商品 W，即生产资料(Produktionsmittel) P_m 和劳动力(Arbeitskraft) A。生产过程中由生产资料和劳动力生产出一定种类的商品 W'。生产出的商品经销售后它的形态转变为货币 G'。

我们可以将这种**货币资本的循环范式**表现为

$$G \longrightarrow W \begin{cases} P_m \\ A \end{cases} \cdots P \cdots W' \longrightarrow G'.$$

二　生产资本的循环

把生产资本既作为起点又作为终点的循环范式称为**生产资本的循环范式**。这种范式可表示为

$$\begin{cases} P_m \\ A \end{cases} \cdots P \cdots W \longrightarrow G \longrightarrow W' \begin{cases} P'_m \\ A' \end{cases}.$$

三　商品资本的循环

货币资本的循环范式中出现的所有要素都是作为资本出现的。以 W 或 W' 表示的商品也是资本的一种表现形态。

表现由商品资本到商品资本的循环范式称为**商品资本的循环范式**。可表现为

$$W \longrightarrow G \longrightarrow W' \begin{cases} P_m \\ A \end{cases} \cdots P \cdots W''.$$

即，在初期资本家的手头上存在可销售的商品。把这个商品售出后，可以用这个销售额来购买下一期生产所需的生产资料和劳动力，再经过生产又可获得新的以销售为目的的商品。

马克思所重视的是，资本运动中劳动力的商品化。接下来我们来考察一下上述3个范式中哪个最能明确地表现这一点。

从货币资本的循环范式来看，它的确明示了资本家对劳动力的购买行为。如果承认劳动力的商品化，那么生产资本的循环范式应该也是一样的。

商品资本的循环范式的特征是，它的起点和终点都是商品，从消费者的角度来看，它已明示了资本主义经济的本质性的一面，即不被看作

资本的东西已表现出了资本的形态，而且由此真实地表现了劳动力也是作为资本支配的对象而被商品化这一点。由此可知，最能明确地表示劳动力的商品化的是商品资本的循环范式。

商品资本的循环范式表示了这样一种循环。即，用出售商品而获得的货币购买新的生产资料和劳动力，将这些投入到生产过程后，获得在售的商品。这表现了由生产到消费的经济中最基本的循环是反复发生的。这种基本循环的反复称为**再生产**。

第二节　社会总资本

马克思把社会整体的资本称为**社会总资本**。以下我们从社会总资本的角度来分析资本的运动。

从商品交换或流通的过程来看，某一运动 $W \longrightarrow G \longrightarrow W'$ 需要有与其相辅相成的运动 $G \longrightarrow W$ 和 $W \longrightarrow G$ 的补充才能成立。很明显，登场人物最低要有3人才行。

社会整体由众多的个别资本集聚而成，在它的生产和流通过程中，资本是如何生产剩余价值，资本家又是如何获取它的，这与阐明个别资本的运动是不同量纲的问题，需要另外进行讨论。

至此我们明确了劳动力的商品化以及以其为基础的价值的公式。在由多数个别资本集聚而成的社会整体的生产过程中，如何使剩余价值被资本生产出来，又如何被资本家获取，这些都必须要明确出来。而且，资本主义经济的劳动力商品化的体系为何可以持续，也需要阐明。

马克思试图把这些问题通过基于商品资本的循环范式的再生产图式理论予以明确。以下我们就来看一下它的概要。

第三节　简单再生产

循环的单位期间和简单再生产　资本的循环运动需要有一定的时间。1 次循环所需要的时间以1 期来衡量。以某一期期初存在的商品 W 的量为起点，以期末的商品 W'' 为终点，假定期末商品即是下一期期初的商品。某一期的期初和期末的商品的量不发生变化时，马克思将其称为**简单再生产**。

前提　假设经济全体由生产生产资料（资本品）的第1 部门和生产消费品的第2 部门构成，分别简称为部门1、部门2。在此忽略固定资本和国际贸易的存在。

对商品资本 W 的分析

供给　令部门 i 的生产物的价值为 W_i，不变资本的价值为 C_i，可变资本的价值为 V_i，剩余价值为 M_i。资本循环的初始点存在的商品的量分别设定为生产资料6000、消费品3000。这些就是作为商品资本的循环范式起点的 W。这些生产物的价值构成可以由下式给定。

$$6000W_1 = 4000C_1 + 1000V_1 + 1000M_1$$

$$3000W_2 = 2000C_2 + 500V_2 + 500M_2$$

公式的左边依次表示生产资料、消费品的供给额；右边表示它们的费用构成。

这里需要注意的是，右边的 $1000V_1$ 是作为一种费用投入的劳动力，而构成6000 的一部分的1000 则是实物的生产资料。

我们可以列出生产资料（部门1）和消费品（部门2）的组合在两个部门中所存在的量，即部门1中是 $\begin{pmatrix} 6000 \\ 0 \end{pmatrix}$，部门2中是 $\begin{pmatrix} 0 \\ 3000 \end{pmatrix}$。

需求　如何通过货币交换供给的商品，来满足需求的呢？

资本家是"为卖而买"，所以是为生产能卖的商品而购买需要的生产资料和劳动力。假设下一期的生产构成（生产资本的构成）是以跟上一期相同的技术为基础，并且不会低于上一期的生产水平。由资本家所计划的部门1、部门2下一期生产所需的生产资料的需求是劳动力，对消费品的需求，我们可以从期初存在的商品是如何被生产出来的，即它的生产技术及费用构成中知道。

对生产资料的需求，部门1是4000，部门2是2000。因此，对生产资料而言，有以下关系成立。

$$供给\ 6000W_1 = 需求\ (4000C_1 + 2000C_2)$$

对于消费品来讲，其供给额是3000。两个部门开始生产时，预付劳动者的工资。预付金额分别是1000和500。作为工资消费对象的消费品需求合计为1500。另外，资本家把获取的剩余价值收入用到奢侈品上。因为资本家的这种消费跟劳动力的再生产无关，所以称之为非生产性消费。资本家的消费需求是1000和500，合计是1500。因此，对消费品而言，有以下关系成立。

$$供给\ 3000W_2 = 需求\ (1000V_1 + 500V_2 + 1000M_1 + 500M_2)$$

商品交换　需求和供给方面都是以货币为中介 $W \longrightarrow G \longrightarrow W'$ 来进行交易的。马克思以商品货币为前提讨论了交换问题。在此，我们坚持这个原则性的立场，认为以上的交易都是以商品货币为前提进行的。现在我们考虑的商品是生产资料和消费品，所以让它们中的任意一个作为货币来使用即可。

首先考虑以生产资料作为货币。部门1的资本家可以把自己生产的商品直接用来支付，所以可以把它作为相当于1000单位价值的工资支付给劳动者。劳动者再把这些货币支付给部门2的资本家以购买消费品。这样，部门2的资本家就获得了2000单位的货币即生产资料，部门2的生产资料的调配由此终止。部门2的资本家将500的货币作为工资支付给劳动者，但劳动者又会将同等金额的货币用来购买消费品，结果500单位的货币又回到了部门2的资本家的手中。

另外，$4000C_1$是部门1内的交易，$500M_2$是部门2内的交易。

消费品作为货币使用的场合也会出现与上述一样的情形。

生产资本W'　下一生产所要具备的生产资本的编制是

$$\text{部门1的生产资本} = 4000C_1 + 1000V_1,$$

$$\text{部门2的生产资本} = 2000C_2 + 500V_2.$$

以此作为商品的组合可表现为，部门1的生产资本的构成是$\begin{pmatrix} 4000 \\ 1000 \end{pmatrix}$，部门2的生产资本的构成是$\begin{pmatrix} 2000 \\ 500 \end{pmatrix}$。

商品资本W''　以上的生产资本实际上运作后生产出的商品资本的价值构成是

$$6000W_1 = 4000C_1 + 1000V_1 + 1000M_1,$$

$$3000W_2 = 2000C_2 + 500V_2 + 500M_2.$$

与最初的商品资本W比较一下可知它们的规模是一样的。这就是称为简单再生产的原因。

简单再生产的条件　简单再生产能否顺利进行，取决于部门之间的交易是否均衡。这样我们能得出**简单再生产的条件**，即

$$C_2 = V_1 + M_1. \tag{3-1}$$

货币环流法则 假定存在不是作为生产资料和消费品，而是作为交换手段的货币，那这又会是怎样的一种情形呢？

暂且假设部门1的资本家手头有2000单位的货币存在。资本家一开始在部门内的交易中需要调配$4000C_1$，那么1000的货币进行2次循环这个交易就会终止。生产资料的调配会很顺利地进行。其次，资本家拿出货币用以支出$1000V_1$的工资。劳动者拿这1000的货币去向部门2的资本家购买消费品。部门1的资本家把$1000M_1$全额作为自己的消费支出，所以他也从部门2的资本家那儿购买消费品。这样，部门2的资本家的手头中就流入了2000的货币。部门2的资本家把$500V_2$作为工资支付给劳动者。因部门2的劳动者从部门2的资本家那儿购买消费品，这500的货币就又回到了部门2的资本家的手中。部门2的资本家的消费是部门2的内部交易。部门2的资本家持有2000的货币，以此来跟部门1的资本家购买$2000C_2$的生产资料。由此，部门2也完成了开始生产的各项准备工作。2000的货币环流到了部门1的资本家的手中。

资本家的手中在期初如果存在适量的货币，那么由此而顺利进行的交易的货币会环流到起点。这就是马克思所讲的**货币的环流法则**。

第四节　扩大再生产：增长经济

供给与需求 假设当期期初生产物的价值构成由下式给定。

$$6000W_1 = 4000C_1 + 1000V_1 + 1000M_1$$

$$3000W_2 = 1500C_2 + 750V_2 + 750M_2$$

积累率 部门1、部门2的资本家把剩余价值的一部分用于本部门的扩大生产而支出，剩余的部分都用来消费。剩余价值中为扩大生产而追加支出部分对剩余价值的比率称为**积累率**。

假定资本的有机构成保持不变。我们来看一下部门1的资本家是如何自律性地决定积累的过程。令部门1的资本家的积累率是 $\frac{1}{2}$，资本的增加部分为 Δ，U_i 表示资本家消费，则从剩余价值中支出的部分就是：

$$1000M_1 = 400\Delta C_1 + 100\Delta V_1 + 500U_1.$$

由此，部门1的下一期生产资本为 $4400C_1 + 1100V_1$，部门1的资本增长率即为 $\frac{1}{10}$。也就是说，资本增长率是由积累率决定的。

均衡条件　为了能让经济顺利运行，需要生产物的供需一致。从资本品来看，供给是 $6000W_1$，需求是资本品的更新和部门1的积累部分，所以部门2的资本品的积累量是

$$100\Delta C_2 = 6000W_1 - 4000C_1 - 1500C_2 - 400\Delta C_1.$$

因此，从部门2的剩余价值中支出的部分是

$$750M_2 = 100\Delta C_2 + 50\Delta V_2 + 600U_2.$$

由此可知，部门2的积累率是 $\frac{1}{5}$。部门2的下一期的生产资本即为 $1600C_2 + 800V_2$，资本增长率是 $\frac{1}{15}$。

下一期的供给所需的生产资本量已确定，所以当期期末，即下一期期初的生产物的价值构成为

$$6600W_1 = 4400C_1 + 1100V_1 + 1100M_1,$$

$$3200W_2 = 1600C_2 + 800V_2 + 800M_2.$$

上述的可扩大再生产的条件是 $W_1 = C_1 + V_1 + M_1 > C_1 + C_2$，马克思将下式作为**扩大再生产条件**

$$C_2 < V_1 + M_1. \tag{3-2}$$

我们把这个条件替换为 $W_1 - (C_1 + C_2) > 0$ 的话，这就意味着存在超过消耗部分的剩余生产资料。

均衡增长　如果部门1也自律性地进行跟前一期一样的积累的话，则有

$$1100M_1 = 440\Delta C_1 + 110\Delta V_1 + 550U_1,$$

资本的增长率 $\frac{1}{10}$ 跟前一期相同。部门2的资本品的积累量由资本品的供需一致来决定，有

$$160\Delta C_2 = 6600W_1 - 4400C_1 - 1600C_2 - 440\Delta C_1.$$

部门2的资本增长率也是 $\frac{1}{10}$。部门间的产出比率是 $6600:3200 = 33:16$，实现了增长率为 $\frac{1}{10}$ 的均衡增长。

表示生产资料和消费品生产量的组合的点的轨迹称为路径。达到均衡增长率的路径称为**均衡路径**。马克思在上述数值例中所要表达的重要一点是，部门1的自律性积累决定过程中，由任意的初始状态出发都会收敛到一个均衡增长路径。

积累率、增长率、利润率 采取自律性积累政策的部门1的增长率从初期开始一直都是 $\frac{1}{10}$。在此，我们来看一下积累率和增长率之间的关系。

令部门1的资本增长率为 g_1，则

$$g_1 = \frac{400\Delta C_1 + 100\Delta V_1}{4000C_1 + 1000V_1}.$$

再令积累率为 α_1，则

$$\alpha_1 = \frac{400\Delta C_1 + 100\Delta V_1}{1000M_1},$$

作为一个中间项，令

$$r_1 = \frac{1000M_1}{4000C_1 + 1000V_1}.$$

我们称 r_1 为部门1的**价值利润率**。并有以下关系成立。

$$g_1 = \alpha_1 r_1$$

很容易确认，这个关系式对部门2也同样成立。

令价值利润率为 r，积累率为 α，资本增长率为 g，可用表3-1做如下概括。

表3-1 第1期的产出栏里，记入了期初的商品资本。不变资本和可变资本部分是需求的构成部分，即为下一阶段的生产所需的生产资料

表 3-1　马克思的扩大再生产图式

期	部门	产出	不变资本	可变资本	剩余价值	r	α	g
1	1	$6000W_1$	$4000C_1$	$1000V_1$	$1000M_1$	$\frac{1}{5}$	$\frac{1}{2}$	
	2	$3000W_2$	$1500C_2$	$750V_2$	$750M_2$	$\frac{1}{3}$	$\frac{1}{5}$	
	1		$400\Delta C_1$	$100\Delta V_1$				$\frac{1}{10}$
	2		$100\Delta C_2$	$50\Delta V_2$				$\frac{1}{15}$
2	1	$6600W_1$	$4400C_1$	$1100V_1$	$1100M_1$	$\frac{1}{5}$	$\frac{1}{2}$	
	2	$3200W_2$	$1600C_2$	$800V_2$	$800M_2$	$\frac{1}{3}$	$\frac{3}{10}$	
	1		$440\Delta C_1$	$110\Delta V_1$				$\frac{1}{10}$
	2		$160\Delta C_2$	$80\Delta V_2$				$\frac{1}{10}$
3	1	$7260W_1$	$4840C_1$	$1210V_1$	$1210M_1$	$\frac{1}{5}$	$\frac{1}{2}$	
	2	$3520W_2$	$1760C_2$	$880V_2$	$880M_2$	$\frac{1}{3}$	$\frac{3}{10}$	
	1		$484\Delta C_1$	$121\Delta V_1$				$\frac{1}{10}$
	2		$176\Delta C_2$	$88\Delta V_2$				$\frac{1}{10}$

$4400C_1 + 1600C_2$ 和劳动力 $1100V_1 + 800V_2$。对劳动力的需求从结果上变成了对消费品的需求。

第 1 期的生产结果是，期末即第 2 期期初的商品资本 $6600W_1 + 3200W_2$。该商品资本的量高于第 1 期期初的商品资本的量，故而称之为扩大再生产。

货币的环流法则　以上的图式仅表示了商品的"流程"，这些商品的循环均以货币为中介。

但是，如果假定一个适当的货币存在量和周转速度，资本家为购买而支出的货币可以通过商品的出售得以回收，可以维持作为期初赋有量的货币持有量。这与简单再生产的情况是一样的。我们称之为**货币的环流法则**。

第五节　马克思再生产图式的一般理论

我们把上述列举的数值例的图式分析改用代数符号做进一步分析。

一　基本框架

前提　马克思的分析前提可整理为

M1　各部门的有机构成不变；

M2　剩余价值率均一不变；

M3　资本家在期末全部支出剩余价值；

M4　由剩余价值而来的投资部分仅投向本部门。

均衡的存在　在此，我们可以用一般的符号来表述马克思的两大部类模型。

关于各部门生产物的价值构成可有

$$W_1 = C_1 + V_1 + M_1, \tag{3-3}$$

$$W_2 = C_2 + V_2 + M_2. \tag{3-4}$$

各部门的有机构成 ξ_i 以及剩余价值率（均一）μ 满足以下关系。

$$C_1 = \xi_1 V_1, \tag{3-5}$$

$$C_2 = \xi_2 V_2, \tag{3-6}$$

$$M_1 = \mu V_1, \tag{3-7}$$

$$M_2 = \mu V_2. \tag{3-8}$$

由此可知，如果给定有机构成和剩余价值率，则每个部门变量中的独立变量是唯一的。[1]

剩余价值中支出给积累的部分（储蓄），可分为不变资本的增加部分 ΔC_i 和可变资本的增加部分 ΔV_i。积累率 α_i 的定义是

$$\alpha_1 M_1 = \Delta C_1 + \Delta V_1, \tag{3-9}$$

$$\alpha_2 M_2 = \Delta C_2 + \Delta V_2. \tag{3-10}$$

如果下一期资本的有机构成不变，则有

$$\xi_1(V_1 + \Delta V_1) = C_1 + \Delta C_1, \tag{3-11}$$

$$\xi_2(V_2 + \Delta V_2) = C_2 + \Delta C_2. \tag{3-12}$$

为使再生产得以顺利进行，需要有商品供需的均衡。以生产资料和消费品的供需一致为条件，可得

$$W_1 = C_1 + C_2 + \Delta C_1 + \Delta C_2, \tag{3-13}$$

$$W_2 = V_1 + V_2 + \Delta V_1 + \Delta V_2 + U, \tag{3-14}$$

$$U = (1 - \alpha_1)M_1 + (1 - \alpha_2)M_2. \tag{3-15}$$

在这里，2 种商品的供需一致条件式(3-13) 和式(3-14) 只要其中一个成立，另外一个也自动成立，从这个意义上来讲它们不是相互独立的。[2]

由此可知，有 $W_1, W_2, C_1, C_2, V_1, V_2, M_1, M_2, \Delta C_1, \Delta C_2, \Delta V_1, \Delta V_2, U,$ α_1, α_2 15 个变量和12 个公式。

根据马克思所描述的逻辑来看一下这个方程组群，可知起点的商品的量，即 W_1, W_2 是给定的，而部门1 的积累率 α_1 也是给定的。由此可知，剩下的12 个变量可由12 个方程式唯一确定。

由被确定的变量 $C_1, C_2, V_1, V_2, \Delta C_1, \Delta V_1, \Delta C_2, \Delta V_2$ 进而能确定下一

---

[1] 比如取部门1，只要给定 W_1, C_1, V_1, M_1 中的任何一个，剩下的变量就能被确定。也就是说，公式有6 个，变量有8 个，部门1 中有1 个独立变量，部门2 中有1 个独立变量。

[2] 从式(3-3)、式(3-4)、式(3-9)、式(3-10)、式(3-13) 中消去 $W_1, C_1, C_2, \Delta C_1, \Delta C_2$ 这5个变量，即可得到式(3-14)。

期的资本的编制，以及下一期的生产物的多少。由此可确定满足商品供需一致条件的两大部类的生产物的时间序列。这样的时间序列进而构成均衡路径。从马克思模型的均衡路径可以看出，经济在进行反复再生产。

二 均衡的稳定性

马克思数值例的均衡的稳定性 马克思数值例中所存在的扩大再生产图式的均衡路径具有以下性质。即，两大部类以同一增长率增长，两大部类的生产量比率处于同一状态下。可以说这种均衡路径是**稳定**的。马克思的数值例为何是稳定的，下面我们来阐述它的理由。

令当期的生产期间为 t 期。变量中以 (t) 来表示相应的期间。若部门 i 的价值利润率和资本增长率分别为

$$r_i(t) = \frac{M_i(t)}{C_i(t) + V_i(t)}, \tag{3-16}$$

$$g_i(t) = \frac{\Delta C_i(t) + \Delta V_i(t)}{C_i(t) + V_i(t)}, \tag{3-17}$$

则有以下关系成立。

$$g_i(t) = \alpha_i(t) r_i(t) \tag{3-18}$$

这意味着资本的增长率是由以剩余价值为源泉的投资来规定的。[1]

我们注意到，资本品的供需均衡式(3-13) 明确了对积累率 $\alpha_1(t), \alpha_2(t)$，及资本增长率 $g_1(t), g_2(t)$ 的约束。这样式(3-13) 可重写为

$$\Delta C_2(t) = W_1(t) - [C_1(t) + C_2(t) + \Delta C_1(t)],$$

可求 $\dfrac{\Delta C_2(t)}{C_2(t)}$ 得

$$g_2(t) = \left[\frac{1+\mu}{\xi_1} - g_1(t)\right] \frac{C_1(t)}{C_2(t)} - 1. \tag{3-19}$$

---

[1] 经济学中，由资本积累来规定增长的函数关系往往称为投资函数。如果援用这个术语的话，这个可以称为马克思模型的投资函数。

在马克思的理论中，可以自律性地决定投资的仅是部门1，式(3-19)表明了部门2的增长率的决定依赖于部门1的增长率。高须贺(Takasuka, 1968)沿用Dadaian (1971[1965])的概念，称之为**基本约束**。

定理 3.1 (Dadaian、高须贺)　　若 $g_1(t+1) = g_1(t)$ 则有 $g_2(t+1) = g_1(t)$。

实际上，式(3-19)即使将 t 顺延或逆推1期仍然成立。即，把 $t+1$ 作为 t 代入也是成立的。

$$g_2(t+1) = \left[\frac{1+\mu}{\xi_1} - g_1(t) \right] \frac{[1+g_1(t)]C_1(t)}{[1+g_2(t)]C_2(t)} - 1$$

把式(3-19)代入右边的 $g_2(t)$ 中即可得到 $g_2(t+1) = g_1(t)$。

也就是说，若部门1自律性地决定自己的资本增长率，则部门2的资本增长率会晚1期而追随其后。扩大再生产图式中均衡的强稳定性，即是部门1的资本增长率决定范式的结果。

三　包含固定资本生产部门的简单再生产条件

马克思在分析再生产图式的过程中，也讨论了固定资本与简单再生产的情形，即固定资本投入到生产时，为能使固定资本的需求和供给均衡，该满足怎样的条件。下面我们用一般的代数符号来概括一下。

作为生产过程的要素，生产资料和劳动力为主要的东西，而生产资料又可细分为劳动手段、原材料及劳动对象。

劳动手段小到锤子，大到大型的机械设备、水库之类，一般来讲，它具有较好的耐久性，不会在一次的使用中全部消耗尽。这种超过诸如生产–消费的再生产的1个周期而被利用的耐久资本品称为**固定资本**。

流动性的原材料，只要是在生产中所消耗的部分都会作为生产物的费用全额算到该期间的费用中去。但是，像固定资本这类东西，只要是在折旧年限范围内，依然会在生产过程中继续发挥其作用，所以不可能1年就把投资费用全额转移到生产物中。但又必须要回收固定资本的投入费用，因此需要把投资费用分摊到使用期间内来进行回收。固定资本的这种年均费用称之为**折旧费**。

那么，折旧费又是如何确定的呢？我们可以考虑一个最简单的方法，比如一个可以使用4年的机械设备，每年回收同样的金额，则4年能够回收回来。因此，每年可以把相当于折旧年限的倒数的部分算到费用中。每年都以同一金额来确定折旧费用的方法称为**直线（折旧）法**。这里的折旧年限的倒数称为**折旧率**。

下面我们来把马克思的简单再生产的图式扩展到含有固定资本的情形。生产资料的生产部门分为2个子部门。部门 $1a$ 是固定资本生产部门，部门 $1b$ 是原材料等生产部门。

不变资本 C 可分割为每年的固定资本折旧费 k 和原材料费 R。

这样经济由3个部门构成，商品的价值构成则分别为

$$W_{1a} = k_{1a} + R_{1a} + V_{1a} + M_{1a}, \tag{3-20}$$

$$W_{1b} = k_{1b} + R_{1b} + V_{1b} + M_{1b}, \tag{3-21}$$

$$W_2 = k_2 + R_2 + V_2 + M_2. \tag{3-22}$$

在这里，马克思在再生产过程中明示固定资本的运动时察觉到了一个困难的状况。即，即使投入固定资本、进行相应的折旧并开始进行价值转移，但在使用新品固定资本的资本（企业）中，并没有必要进行固定资本的更新，因此对作为固定资本生产部门的生产物的固定资本是否就没有了需求呢？

马克思自身是这样对这个问题进行解答的。

假设资本家每年都拿出一定的资金投向新品（0岁）固定资本。固定资本存在各种各样的年龄（或役龄），既存在零岁的新品也存在即将要更新的旧固定资本。如果资本家每年都投入一定量的固定资本，那么经过一定的年月后会存在同一数量的所有年龄的固定资本。因此，若考虑到各种年龄的固定资本所存在的这种状态，那么对固定资本的更新需求和供给间的均衡成立。也就是说，均衡是存在的。

令投入了折旧年限为 τ 的固定资本 K。它由0岁到 $\tau - 1$ 岁的固定资本

构成。假设不同年龄的固定资本有着相同的效率，那么固定资本的总量不变时，可以说生产规模是一定的。

每年的折旧部分是 $\frac{1}{\tau}K$。对于所有年龄的固定资本，它的量是同一个 $\frac{1}{\tau}K$。特别是期末被报废的量与整体的折旧一致。

作为新品投入的固定资本随着使用时间的推移，年龄也随之递增。部分固定资本会在当期期末达到它（们）的折旧年限。它（们）构成了现实中需求的一部分。如果资本家把剩余价值的全部都消费掉，那么资本的总量保持不变。跟其他商品一样，对于固定资本，当期只要供给为更新达到折旧年限的固定资本，那么需求和供给是一致的。

因此，商品的供需均衡可表示为

$$W_{1a} = k_{1a} + k_{1b} + k_2, \tag{3-23}$$

$$W_{1b} = R_{1a} + R_{1b} + R_2, \tag{3-24}$$

$$W_2 = V_{1a} + V_{1b} + V_2 + M_{1a} + M_{1b} + M_2. \tag{3-25}$$

实际上，上述包含固定资本的简单再生产模型中，固定资本的生产量（供给）和各个部门中的折旧量一致，所以达到了生产均衡（生产出来的商品的需求和供给间的均衡）。

因此，固定资本生产部门的产量和其他生产部门中的折旧一致的话，经济则可以以同等的生产规模来持续进行再生产。

马克思自身对固定资本运动的研究并未完成。特别是，没有阐明包含固定资本的扩大再生产图式，这是一个遗留问题。

但是，马克思意识到了固定资本是作为支撑资本主义经济资本的一个中枢部分。即固定资本是生产活动的物质性基础的中枢部分。马克思在诠释19世纪欧洲频频出现的过剩生产恐慌现象时，提及了恐慌周期与固定资本折旧年限的关系。日本的马克思经济学家就马克思对恐慌与固定资本的关系的这种提示表示了极大的关心，积极地对包含固定资本的扩大再生产模型进行了相关的基础理论研究。与恐慌论相关的对固定资本进行的代表性论著，有林直道(Hayashi, 1959) 和越村信三郎(Koshimura,

1967)。

本书的后半部分将详细讨论固定资本的相关运动。

第六节　均衡的存在和强稳定性

扩大再生产的条件　从本章列举的马克思的数值例中可知，简单再生产和扩大再生产从生产资料供需公式来看有着显著区别。简单再生产中，生产的生产资料的量等于当期在部门1和部门2中消耗的生产资料的总量。然而，在扩大再生产的情形下，供给量高于消耗量，因而出现了剩余。

对均衡存在的一个注释　虽然在马克思的图式中表明了均衡的存在，但并非是在任何情况下都存在均衡。即使是在马克思的模型中，只有满足各种条件的前提下均衡才能存在。

均衡不存在，比如是指没有满足供需均衡的条件等的情形，如果出现了供需不一致之类的状况，将可能导致恐慌发生。因此，马克思在均衡的条件中，看到了**恐慌的第二种可能性**。

均衡与货币环流法则　我们可以来看一下马克思的分析结果的一些特征，即马克思所考虑的均衡，不一定就与马克思所批判的萨伊(Say)的供给创出需求这一命题相矛盾。

而且，若生产资料的供需一致则消费品的供需也会一致，或者说若商品的供需一致则货币就会环流到起点这一马克思命题，与Walras法则也是一致的。

资本主义经济的运动法则　马克思以阐明由现代工业武装的资本主义经济的运动法则为其目标之一。再生产理论可以简单表述如下。

资本家作为货币占有者登场，而劳动者从脱离生产资料这一意义上有着"自由"和独立人格。资本家从劳动者那儿购买劳动力商品,再把生产资料和劳动力投入到生产过程中,获得资本家想要得到的劳动成果。

如果产出的商品的供给与需求一致,那么由资本家和劳动者构成的资本主义经济可以顺利地循环反复运行。扩大再生产图式的数值例证明了它的可能性,也明示了均衡的存在。即,明示资本主义经济的再生产框架的可能性的是,供需一致的(均衡)数量关系。

几个问题点 马克思的分析方法可以看作宏观动态模型的先驱。因为由共通的尺度(价值)来总计的,所以可以对积累率进行定义。但存在以下几个问题点。

- 马克思的数值例中,价值利润率、积累率在两大部类中都不一样,并不能说是一种价格均衡状态。
- 它没有考虑流入到高利润率部门的资本(对其他部门的投资)。
- 价值确定是常量的确定,因此商品供需条件与数量分析是同等的。
- 总量可以分解为单位价值×数量,那进一步考虑生产价格会如何?
- 部门1的优先增长理论被误解。
- 通过设定一类特殊的投资函数,均衡增长路径可以有较强的稳定性。

本章省略了马克思所考察的导入货币黄金(Monetary Gold)生产部门的再生产图式。

第四章　价值向生产价格的转形

第一节　价值向生产价格的转形：数值例

成本、利润、利润率　马克思讨论了商品价值的决定以及以其为评价尺度的经济再生产均衡的存在，并注意到了在资本主义经济中商品并不是用价值，即劳动时间单位来进行出售或购买的。

商品价值决定的直接视角是生产过程，而生产结果是在新价值被创造的时候被获取的。显然，对于劳动者来说，他们最为关心的事情是工资与劳动时间的比率。价值的公式可表达为

商品价值 $W=$ 不变资本 $C+$（可变资本 $V+$ 剩余价值 M）

但是，资本家是货币占有者，在支出货币的资本家的眼中看来又是另一种情况。对于资本家而言，最开始需要进行货币支出的是资本品和工资。出售商品获得的销售额，以及剩余价值 M 是预付资本的结果，并不只是工资（可变资本）的结果。从资本家的角度来看，以上的公式是这样的：

商品价值 $W=$（不变资本 $C+$ 可变资本 V）$+$ 剩余价值 M

从这个意义上来讲，不变资本和可变资本的合计可称为**成本**。

成本 $K=$ 不变资本 $C+$ 可变资本 V.

作为资本果实的剩余价值，资本家是作为资本的**利润**来识别的。因此，资本家对商品的评价是成本+利润，它被称为**价格**。即

价格 $P =$ 成本 $K +$ 利润 M.

资本家形成社会的指导阶层，在商品生产被资本家所管理的资本家商品经济中，确立了作为商品价格的这样一个规则，即商品价格是在费用基础上加上利润的一种价格，这就是**资本主义经济的价格形成规则**。

对于资本家而言，重要的是投入的资本能否被有效利用，即它的效率如何。它不是由剩余价值率来衡量的，而是由剩余价值对成本的比率来衡量的。利润对成本的比率被称为**利润率**。

$$利润率 = \frac{剩余价值}{不变资本 + 可变资本}$$

由此一来，价值被转化为价格，剩余价值被转化为利润。

简单再生产的例子　我们用一个简单再生产的数值例来说明一下。价格 P 可表达为

$$6000P_1 = (4000C_1 + 1000V_1)\left(1 + \frac{1}{5}\right),$$
$$3000P_2 = (2000C_2 + 500V_2)\left(1 + \frac{1}{5}\right).$$

在这个例子中，部门1和部门2的价格 P 的大小和价值 W 的大小均一致。而且，两个部门利润率的值也一致。[①]

利润率水平，即资本效率是一样的，所以部门1和部门2的资本家不存在对其不满的因素。因此，可以认为他们能接受商品的这种价格。

扩大再生产的例子　扩大再生产的数值例可作如下表示。

$$6000P_1 = (4000C_1 + 1000V_1)\left(1 + \frac{1}{5}\right),$$
$$3000P_2 = (1500C_2 + 750V_2)\left(1 + \frac{1}{3}\right).$$

---

① 这其实依赖于此数值例本身的特殊性。

在这个例子中，每个部门中计算出来的利润率是不同的。相对于生产资料的价格而言，消费资料的价格表现出它的资本效率更高。

如果部门1和部门2的利润率不同，那么以低利润率计算的资本家要接受以高利润率计算的商品价格需要一个相当的理由。也就是说，表示资本效率的利润率不同的情形，要有个相当特别的理由方能接受。为什么呢，因为任何一个生产部门的资本家都应该认为其资本运作效率跟其他资本是一样的。

平均利润率 不论是部门1的资本家还是部门2的资本家，最容易接受的利润率的值应该是社会整体所达到的利润率的值。

社会整体投入的资本的总额被称为**社会总资本**，或者被简称为**总资本**。剩余价值的总额被称为**总剩余价值**。总剩余价值对总资本的比率称为**社会平均利润率**，或者**平均利润率**。

$$平均利润率\ r = \frac{总剩余价值\ M}{总资本\ K}.$$

在扩大再生产的数值例中，可通过以下公式计算平均利润率。

$$\frac{1000M_1 + 750M_2}{4000C_1 + 1000V_1 + 1500C_2 + 750V_2} = \frac{7}{29} = 0.2414.$$

马克思把成本与平均利润率的乘积称为**平均利润**。

$$平均利润 = 平均利润率\ r \times 成本\ K.$$

成本加上平均利润即是马克思的生产价格。

$$生产价格\ P = 成本\ K + 平均利润\ rK$$

在扩大再生产的数值例中，可作如下计算。

$$6207P_1 = (4000C_1 + 1000V_1)(1 + 0.2414),$$

$$2793P_2 = (1500C_2 + 750V_2)(1 + 0.2414).$$

转形 上述以价值为出发点计算生产价格的方法，被称为价值到生产价格、剩余价值到利润，以及剩余价值率到利润率的**转形**。

从转形的质的一面来看，它是一种范畴的转换，见表4-1。

表 4-1　转形的对应范畴

价值量纲（范畴）		生产价格量纲（范畴）
总价值	$\Longrightarrow$	总生产价格
总剩余价值	$\Longrightarrow$	总利润
剩余价值率	$\Longrightarrow$	利润率

从转形的量的一面来看，只要用马克思的一个简单的转形程序就能很容易地得出以下的关系。

$$6000W_1 + 3000W_2 = 6207P_1 + 2793P_2$$

由此可知，总价值＝总价格成立。

又有

$$1000M_1 + 750M_2 = 1207R_1 + 543R_2.$$

因此，总剩余价值＝总利润成立。

很显然，

$$剩余价值率(100\%) > 平均利润率\frac{7}{29}.$$

第二节　转形理论的概要

转形问题的变量表示　在生产之前和生产之后的比较中看到的价值的增加部分是可变资本的直接结果。但是，资本可获取它，是因为生产资料归资本家所占有的缘故。剩余价值并非作为可变资本的结果，而是作为资本整体的果实由资本家作为利润来衡量的。因此，部门1、部门2的资本家的资本整体的效率由 $\dfrac{M_i}{C_i + V_i}$ 来衡量。

在资本主义经济中，评价商品的共通尺度不是价值表示的价值价格，而是把利润所占资本的份额均等化的价格。

以价值为出发点,可由以下的转形形式来表示马克思的生产价格的计算。

为方便起见,我们定义部门 $i(i=1,2)$ 的成本为

$$K_i = C_i + V_i. \tag{4-1}$$

经济整体的平均利润率 r 是

$$r = \frac{M_1 + M_2}{K_1 + K_2}. \tag{4-2}$$

这是经济整体的平均的资本效率,所以各部门所获得的平均利润 $R_i\,(i=1,2)$ 是

$$R_i = rK_i. \tag{4-3}$$

以 R_i 代替 M_i 进行计算,可知商品的新的评价(价格)是

$$W_1^{(1)} = C_1 + V_1 + R_1 = (1+r)K_1, \tag{4-4}$$

$$W_2^{(1)} = C_2 + V_2 + R_2 = (1+r)K_2. \tag{4-5}$$

则称 $W_1^{(1)}, W_2^{(1)}$ 为马克思的(纯粹的)**生产价格**。

由 M_i 到 R_i 的再评价被称为**剩余价值到利润的转形**,由 W_i 到 $W_i^{(1)}$ 的再评价被称为**价值到生产价格的转形**。

资本有机构成的作用 由上可知,若部门1、部门2的资本达到了同一效率,即平均利润率,那么生产资料的价格会上升,消费资料的价格会下降。马克思在明确这个意义的时候注意到了资本的有机构成的作用。

因部门1、部门2的利润率相异,我们分别用 r_1, r_2 来表示。

$$r_1 = \frac{M_1}{C_1 + V_1}, \; r_2 = \frac{M_2}{C_2 + V_2}.$$

在此,考虑有机构成 ξ_1, ξ_2 可知,

$$r_1 = \frac{\mu}{\xi_1 + 1}, \; r_2 = \frac{\mu}{\xi_2 + 1}.$$

有机构成愈大,利润率愈小。马克思认为部门1、部门2的利润率之间存在差额是因为有机构成之间存在差额。

部门1的有机构成大，其利润率比部门2的利润率要小。如果用平均利润率来决定价格的话，生产资料的价格会上升，而部门2所生产的消费资料的价格会下降。

马克思的转形命题　有关马克思转形问题的几个主要命题，我们以数值例中的结论为主，做如下概括。这里，令部门 $i(i = 1, 2)$ 的价值利润率为 $r_i = \dfrac{M_i}{K_i}$，经济整体的有机构成为 $\xi = \dfrac{C_1 + C_2}{V_1 + V_2}$。

命题 4.1　总价值= 总价格。

$$W_1 + W_2 = W_1^{(1)} + W_2^{(1)}.$$

命题 4.2　总剩余价值= 总利润。

$$M_1 + M_2 = R_1 + R_2.$$

命题 4.3

$$平均利润率 \ r < 剩余价值率 \ \mu.$$

命题 4.4

$$r = \frac{\mu}{\xi + 1}.$$

命题 4.5

$$\xi_1 = \xi_2 \iff r_1 = r_2 = r$$
$$\iff W_i = W_i^{(1)} (i = 1, 2).$$

命题 4.6

$$\xi_1 > \xi_2 \iff r_2 > r > r_1$$
$$\iff W_1 < W_1^{(1)}, W_2 > W_2^{(1)}.$$

这些命题是否可以进行一般化处理，我们将在后面讨论。

第三节　马克思转形步骤的继续

问题点　马克思转形的问题点是成本部分未被再计算。若价值转化为生产价格，那么要用 4000 是购买不到相当于 $4000C_1$ 的资本品的，而应该支付出 $4000 \times \dfrac{6207}{6000} = 4138$ 才行。工资的决定也同样基于消费资料的价值，消费资料的价值转化为生产价格，导致可变资本本身的大小也出现了不同。但马克思虽注意到了需要重新评价成本部分，但没有继续做下去。因为持续的迭代运算对马克思而言，是个负荷很大的（作业）工作量。如果当时他那样做了，那么他肯定会意识到要重新审视马克思命题。在此，我们把马克思所指的价值到生产价格的转形步骤完善到最后一步。

单位价值和数量的乘积的分解　马克思所列举的数值是以价值的总额形式表示的。即，总额＝单位价值×数量。对单位价值和数量的乘积的分解，可以应用到单个的构成要素，比如 $1000V_1$ 和 $1500C_2$ 等。以下为简便起见，假设初始状态下的总产出数量分别是 6000 和 3000，单位价值分别是1，1。①

以上述分解为基础，来重写从价值等式出发的成本为

$$5000 = 4000w_1 + 1000w_2,$$

$$2250 = 1500w_1 + 750w_2.$$

在此，$w_1 = w_2 = 1$。

转形问题的目标是要确认单位价值的大小经过重重的转形迭代计算后，会收敛到一个什么值，或者说它本身会不会收敛。

---

① 这只是为了把计算简单化的一个假设。比如说我们也可以把初始状态的总产出数量分别设为1500和1200，单位价值分别设为4和2.5，本质上并没有什么不同。

迭代计算的步骤 转形步骤中，包括以下各个阶段。

(1) 计算成本；

(2) 求平均利润率；

(3) 对生产价格进行再评价。

以下我们按照这个顺序来进行相关计算。

迭代计算的要点

第1阶段：计算成本 从价值出发的初始阶段，成本可计算为

$$生产资料5000 = 4000C_1 + 1000V_1,$$

$$消费资料2250 = 1500C_2 + 750V_2,$$

平均利润率可计算为

$$平均利润率r_0 = \frac{总产出(9000)}{总成本(7250)} - 1 = \frac{7}{29}.$$

因此，经过再次计算的生产价格为

$$生产资料6207 = \left[1 + \frac{7}{29}\right](4000C_1 + 1000V_1),$$

$$消费资料2793 = \left[1 + \frac{7}{29}\right](1500C_2 + 750V_2).$$

构成成本的生产资料和工资，分别根据生产资料的价格和消费资料的价格来决定。分别对生产资料和消费资料的价值进行了再评价，由此也需对成本的部分进行再评价。

转形计算的重要一点是，数量部分在转形的过程中不发生变化。这即是转形计算的第一要点。

因为数量上不发生变化，那么由总额来看反映了从 6000 到 6207 的变化是生产资料的单位价格的变化。即，生产资料的再评价（价格）由 $\frac{6207}{6000} = \frac{30}{29}$ 给定。关于消费资料也一样，是由 $\frac{2793}{3000} = \frac{27}{29}$ 给定。这些都是新的再评价的值，因此以上第1阶段的等式可重写为

$$\frac{30}{29} \times (6000) = \left[1 + \frac{7}{29}\right]\left[(4000)w_1 + (1000)w_2\right],$$

$$\frac{27}{29} \times (3000) = \left[1 + \frac{7}{29}\right]\left[(1500)w_1 + (750)w_2\right].$$

在此，( ) 表示该数字为数量。

等式左边的分数是由再评价而得到的生产价格的值，我们暂且将其用符号表示为 $p_1^{(1)} = \frac{30}{29}, p_2^{(1)} = \frac{27}{29}$，那么，

$$(6000)p_1^{(1)} = \left[1 + \frac{7}{29}\right]\left[(4000)w_1 + (1000)w_2\right],$$

$$(3000)p_2^{(1)} = \left[1 + \frac{7}{29}\right]\left[(1500)w_1 + (750)w_2\right].$$

这即是给定 w_1, w_2 计算 $p_1^{(1)}, p_2^{(1)}$，也就是说，用前一个评价（价格）来计算成本，求新的再评价的生产价格，这就是转形计算的第二要点。

第2阶段：求平均利润率　这样，转形的下一个阶段我们用 $p_1^{(1)}, p_2^{(1)}$ 来代替 w_1, w_2，重新评价成本。将这些值代入成本部分，可计算成本重新被评价的金额。因此，继续按照马克思的例子中所给的转形程序，部门1、部门2的成本分别为

$$生产资料\,5069 = (4000)p_1^{(1)} + (1000)p_2^{(1)},$$

$$消费资料\,2250 = (1500)p_1^{(1)} + (750)p_2^{(1)}.$$

平均利润率为

$$r_1 = \frac{9000 - (5069 + 2250)}{5069 + 2250} = \frac{348}{283} - 1 = \frac{65}{283} = 0.2297.$$

由此可知，生产价格为

$$(6000)p_1^{(2)} = \frac{348}{283}\left[(4000)p_1^{(1)} + (1000)p_2^{(1)}\right],$$

$$(3000)p_2^{(2)} = \frac{348}{283}\left[(1500)p_1^{(1)} + (750)p_2^{(1)}\right],$$

在此，$p_1^{(2)} = \frac{294}{283}, p_2^{(2)} = \frac{261}{283}$。

第3阶段：对生产价格进行再评价　同样，继续转形程序。即，如果 $p_1^{(k)}, p_2^{(k)}$ 是前一阶段得到的生产价格的再评价的结果，那么根据它来计算成本，求平均利润率 r_k。这样，就可得到下一阶段（再评价）的生产

价格 $p_1^{(k+1)}, p_2^{(k+1)}$。

$$(6000)p_1^{(k+1)} = (1+r_k)\left[(4000)p_1^{(k)} + (1000)p_2^{(k)}\right],$$

$$(3000)p_2^{(k+1)} = (1+r_k)\left[(1500)p_1^{(k)} + (750)p_2^{(k)}\right].$$

转形的递推公式　我们来把以上的几个阶段总结一下。各个转形阶段的生产价格的系数是，由表示数量的值组成的常数，因此不发生变化。生产资料和消费资料的生产价格的再评价公式中，两边都除以左边的总产出数量进行迭代计算并没有问题。即转形的计算对任意的 $k = 1, 2, \cdots$，可由以下的迭代计算给予。

$$1 + r_k = \frac{6000p_1^{(k)} + 3000p_2^{(k)}}{5500p_1^{(k)} + 1750p_2^{(k)}}, \tag{4-6}$$

$$p_1^{(k+1)} = (1+r_k)\left[\frac{2}{3}p_1^{(k)} + \frac{1}{6}p_2^{(k)}\right], \tag{4-7}$$

$$p_2^{(k+1)} = (1+r_k)\left[\frac{1}{2}p_1^{(k)} + \frac{1}{4}p_2^{(k)}\right]. \tag{4-8}$$

以上生产价格的再评价公式的右边出现的系数是数量单位的数量。因此，转形计算的第三要点是在计算生产价格的过程中，用数量单位的系数来计算。另外需要注意的是，平均利润率的计算用到了数量单位的总计值。

第四节　小结

由上可知，通过转形计算可明确马克思分析的一些不足之处。

在以上的循环序列中，定义了平均利润率序列以及单位价格几倍于初始值的倍数序列。但是，如果能定义倍数，那么可求得极限的评价（价格），因此循环序列是一般的转形程序的继续。

　　由以上定义迭代的3个递推公式进行的转形运算，可知在转形的各个阶段，

$$6000p_1^{(k+1)} + 3000p_2^{(k+1)} = 6000p_1^{(k)} + 3000p_2^{(k)}$$

是成立的。马克思命题1在这里得到了确认。

　　但是马克思命题2是不成立的。而且一般认为马克思命题4也是不正确的。

　　这样，被认为可以一般化的命题和马克思数值例中固有的或者是中间阶段得到的结果需予以区别对待。我们可以确认以下2点。

(1) 利用了作为分析基础框架的数量比；

(2) 生产价格可作为转形计算的极限来定义。

　　关于马克思转形的5个命题及理论框架等，我们将在后面详细讨论。

第五章 马克思理论的推广与数理重构

本章对马克思的模型进行一个数理推广，数学模型以前几章论及的马克思的数值例为基础。通过这样的数理分析和梳理可以进一步深入理解马克思理论的内涵。

第一节 单位价值与数量

马克思的再生产图式的数值例是以总额来表示的。这里的总额指的是数量与单位价值或者单位价格的乘积。即，总额＝数量×单位价值。马克思给予了价值的定义，构筑了以价值表示的再生产图式。但价值具体是如何决定的尚未阐明出来。因此，比如说6000单位的资本品的价值总量它作为数量应该是多少，分解的方法尚不明确。这样，马克思所讨论的数量及单位价值的确定问题成了一个遗留的问题。

的确，如果给定单位价值，基于价值公式，作为共通单位的价值可以对异质的商品进行加总。因为价值公式右边的值是用共通尺度来衡量的，所以通过货币来计算也容易被接受。作为马克思由再生产图式进行分析的一个目标，这种做法也许是充分的。但若要放宽再生产图式所具有的"射程"，那么就需要深度挖掘马克思未具体提及的一些基础部分的问题。

马克思的再生产图式的特征是，它以资本的循环范式为基础，因而数字本身所代表的表象是可以变化的。比如一个4000的资本，有时它是生产资料，有时它组成了产品价值的一部分，而有时它也可以处于一种货币的形态。要考察怎样才可以表达这些复杂形态的图式，第一步就是要统一纵向与横向计算的问题。我们可以试着把马克思的再生产图式的横向计算重写为一个纵向计算。

表 5-1　收支均衡表

部门1				部门2			
收入		支出		收入		支出	
毛收入	6000	物质费用	4000	毛收入	3000	物质费用	1500
		工资	1000			工资	750
		净收入	1000			净收入	750
合计	6000	合计	6000	合计	3000	合计	3000

从表5-1可以看出，右边支出栏的纵向值的合计能计算出来，这是马克思的再生产图式的分析中首先需要的一点。

我们可以只把支出栏拿出来并列记为表5-2的形式。

表 5-2　纵向再生产图式

	部门1	部门2
不变资本	4000	1500
可变资本	1000	750
剩余价值	1000	750
合计	6000	3000

我们先来看一下表5-2的第一行，4000和1500是同一种生产资料，所以价值自然不用说，即使用实物单位也能进行加总计算。第二行的可变

资本的1000 和750 也是同理。也就是说，不论是处于劳动力的形态，还是处于消费品的形态，只要是同一实物，那么就可以进行加总运算。

资本品的6000 单位是由资本品4000 单位、工资1000 单位，以及剩余价值1000 单位组成的，这其实首先阐明了所供给的资本品的量是6000 单位。这样，上表的合计栏的数字分别是各个部门的销售额，即供给额。因此，价值的决定公式可以看成是给予该商品即资本品和消费品的供给量的式子。商品生产需要投入各种各样物理单位不同的投入物，以投入物的合计来决定商品供给量的式子需要有一个共通单位才能加总。

马克思所意识到的问题不但是商品的供给量，还有它的需求量。例如，简单再生产的情形，对生产资料的需求量是$4000C_1 + 2000C_2$，扩大再生产的情形是$4000C_1 + 1500C_2$。这个数字出现在上表第一行不变资本的横向栏中。在需求量的计算上，因为实物本身为同一种资本品，其实即使不用共通单位的价值或价格也能通过加总来计算实物量。

可变资本项目的栏表示支付给工人的工资的多少。这是资本家和工人之间的交易，对第一行的生产资料的需求是资本家之间的需求，从性质上这与部门1和部门2之间的关系是不同的。

马克思把劳动力作为商品来处理，但在再生产图式中并没有设定劳动力生产部门。可变资本的运动起初是劳动力的运动，而作为商品的运动则是消费品的运动。劳动力被购买后，作为劳动力功能的劳动在生产过程中发挥作用，劳动力的价值即劳动力的再生产所需要的消费品价值，它作为一种费用被计算进去，以所谓的消费品对生产的间接性投入的形式出现。

生产过程中首先需要的是劳动的量，因为劳动不是商品，所以跟劳动的直接支出相关的$V+M$的部分要先记到栏外。

可变资本的实物内容是消费品，所以第二行中以某种形式来记入消费品的需求。这样部门1和部门2之间的关系即以生产资料为中心浮现出来。再将它进行图式化（见表5-3）处理后，我们就可以从纵向和横向关系来理解这些数字。

表 5-3　扩大再生产的纵横图式

	部门1	部门2	净生产	合计
部门1	4000	1500	500	6000
部门2	–	–	3000	3000
V	1000	750		
M	1000	750		
	(6000)	(3000)		

表5-3从横向来看，我们能知道商品的投入去向。例如，对生产资料而言，从部门1到部门1的投入是4000单位，从部门1到部门2的投入是1500单位。作为对生产资料的需求部分，可能会有新增需求的出现。我们把高于需要供应（填充）的部分，且满足新增需求的必要部分称为**净生产**。

消费资料在生产中不是直接性的需要，因此全部都划入到净生产中。

这样，从横向来看，各行中部门1、部门2的商品的需求从表首的代码就能知道。而从纵向来看，能知道投入到各个部门的生产中的生产要素的组成。

我们可以计算表的各行需求的合计，它的总额如前所述可用数量和单位价值的乘积来表示，因为是同一种商品，所以单位价值是共通的。需要注意的是，计算某个特定的商品的需求量的总额时，因为是加总同种商品，所以也可以直接加总其数量。

假设资本品、消费品的单位价值分别为1，那么马克思的数值例中的数字即表示数量。生产物的单位价值设为1的意义在于，可将其变成数量单位。例如，某个商品1千克是2000元，有5千克。要将这个商品的价格表示成1000元的话，只要用其他的数量单位来作为实物单位即可，例如可令500克＝1斤。此时，即存在10斤的单位价值1000元的商品。当然，用其中任何一个度量标准，它的总额都不会发生变化。

若以数量为基础来做成上述表格，那么这种形式的表就是一种**投入产出表**。这种表的一个特征是商品的投入和产出的关系是在二维空间表示的。[①]

在讨论马克思理论基础时，要讨论商品价值的决定问题，就是要从尚未给定作为共通尺度的价值的状态开始讨论。因此，投入产出表不是价值单位，而首先要从与价值独立的数量单位来描述。此时，不能直接从纵向来加总表的各项数值。

先来看一下表示资本品价值的公式，我们知道资本品的单位生产所需资本品的量是一定的。实际上，从计算中可知 $\frac{4000}{6000} = \frac{2}{3}$，分子分母虽然都是数量与资本品的单位价值的乘积，但结果是一个数量比，是一个无名数。

消费品的单位生产所需的资本品的量从马克思的数值例中来计算的话，可知简单再生产的情形是 $\frac{2000}{3000} = \frac{2}{3}$。这个即使把分子分母分解为数量和单位价值的乘积，也只是消费品和资本品的数量比与单位价值比率的乘积，不是一个无名数。这个比率依据于单位价值的比率，它作为一种技术性的关系尚未被简单化。

那么，生产的商品的量和劳动之间的关系又是如何呢？马克思的价值公式中，一开始就把附加价值分割为可变资本和剩余价值。问题是，是用可变资本的大小来衡量生产过程中所需的劳动，还是用创造附加价值的劳动整体的量来衡量呢？马克思认为直接劳动的量是作为创造可变资本和剩余价值的东西，所以作为生产过程中所需的劳动量，首先考虑直接劳动量与生产量的比才是妥当的。因此，生产资本品的部门1

---

① 投入产出的想法，较早时期就出现在Dmitriev(1974[1904])等的著作中。其后，苏联把它作为一种分析各产业间技术性的相互依赖关系的工具，开发了早期的投入产出表，但在斯大林政权下停止了相关的研究。列昂惕夫当时主要从事的就是投入产出表的研究和编制工作，最后逃亡到美国，在美国完成了他关于投入产出分析的研究。

中，$\dfrac{2000}{6000} = \dfrac{1}{3}$ 是单位劳动投入量。这里的劳动时间和价值的单位被看作同一量纲，因而具有 $\dfrac{1}{资本品的数量单位}$ 的量纲。如果可以把资本品的单位价值分离出来，那么分子部分即是直接必要劳动时间。

这种投入与产出的比率称为**投入系数**。一般来讲，生产中所需的投入和产出的组合或者对应关系称之为**生产函数**。[①]

通过把总额分解为数量和单位价值的乘积，可以更为明确地来描述生产技术这个层面。

第二节　变量表示

用符号表示的表格　马克思的经济分析框架比较简单：部门1、部门2产出的商品的价值分解为3个部分，所表示的等式只有2个。我们可以把这个问题从等式推广到一个表格的形式。

用符号描述的马克思的再生产图式可扩展如下。

表5-4　马克思经济的投入产出表

	部门1	部门2	净生产	总产出
部门1	C_1	C_2	Y_1	W_1
部门2	–	–	Y_2	W_2
可变资本	V_1	V_2		
剩余价值	M_1	M_2		
合计	W_1	W_2		

[①] 对于给定生产函数的方法，马克思看似并无意识。实际上，马克思所举的是商品生产中必要的各个投入要素比率一定的情形，但并没有阐明投入和产出之间的比率关系。

表的纵向项目表示的是各个部门的投入组成（费用组成）。横向项目表示各个部门的商品作为实物是如何被配置的。

简单再生产的情形中，有 $Y_1 = 0, Y_2 = V_1 + V_2 + U_1 + U_2$ 。扩大再生产的情形，必须有 $Y_1 > 0$。

马克思所关注的是如何从纵向来看这个表。从横向来看商品的配置（供需）层面可用以下的公式表示。

$$W_1 = C_1 + C_2 + Y_1,$$
$$W_2 = \qquad\qquad Y_2.$$

数量表 公式的两边作为实物是同种东西，各个变量可分解为单位价值和数量的乘积。令单位价值为 w_1, w_2 ，及 $W_1 = w_1 x_1, W_2 = w_2 x_2, C_1 = w_1 x_{11}, C_2 = w_1 x_{12}, Y_1 = w_1 y_1, Y_2 = w_2 y_2$ ，则有

$$x_1 = x_{11} + x_{12} + y_1,$$
$$x_2 = \qquad\qquad y_2.$$

这里的 x_{11}, x_{12} 分别是生产 x_1, x_2 所需的生产资料的数量。

关于劳动的部分，比如说用劳动所持续的时间（物理单位）来衡量劳动支出。现在，可变资本、剩余价值都是用劳动时间来衡量的，可以此作为劳动量的实物单位。由此，可得出以数量单位表示的表格。

表 5-5　马克思经济的投入产出表：两大部类数量表

	部门1	部门2	净生产	总产出
部门1	x_{11}	x_{12}	y_1	x_1
部门2	–	–	y_2	x_2
可变资本	V_1	V_2		
剩余价值	M_1	M_2		

纵列栏的合计没有意义，在此不记入表中。

技术系数：投入系数、劳动系数　在以上的表中，$a_j = \frac{x_{1j}}{x_j}\,(j=1,2)$ 是反映生产技术结构的系数，称为**投入系数**。投入系数表示的是商品的单位生产所需的生产资料的量。

马克思认为可变资本和剩余价值部分的合计均是由劳动创造出来的，令 $L_j = V_j + M_j$，那么 L_j 即是部门 j 中被投入的直接劳动量，$\ell_j = \frac{L_j}{x_j}\,(j=1,2)$ 表示商品的单位生产所需的直接劳动量。我们称之为**劳动系数**。

这样，表示商品（生产资料或消费资料）的单位生产的生产函数就可以由生产资料和劳动的组合来构成。

第三节　基本框架

基本前提　在此以生产生产资料（商品1）和消费资料（商品2）的马克思两大部类经济为对象。下标 i 表示部类。作为生产资料的别名，也使用生产手段、资本品等用语。商品从其物理性上来讲用实物单位来衡量。令劳动为同质，劳动量用劳动时间来衡量。

技术系数　令投入系数为 a_i，劳动系数为 ℓ_i，投入系数矩阵 A 和劳动向量 ℓ 均取为正的常数。

$$a_1, a_2 > 0,\ \ell_1, \ell_2 > 0.$$

从这些技术系数可具体指定部类1、部类2的生产函数。即，在第1部类中，用 a_1 单位的生产资料和 ℓ_1 单位的劳动来生产1单位的生产资料。在第2部类中，用 a_2 单位的生产资料和 ℓ_2 单位的劳动来生产1单位的消费资料。

净生产　经济的产出量为 x_1, x_2 时，可将**净生产物** y_1, y_2 定义为

$$y_1 = x_1 - a_1 x_1 - a_2 x_2, \tag{5-1}$$

$$y_2 = x_2. \tag{5-2}$$

可净生产的条件　在这个体系中最为重要的是进行某个生产活动时存在净生产物。即，

$$\text{存在能使} y_1, y_2 > 0 \text{的} x_1, x_2 > 0 \qquad\qquad \mathfrak{W}$$

成立。

　　马克思两大部类模型中，条件 $\mathfrak{W}$ 与

$$a_1 < 1$$

等价。在以下的讨论中，以此条件为前提条件。我们称此为经济的**可净生产条件**。[①] 满足这个条件时的经济是**可净生产**，或者简单说是**生产性**的经济。

第四节　价值体系

一　直接劳动与附加价值

关于商品价格的不等式　我们在上面已经指出了马克思经济的可净生产条件归结为 $a_1 < 1$。

　　假设满足此条件的第1部类决定它本身生产的商品的单位价值，那该如何考虑这个问题呢？

　　第1部类的资本家一定会这么想。单位生产资料的生产需要 a_1 单位的生产资料。不管是以哪种商品作为评价标准，令其价格为 p_1，当然，要有 $p_1 > 0$，不然商品出售后无法获取与之相当的货币。现在，因为有 $a_1 < 1$，所以

$$p_1 > a_1 p_1$$

――――――――――――――――

① 也可直接称为（强）**生产性**条件。

恒常成立。这个关系对于任意的 $p_1 > 0$ 都成立。这样一来，我们还是决定不了商品的价格 p_1，也不能对其进行"明码标价"。

第2部类的资本家也许会从另外一个角度来看这个问题。生产资料的单位价格是 p_1，单位消费品的物质费用是 $p_1 a_2$。如果这个跟单位消费品的价格 p_2 相等的话，那么售出1单位消费品再购入生产所需的生产资料后，手头上便毫无剩余。因此， p_2 要满足

$$p_2 > p_1 a_2,$$

才能够让他的经营继续下去。

附加价值　如上所述，资本家2人提到了右边为物质费用的不等式，但对于他们而言问题在于是否存在满足这个不等式的正的价格 $p_1, p_2 > 0$。

他们的问题可以通过在右边附加一个适当的正项将不等式变换为等式来解决。

由此可以导出商品经济的一个重要规则。即，在对商品的价值或者价格进行评价时，一定要包含超过物质费用的这个部分。超过物质费用的部分被称为**附加价值**。因此，上述规则换句说法就是商品的价值或价格必须要包括附加价值的部分。这是商品生产中关于商品价格的第一规则。

马克思的劳动价值学说就是劳动所创造的新价值为附加价值这样的一种学说。

直接劳动与附加价值　令单位生产资料的价值为 w_1，单位消费品的价值为 w_2。上述的2个不等式中的 p_1, p_2 分别用 w_1, w_2 置换后可得

$$w_1 > w_1 a_1,$$

$$w_2 > w_1 a_2.$$

这即意味着所设定的资本品的价值和消费品的价值都高于物质生产费用。显然，如果资本品的生产者以资本品生产所需的物质费用来出售资

本品的话，那么他无法去购买消费品以及扩大生产所需的资本品，也无法支付给工人工资。

马克思的劳动价值论中，上式的右边应该加上的是直接投入的劳动量 ℓ_1, ℓ_2。

二　结晶化劳动价值

商品的**价值**是指凝结在或结晶在该商品中的劳动的量。这个意义上的价值也称为**结晶化劳动价值**。

假设1小时的直接劳动产生1单位的价值。

首先，我们来考虑一下消费品的价值决定。消费品的价值由其生产所需的生产资料的价值和直接劳动量来决定。即

$$w_2 = w_1 a_2 + \ell_2.$$

确定 w_1 的值后即可求得 w_2。

其次，同理可知生产资料的价值是

$$w_1 = w_1 a_1 + \ell_1.$$

即，要想求出生产资料的价值，需要先知道生产资料的价值。从这个意义上来讲，价值决定的核心是生产资料价值的确定。

由上可知，价值决定体系的联立方程是

$$w_1 = w_1 a_1 + \ell_1, \tag{5-3}$$

$$w_2 = w_1 a_2 + \ell_2. \tag{5-4}$$

通过求解可知，生产资料的价值 w_1 由第一个方程来决定，

$$w_1 = \ell_1 (1 - a_1)^{-1}. \tag{5-5}$$

将这个 w_1 代入后，可知

$$w_2 = \ell_1 (1 - a_1)^{-1} a_2 + \ell_2. \tag{5-6}$$

三　劳动价值

我们也可从另外一个角度来看商品价值的决定问题。

先来计算一下要增加1单位的净生产物需要多少直接劳动量。

首先，令对应增加部分的新的总生产量为 x_1', x_2'，生产资料增加时，有

$$x_1' = a_1 x_1' + a_2 x_2' + y_1 + 1,$$

$$x_2' = y_2.$$

这样，新增的劳动支出部分是

$$\ell_1(x_1' - x_1) + \ell_2(x_2' - x_2) = \frac{\ell_1}{1 - a_1}.$$

这个就是 w_1。

同样，仅第2部类净生产有1单位增加时，令与其对应的总生产量为 x_1'', x_2''，则有

$$x_1'' = a_1 x_1'' + a_2 x_2'' + y_1,$$

$$x_2'' = y_2 + 1.$$

可知

$$\ell_1(x_1'' - x_1) + \ell_2(x_2'' - x_2) = \frac{a_2 \ell_1}{1 - a_1} + \ell_2 = w_2.$$

很明显，结晶化劳动价值与投入劳动价值等价。

四 价值的正值性

这里，我们来考虑一下商品价值的正负性。

若 $a_1 < 1$ 则 $w_1 > 0$。此时，$w_2 > 0$。

反之，若 $w_2 > 0$ 则必须有 $w_1 > 0$。因此，必须有 $0 < a_1 < 1$。

由此可知，下述命题成立。

命题 5.1   "经济是生产性的"与"价值为正"等价。

由这个命题可以看出，各个生产者从自己的生产物的价值为正这一点就可以知道经济是生产性的。特别是生产资料的生产者从自己所使用的技术条件就可以知道这一点。

第五节　价值与数量的对偶

我们可以从净生产的定义公式与价值的决定方程来计算一下总生产物的价值。

将价值 w_1, w_2 乘以生产数量的式(5-1)、式(5-2) 再进行加总可得

$$w_1 x_1 + w_2 x_2 = a_1 w_1 x_1 + a_2 w_1 x_2 + w_1 y_1 + w_2 y_2.$$

再将数量 x_1, x_2 乘以价值的决定式(5-3)、式(5-4) 进行加总后，可知

$$w_1 x_1 + w_2 x_2 = a_1 w_1 x_1 + \ell_1 x_1 + a_2 w_1 x_2 + \ell_2 x_2.$$

进而可得

$$w_1 y_1 + w_2 y_2 = \ell_1 x_1 + \ell_2 x_2.$$

由此可以得出下述一个重要结论。

命题 5.2　　净生产物的总价值与直接投入的劳动量相等。

第六节　剩余生产物和可剩余

实际工资率　经济是否是生产性经济，只需要通过与投入系数相关的信息来判断即可。那么在生产性的经济中，是不是从事生产的劳动者都一定"吃得上饭"呢？这是我们接下来需要讨论的问题。

取某一单位期间。① 令劳动者每人的劳动时间为 T 小时，劳动者每人的单位期间所需要的消费为 F。

若经济中有 N 个劳动者在劳动，那么所有劳动者作为工资所获得的消费品共计有 NF。因此，我们至少要阐明生产这些量的消费品都需要

---

① 在经济学的分析中，很多场合是以1年的时间作为单位期间。

什么样的条件。令第1、第2部类的产出量为 x_1, x_2，可以得到以下不等式。

$$x_1 \geq a_1 x_1 + a_2 x_2,$$

$$x_2 \geq NF.$$

现在，若劳动者人均劳动 T 小时，则一共有 NT 小时的劳动供给（量）。如果这个与每个部类的劳动需求（劳动支出）一致，那么有下式成立。

$$NT = \ell_1 x_1 + \ell_2 x_2 \tag{5-7}$$

从上述3个不等式和等式中消去 N 后可得，

$$x_1 \geq a_1 x_1 + a_2 x_2, \tag{5-8}$$

$$x_2 \geq \frac{F}{T}(\ell_1 x_1 + \ell_2 x_2). \tag{5-9}$$

这里 $\frac{F}{T}$ 表示的是劳动者每人每小时的工资品的量。它的大小称为**实际工资率**，或者**实际工资**，用 b 来表示。

$$b = \frac{F}{T}.$$

剩余生产物　总生产中除简单再生产所需的生产资料的量和工人生活所需的消费品的量之外的剩余部分即是**剩余生产物**。即，对于产出量 x_1, x_2，剩余生产物 s_1, s_2 定义为

$$s_1 = x_1 - a_1 x_1 - a_2 x_2, \tag{5-10}$$

$$s_2 = x_2 - b\ell_1 x_1 - b\ell_2 x_2. \tag{5-11}$$

可剩余　正值的剩余生产物可带来正的生产活动。即

$$存在 s_1, s_2 > 0 的 x_1, x_2 > 0.$$

这个条件称为**可剩余条件**。满足这个条件的经济称之为**可剩余**的经济。

第七节　剩余价值与无酬劳动

剩余价值、剩余价值率　剩余生产物 s_1, s_2 的总价值称为**剩余价值**。

$$剩余价值 = w_1 s_1 + w_2 s_2.$$

剩余价值对工资品的价值的比率称为**剩余价值率**，用 μ 表示。

$$\mu = \frac{w_1 s_1 + w_2 s_2}{w_2 b (\ell_1 x_1 + \ell_2 x_2)} \tag{5-12}$$

这个比率归结于单位劳动（力）的大小。实际上，考虑式(5-1)、式(5-2)、式(5-3)、式(5-4)、式(5-10)、式(5-11) 可知，

$$剩余价值 = w_1 y_1 + w_2 y_2 - w_2 b (\ell_1 x_1 + \ell_2 x_2) = (1 - w_2 b)(\ell_1 x_1 + \ell_2 x_2).$$

故而有

$$\mu = \frac{1}{w_2 b} - 1. \tag{5-13}$$

无酬劳动　假设单位劳动力作为单位劳动来发挥它的作用。**劳动力的价值**是指单位劳动力的再生产所需的消费品即**工资品**价值的大小。

$$v = w_2 b.$$

单位劳动所创造的单位价值中，超出劳动力价值的部分称为**无酬劳动**。

$$无酬劳动 = 1 - v.$$

显然，无酬劳动是剩余价值的一个别名。

第八节　必要劳动和剩余劳动

必要生产物和必要劳动　假定现实经济的产出量是 x_1, x_2。此时，必要劳动量由

$$劳动支出 = \ell_1 x_1 + \ell_2 x_2$$

来决定。

被雇佣的劳动者因生活所需当然需要一定的消费品。单位劳动时间的必要消费品由实际工资 b 来给定，所以必要消费品的量是

$$b\ell x = b(\ell_1 x_1 + \ell_2 x_2).$$

第2部类最低限度要生产出这些量的商品。它的大小可以写为

$$z_2 = b(\ell_1 x_1 + \ell_2 x_2).$$

消费品的生产需要投入生产资料。而要投入的生产资料的生产也需要有生产资料的投入。这样一来，要生产 z_2 量的消费品，至少要生产满足

$$z_1 = a_1 z_1 + a_2 z_2$$

的 z_1 量的生产资料。

在此把为生产劳动者生活所需消费品的必要产出量 z_1, z_2 的组合定义为**必要生产物**，或者**必要产出量**。

为生产必要生产物的必要劳动量称为**必要劳动**。它的大小可表示如下：

$$必要劳动 = \ell_1 z_1 + \ell_2 z_2.$$

总之，经济中的实际产出量为 x_1, x_2 时，一共有 $\ell_1 x_1 + \ell_2 x_2 (= NT)$ 的劳动被支出。此时，劳动者获得的工资品的总量是 z_2。为获得工资品 z_2 最低限度的生产量为必要产出量。因此有

$$z_1 = a_1 z_1 + a_2 z_2, \tag{5-14}$$

$$z_2 = b(\ell_1 x_1 + \ell_2 x_2). \tag{5-15}$$

其实这个方程式已经给出了 z_2 的解。生产资料的必要量可做如下求解。即

$$z_1 = \frac{a_2}{1-a_1} b(\ell_1 x_1 + \ell_2 x_2). \tag{5-16}$$

必要生产物，乃至必要劳动的决定基于实际的产出量 x_1, x_2。也就是说，z_1, z_2 是 x_1, x_2 的函数。

剩余劳动和剩余劳动率　从劳动支出中减去必要劳动的劳动称为**剩余劳动**。即

$$剩余劳动 = \ell_1(x_1 - z_1) + \ell_2(x_2 - z_2).$$

剩余劳动对必要劳动的比率 η 称为**剩余劳动率**。

$$\eta = \frac{\ell_1 x_1 + \ell_2 x_2}{\ell_1 z_1 + \ell_2 z_2} - 1. \tag{5-17}$$

定理 5.1　剩余价值率 μ 与剩余劳动率 η 相等 $(\mu = \eta)$。

实际上，考虑到价值式(5-5)、式(5-6)，和必要生产物式(5-15)、式(5-16) 可知，

$$必要劳动 = (\ell_1 \frac{a_2}{1-a_2} + \ell_2) z_2 = w_2 b(\ell_1 x_1 + \ell_2 x_2).$$

因此，有

$$\eta = \frac{1}{w_2 b} - 1. \tag{5-18}$$

经济整体有以下关系成立。

$$剩余劳动 = 剩余价值 = 无酬劳动总量$$

价值公式　对照价值的3分割 $C + V + M$ 的形式，可将 w 分解为

$$w_1 = w_1 a_1 + w_2 b \ell_1 + \mu w_2 b \ell_1, \tag{5-19}$$

$$w_2 = w_1 a_2 + w_2 b \ell_2 + \mu w_2 b \ell_2. \tag{5-20}$$

可以确认到，马克思一开始是给定 μ 再展开讨论的。

第九节　转形的一般公式

我们把价值到生产价格的转形问题用更为一般的符号来表示。假设产出量 x_1, x_2 是给定的。这些数量分别乘以式(5-19)、式(5-20)，这就对应了总量意义上的马克思的分析。

现在，令 k 阶段转形过程中的生产资料和消费品的价值分别为 $w_1{}^k, w_2{}^k$。

此时的平均利润率 r_k 是

$$r_k = \frac{w_1{}^k x_1 + w_2{}^k x_2}{w_1{}^k(a_1 x_1 + a_2 x_2) + w_2{}^k[b(\ell_1 x_1 + \ell_2 x_2)]} - 1. \tag{5-21}$$

而在下一阶段（$k+1$ 阶段）的价值则是

$$w_1{}^{k+1} = (1+r_t)(w_1{}^k a_1 + w_2{}^k b\ell_1), \tag{5-22}$$

$$w_2{}^{k+1} = (1+r_t)(w_1{}^k a_2 + w_2{}^k b\ell_2). \tag{5-23}$$

这里的期初值设为 $w_1{}^0 = w_1, w_2{}^0 = w_2$。

这3个递推公式构成了循环数列 $\{r_k\}$，$\{w_1{}^k\}$，$\{w_2{}^k\}$（$k = 0, 1, 2, \ldots$）。[1]

我们知道这个数列是收敛的。决定它的极限的是由联立递推公式的系数组成的矩阵的特征值与特征向量。这个证明比较复杂，我们留在后面讨论。[2]

从以上的公式可以确认到，继续按照马克思的转形步骤操作可知每个阶段的总价值是保持不变的。也就是说有以下公式成立：

$$w_1{}^k x_1 + w_2{}^k x_2 = w_1{}^{k+1} x_1 + w_2{}^{k+1} x_2.$$

需要注意的是，总价值与总利润一般不一致。

---

[1] 显然，式(5-21)是式(4-6)的一般形式，式(5-22)～式(5-23)是式(4-7)～式(4-8)的一般形式。

[2] 马克思的转形问题的递推公式收敛于具有经济意义的极限的此类问题，最早是由马克思之后的20世纪初期的数学解决的。

生产价格体系　对利润占投入资本的比率进行平均化的价格称为**生产价格**。令生产资料，消费品的生产价格分别为 p_1, p_2，平均利润率为 π，此时，它们是由式(5-24)、式(5-25) 决定的

$$p_1 = (1+\pi)(p_1 a_1 + p_2 b\ell_1), \tag{5-24}$$

$$p_2 = (1+\pi)(p_1 a_2 + p_2 b\ell_2). \tag{5-25}$$

由式(5-24)、式(5-25) 定义的生产价格称之为**马克思-斯拉法生产价格**。①

定理 5.2 (马克思基本定理)　平均利润率为正与剩余价值率为正等价 ($\pi > 0 \Longleftrightarrow \mu > 0$)。

实际上，很容易通过 $\mu = \eta$ 的关系来证明这一点。将 p_1, p_2 乘以式(5-14)、式(5-15) 可知

$$p_1 z_1 + p_2 z_2 = p_1 a_1 z_1 + p_1 a_2 z_2 + p_2 b(\ell_1 x_1 + \ell_2 x_2).$$

再将 z_1, z_2 乘以式(5-24)、式(5-25)，在此令

$$Z = p_1 a_1 z_1 + p_1 a_2 z_2 + p_2 b(\ell_1 z_1 + \ell_2 z_2),$$

可知

$$p_1 z_1 + p_2 z_2 = \pi Z + Z.$$

以上的2个公式的右边相等，所以有

$$\pi Z = p_1 a_1 z_1 + p_1 a_2 z_2 + p_2 b(\ell_1 x_1 + \ell_2 x_2) - Z = p_2 b[\ell_1(x_1 - z_1) + \ell_2(x_2 - z_2)].$$

即

$$\pi Z = \eta p_2 b(\ell_1 z_1 + \ell_2 z_2). \tag{5-26}$$

两边的 π, η 以外的项，即

$$Z, p_2 b(\ell_1 x_1 + \ell_2 x_2) > 0,$$

---

① 众所周知，马克思经济模型中定义的生产价格存在有意义的均衡解。这跟转形问题的递推公式的收敛是同一个道理。关于这个问题我们将在后面进行一些较为详细的讨论。

所以 π 和 η 的符号一致。

从以上的分析中我们还能得出以下2个定理。

定理 5.3　平均利润率小于剩余价值率：$\pi < \mu$。

定理 5.4　平均利润率 π 是剩余价值率 μ 的递增函数。

实际上，由式(5-26)可知

$$\pi = \frac{p_2 b(\ell_1 z_1 + \ell_2 z_2)}{Z} \eta.$$

而

$$Z > p_2 b(\ell_1 z_1 + \ell_2 z_2),$$

故而不可能有 $\pi \geqq \eta$。

π 是 μ 的递增函数这一点显而易见，在此不再赘述。

有机构成均一　使马克思的总量一致的2个命题同时成立的特殊技术结构是存在的。在此，我们假定有机构成均一，即

$$\frac{a_1}{\ell_1} = \frac{a_2}{\ell_2},$$

这样总量一致的2个公式可同时成立。实际上，有机构成均一指的是不让总量一致的2个等式相互独立的一种技术结构。

第十节　价值、生产价格、增长的二重理论

一　净生产和价值

马克思的价值、生产价格、扩大再生产（增长）的理论其实是密切相关的复层理论。我们把它作为一个二重理论或者对偶理论来整理一下。通过矩阵形式来表示马克思的经济模型，可以突出马克思理论所具有的二重性质。

投入产出关系 令生产资料为商品1，消费品为商品2。把与其相关的经济变量列为一组，做成一个向量。

生产生产资料的第1部类中，投入 a_1 单位的生产资料和 ℓ_1 单位的劳动，生产1单位的生产资料。同样，生产消费品的第2部类中，投入 a_2 单位的生产资料和 ℓ_2 单位的劳动产出1单位的消费品。

为方便起见，把劳动投入作为第3个要素，则第1部类、第2部类的投入产出关系可表示为

$$\begin{pmatrix} a_1 \\ 0 \\ \ell_1 \end{pmatrix} \longrightarrow \begin{pmatrix} 1 \\ 0 \end{pmatrix},$$

$$\begin{pmatrix} a_2 \\ 0 \\ \ell_2 \end{pmatrix} \longrightarrow \begin{pmatrix} 0 \\ 1 \end{pmatrix}.$$

投入矩阵和劳动向量 投入矩阵 A 和劳动向量 ℓ 可做如下定义

$$A = \begin{pmatrix} a_1 & a_2 \\ 0 & 0 \end{pmatrix}, \ell = (\ell_1, \ell_2).$$

（可）净生产 对一个产出量 x，我们把由

$$y = x - Ax \tag{5-27}$$

定义的量称为**净生产**。

重要的是，对于一个 $x > 0$，存在 $y > 0$。这个可以总结为以下条件：

$$\text{存在使} x > Ax \text{的} x > 0. \tag{$\mathfrak{W}$}$$

这个条件称为 A 的**可净生产条件**。此时，我们可以说 A 是**生产性的**。

显然，$\mathfrak{W}$ 是将 $\mathfrak{w}$ 用矩阵 A 来表现的一般形式，它在马克思两大部类经济中是同一条件。

价值 可净生产条件 $\mathfrak{W}$ 不受矩阵转置的影响。因此，也可以把它理解为一个左乘的行向量的正值性的问题。

与可净生产条件 $\mathfrak{W}$ 对偶的条件可表现为是否存在满足

$$w > wA, w > \mathbf{o}$$

的 w。

如果存在满足 $\mathfrak{W}$ 的 x，那么就存在一个正的 w，使得 $w > wA$。此时，不存在让 $w = wA$ 的 $w > \mathbf{o}$。

因此，若要确立用等式来决定 w 的公式，那么就要在不等式的右边增补一个正项。此时所附加的正项就是**附加价值**。这个附加价值即是直接劳动，这就是所谓的投入劳动价值学说所主张的内容。

价值 $w = (w_1, w_2)$ 由以下的价值方程式决定。

$$w = wA + \ell. \tag{5-28}$$

因此，有

$$w = \ell(I - A)^{-1}. \tag{5-29}$$

显然，由可净生产条件可知，价值可取正值。

净生产和直接劳动 由净生产的定义公式(5-27) 和价值的定义公式(5-28) 可求得用价值加总的净生产的总量。因为

$$wx = wAx + wy = wAx + \ell x,$$

所以

$$wy = \ell x. \tag{5-30}$$

由此可知，净生产物的价值与直接劳动量的大小是一致的。

二 剩余的生产

工资品束 劳动力的再生产需要消费品，劳动者如果无法生活那么将无法进行劳动的供给，所以必须要确保一定量的消费品。

劳动者用工资购买的诸多商品的组合称之为**工资品束**(Wage Goods Bundle)。[①]

我们只假设了2种商品。很显然，生产资料不在工资品束之内。消费品只有1种，所以工资品束是由生产资料的量0和单位劳动必要的消费品的量 b 的组合给定的。以下，考虑一个包含 b 的矩阵，来描述"劳动者吃得上饭"的体系。

令工资品束（向量）为 f，

$$f = \begin{pmatrix} 0 \\ b \end{pmatrix}.$$

增广投入矩阵　在此，为简单起见，令

$$M = A + f\ell = \begin{pmatrix} a_1 & a_2 \\ b\ell_1 & b\ell_2 \end{pmatrix}.$$

单看 $f\ell$ 的部分我们知道

$$f\ell = \begin{pmatrix} 0 & 0 \\ b\ell_1 & b\ell_2 \end{pmatrix}.$$

从与 A 的对比中可知看出，从形式上这是一种消费品投入到生产中的表现。也就是说，劳动的直接投入被消费品所置换，劳动通过劳动力的再生产，即消费品的消费来进行。即劳动的直接投入是由消费品的间接投入来表现的。从这个意义上来讲，称 M 为**增广投入系数矩阵**。

生产过程中需要有生产资料和劳动的投入，而劳动基于劳动力的再生产，劳动力的再生产基于消费品的消费，这样劳动投入可由消费品的间接投入所代表，从这个意义上来讲 M 即可看成代表经济整体的一个投入矩阵。

剩余生产物　对一个产量 x，剩余生产物 s 被定义为

$$s = x - Ax - f\ell x. \tag{5-31}$$

[①] 工资品束即通常意义上的工资品向量。

以 A, ℓ, f 为系数的经济，若存在满足

$$x \geq Mx$$

的产出量 $x > 0$ 的情形，那么这个经济就是一个**可剩余**的经济。

显然，经济可剩余与 M 是生产性的同义。

剩余生产物 s 的价值 ws 即为**剩余价值**。剩余价值占工资品价值的比率 $\dfrac{ws}{wf\ell x}$ 称为**剩余价值率**。

必要生产物和必要劳动　我们来考虑一个产出量 $x = \begin{pmatrix} x_1 \\ x_2 \end{pmatrix}$ 在现实经济中被产出的情形。此时的劳动供给跟劳动需求 $\ell_1 x_1 + \ell_2 x_2$ 一致。假设供给这些劳动的劳动者人数为 N，每人每期所需的消费品的量为 F。若劳动者单位期间每人进行 T 时间的劳动，那么有

$$NT = \ell x$$

成立。

每人都需要 F 量的消费品，维持 N 个劳动者的必要消费品的量则是 NF。而要生产这些消费品也需要一定量的生产资料。在此，为维持从事生产的劳动者所需的生产物的量称为**必要生产物**，或者**必要产出量**。

令 $z = \begin{pmatrix} z_1 \\ z_2 \end{pmatrix}$ 为必要生产物。

必要生产物由

$$z = Az + f\ell x \tag{5-32}$$

决定的

$$z = (I - A)^{-1} f\ell x \tag{5-33}$$

即是必要产出量。z 是 x 的函数。

投入到必要生产物的生产中的直接劳动量称为**必要劳动**。对于一个必要产出量 z，有

$$\text{必要劳动} = \ell z.$$

显然，z 乃至 ℓz 都是 x 的函数，所以这些都依存于实际经济的产出量。

剩余劳动　总劳动中超出必要劳动的部分称为**剩余劳动**。剩余劳动占总劳动的比率称为**剩余劳动率**。

剩余劳动率 η 与剩余价值率 μ 相等。

实际上，有

$$
\begin{aligned}
\eta &= \frac{\ell x}{\ell(I-A)^{-1}f\ell x} - 1 \\
&= \frac{1}{wf} - 1.
\end{aligned}
$$

三　转形与生产价格

转形问题　对一个产出量 x，我们来考虑由下述迭代计算

$$
r_t = \frac{w^t x}{w^t M x} - 1, \tag{5-34}
$$

$$
w^t = (1+r_t)w^{t-1}M, \tag{5-35}
$$

来定义的点列 $\{r_t\}, \{w^t\}$ $(t = 0, 1, \ldots)$，这里 $w^0 = w$。

关于这个点列，显然对于任意的 t，都有

$$
w^t x = w^{t-1} x
$$

成立。即，在转形的各阶段，经济整体的商品的总额保持不变。

对于一个正矩阵 $M > O$，可知上述的点列是收敛的（参照数学附录）。也就是说，反复进行转形后，它的极限值是

$$
w^t \to p; \ r_t \to \frac{1}{\lambda_M} \ (t \to \infty),
$$

这里，$\lambda_M p = pM, \ px = wx$。

由此，我们应该来考察以 M 的特征向量为基础的生产价格。

生产价格　平均利润率 π、均衡价格 p 的定义如下

$$
p = (1+\pi)pM. \tag{5-36}
$$

若 $M > O$ ，则 $\pi = \dfrac{1}{\lambda_M} - 1$ ，即存在均衡价格 $p > 0$ 。[①] 具有经济意义的均衡是平均利润率为正的均衡。

马克思基本定理的证明　马克思基本定理可以很容易地通过矩阵形式来予以证明。

式(5-36) 定义的生产价格 p 左乘式(5-32) 可知

$$pz = pAz + pf\ell x,$$

再将 z 右乘式(5-36) 可得

$$pz = \pi pMz + pMz.$$

因此，有

$$\pi pMz = pAz + pf\ell x - pMz = pf(\ell x - \ell z),$$

亦即

$$\pi pMz = \eta pf\ell z. \tag{5-37}$$

因为 $pMz, pf\ell z > 0$ ，所以 π 与 η 的符号一致。

四　均衡增长路径：数量体系

生产价格是将剩余价值作为均衡利润配置到各个资本中去的一个商品评价体系。与其相辅相成的是，全部的剩余生产物都投入到扩大生产中去的均衡增长的情形。这样的增长状态称为 von Neumann **增长均衡**。这是一个与生产价格均衡成对偶关系的数量体系。

令von Neumann均衡增长率为 g_c ，均衡产出比率为 x^c ，可知

$$x_1^c = (1+g_c)(a_1 x_1^c + a_2 x_2^c),$$
$$x_2^c = (1+g_c)(b\ell_1 x_1^c + b\ell_2 x_2^c).$$

即，它由

$$x^c = (1+g_c)Mx^c \tag{5-38}$$

[①] 本文把2阶的 M 的特征值记为 λ_1, λ_2 ，与之对应的右特征向量记为 x^1, x^2 ，左特征向量记为 p^1, p^2 。且，令 $\lambda_1 = \lambda_M$ 。（特征值、特征向量问题参照附录的相关章节）

来决定。其中，$g_c = \dfrac{1}{\lambda_M} - 1$。

存在von Neumann 均衡增长与存在价格均衡是等价的。

定理 5.5 平均利润率与von Neumann 均衡增长率相等 ($\pi = g_c$)。

五 转形理论与数量体系

绝对价格水平 在上述生产价格与均衡增长的分析中我们需要注意的是，这些定义式给出的只是均衡价格与均衡产出量的相对比率。这个比率"伸缩自如"，所以决定不了它们的绝对水平。马克思的转形问题就是跟这个绝对水平的决定相关的。

马克思的总量一致命题主张的是以下2个等式的成立。即，对任意的一个产出量x，"总价格=总价值"与"总利润=总剩余价值"可分别用公式表示为

$$px = wx,$$

$$\pi p M x = \mu w \ell x.$$

价格均衡的定义 $p = (1+\pi)pM$ 所决定的只是相对比率，所以只要追加一个独立的式子，即可确定它的绝对水平。可追加的独立的式子只有1个，因此马克思的总量一致的两个命题不能同时成立。

但是，在决定均衡价格的绝对水平上，可以考虑这些等式的其中一个。不管是取哪个等式，只要注意到价值 w 是由技术决定的常数，这个公式就可以决定均衡价格的绝对水平，也就是均衡价格向量的正规化成为可能。故而，马克思的转形理论在说明包含绝对水平的价格均衡决定问题上是首尾一致的。

黄金增长路径 如果用von Neumann 的产出比率代替任意的产出量来进行加总，那么不管是怎样的一个技术结构，总量一致的两个命题都是成立的。

定理 5.6 (Morishima and Seton, 1961)　对一个von Neumann 产出比率 x^C，有

$$\pi = \frac{\mu}{\xi(w, x^C) + 1}.$$

其中 $\xi(w, x) = \dfrac{wAx}{wf\ell x}$。

马克思的价值利润率与均衡增长路径上的均衡利润率一致。

资本的有机构成均一　资本的有机构成相等时，ℓ 是投入矩阵 A 的左特征向量。即，A 的**谱半径(Spectral Radius)** 为 ρ 的话，有

$$\ell A = \rho \ell. \tag{5-39}$$

有了这样一个特殊的技术结构，对于任意的一个 $x > 0$，"总价值=总价格"以及"总剩余价值=总利润"可同时成立。

六　剥削与利润率

考虑到工资的一般可变动性，要把 f 作为一个可伸缩的向量来考虑。即，固定一个特定的工资品束 $\bar{f}$，我们可以通过这个工资品束的个数（单位数）来衡量工资的变动情况。首先，需要固定作为标准的一个 $\bar{f}$，根据马克思的价值理论，我们可将它标准化为

$$w\bar{f} = 1.$$

这是劳动者的劳动完全得到了支付的一种状态。令劳动者用工资来购买的消费品束有 c 个，则有 $\mu = \dfrac{1}{cw\bar{f}} - 1$，即作为实际工资，有

$$c = \frac{1}{1 + \mu}.$$

由此，为了能够分析可以考虑工资变动的生产价格，可以导入一个 M 的各要素均依存于剩余价值率 μ 的关系，即可将 M 表现为

$$M(\mu) = A + \frac{1}{1 + \mu}\bar{f}\ell.$$

这样，$M(\mu)$ 就是一个可根据 μ 来确定它的元素的矩阵。利用这个系数矩阵，我们即可知道利润率为零时的生产价格即是劳动价值。马克思给

出了剥削与利润之间的直接对应关系。

定理 5.7　均等利润率 π 是剥削率 μ 的递增函数。

七　剑桥方程式

剑桥方程式　假设马克思的两大部类经济处于均衡增长路径，我们可以用生产价格对它进行总计。

经济整体的资本家的积累率用 α 表示。

利润总额是 πpMx，这样从中减去非生产性消费 u 的部分即是积累的部分。

$$\alpha = 1 - \frac{pu}{\pi pMx}$$

此时，平均利润率 π、增长率 g、积累率 α 之间有下式成立。即，

$$g = \pi\alpha. \tag{5-40}$$

这个等式称为**剑桥方程式**。

这个等式在马克思的两大部类模型中也是成立的。

决定增长率 g 的因素不只是利润率和积累率。劳动供给的增长率也跟它密切相关。

八　围绕剩余价值率的阶级斗争

剩余价值的决定因素　由上可见，要提高资本的利润率，就必须要增大剩余价值率，这是充分和必要的条件。马克思从这个角度观察了当时英国的阶级斗争。实际上，马克思研读了很多统计资料，详尽分析了围绕工作日的劳资斗争问题，这些记述都可见于《资本论》原著中。

从我们之前的计算可知，剩余价值的大小可由多种形式来表现。这里比较重要的一个表现是

$$ws = NT - NFw_2 = N(T - Fw_2).$$

如果 F 和 N 一定，那么剩余价值的大小可看成 T 和 w_2 的函数。显然，T 的增加和 w_2 的减少会使剩余价值递增。

绝对剩余价值的生产   增加剩余价值率的一个直接方法是增加劳动时间长度 T。马克思将其称为**绝对剩余价值**的生产。不过这会导致实际工资率的下降，以及利润率的上升。

通过延长劳动时间 T 来提高剩余价值率的做法对于劳动者而言无疑会导致劳动者的生活条件恶化，肯定会出现劳动者阶级的极力反抗。劳资斗争的结果，促使了规定劳动时间上限的法律条文等的制定。

相对剩余价值的生产   因为决定工资大小的是消费品的价值，所以另一种方法可以是资本家进行一种让 w_2 变小的技术革新。这个被称为是**相对剩余价值**的生产。

通过降低消费品价值 w_2 来提高剩余价值率的方法是如何进行的呢？消费品的价值由下式决定：

$$w_2 = w_1 a_2 + l_2.$$

w_2 的下降是由等式右边的 w_1、a_2、l_2 等的变化所引起的。

这里，如果 w_1 的大小没有变化的话，那么用微分符号可表示为

$$dw_2 = w_1 da_2 + dl_2,$$

这样价值递减的条件是

$$dw_2 < 0 \iff da_2 < -\frac{1}{w_1} dl_2.$$

如果 $da_2 < 0, dl_2 < 0$，那么生产资料、劳动均发生了节约性的技术变化，因此消费品价值会下降，且它的节约效果全部作为剩余价值由资本取得，当然剩余价值会递增。

产业后备军   这里需要注意的是 $dl_2 < 0$ 的情形。即使有 $dl_2 < 0$，若对 $da_2 > 0$ 仍然满足价值下降的条件，那么这就意味着它是一种资本和劳动更为集约的技术变化，所以所需劳动者的人数与生产资料相比，要相对减少。此时，马克思认为由于资本积累的深化导致从生产过程中退出的劳动者人数的增加，即失业的发生。这样的失业者马克思称其为**产业后**

备军。

产业后备军的意义在于它可以使劳动供给问题不受人口增长率的约束。之所以这么说，是因为如果没有技术进步，那么诸如 $g > n$ 的增长路径早晚会达到由人口增长率所规定的上限。

通常作为经济模型的一种设定，仅被雇佣的劳动者获得工资收入，他们可以进行自身劳动能力的再生产。那么，无收入的失业者会怎样呢？简单考虑一下，若劳动力的再生产只是意味着维持劳动者家庭成员的生存的话，那也就仅仅意味着与之对应的工资水平只是保证其家庭成员的生存。而无收入的失业者连最基本的生存条件都保证不了。因此，可以这样认为，失业期间越长，越导致由于死亡而从劳动供给源中的退出者的增加。如果是那样的话，即使某个时期存在失业者，这些失业者在经过一段时间后，会从产业后备军中因为死亡而退出，因此失业率最终会收敛于零。也就是说，完全雇佣得以实现。

但是，以这个来说明现实的失业理论显然是不行的。现状是，诸多的失业者在很少的收入条件下，作为产业后备军的"候补"在生活，或者说大多数的失业者接受着其他家庭成员的资助。资本主义经济需要一种把失业者界定为一定期间内的产业后备军的制度。这需要国家来支付给他们一定的生活保障和失业津贴。资本在此与国家不期而遇。

第六章　资本主义经济的动态与波动

第一节　动态模型

众所周知，投入与产出之间即使是一个很短的期间，也会有时间差。我们称之为**生产时间**。

比如说像大米这样的农业生产物，从插秧到收割需要几个月的时间。这是一个生产时间较长的例子。或者，在由许多机器人作业的现代化汽车工厂，从最初的零部件投入到生产线到成品汽车的完成所用的时间基本要不了一天。我们很容易理解，虽然有长短的差异，但都需要一个有限的生产时间。

本章以下的讨论中，生产时间暂以单位期间来计。每个单位期间按照时间的顺序，依次记为0期，1期，2期，$\cdots$，t 期，$t+1$ 期。

这里需要将生产价格和数量赋以一个有日期的"标签"。假设在期初进行生产投入，在期末进行产出，且当期的期末跟下一期的期初之间没有差异。各期的期末和下一期的期初之间的对应关系（时间结构）沿着一个时间轴，可用图6-1来表示。

一　动态生产价格

令 t 期期初的价格为 $p(t) = \begin{pmatrix} p_1(t) & p_2(t) \end{pmatrix}$。若 t 期期初的投入为 M，那么此时其生产费用即为 $p(t)M$。产出后的商品的价格是 $p(t+1)$，因此

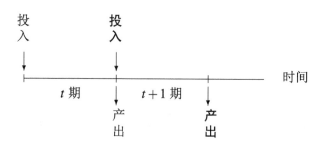

图 6-1　生产的时间结构

均等利润率 π 满足以下关系式

$$p(t+1)=(1+\pi)p(t)M. \tag{6-1}$$

这样，决定价格的时候，在费用的基础上加乘一个所要求的利润率来计算价格的方式称为**全成本定价原则**。

令 M 的特征值以及与之对应的左特征向量分别为 λ_M, λ_2 及 p^1, p^2，依存于初期状态 $p(0)$ 的常数为 α_1, α_2，则上述的方程式的解由

$$p(t)=\alpha_1[(1+\pi)\lambda_M]^t p^1 + \alpha_2[(1+\pi)\lambda_2]^t p^2$$

来给定，因此 $1+\pi>0$ 的经济中，动态价格（比）系列一定会收敛于一个稳定的比率 $p^1>\mathbf{0}$。

与 $p(t+1)=p(t)$ 的稳定价格 p^1 对应的利润率 π 满足

$$1+\pi=\frac{1}{\lambda_M}.$$

对于资本家来讲，最初并不一定就知道均等利润率的值。但重要的是，每个资本家都会加乘一个作为"一般认同范围"的利润率。

假设开始可暂且加乘一个适当的利润率 π_o，然后再由此来形成价格。这样，确定 $(1+\pi_o)M$ 后，即可确定与之对应的均等利润率。如果

$$\pi_o>\frac{1}{\lambda_M}-1,$$

那么所形成的生产价格会随着时间的推移而上升。即，会发生通货膨胀。伴随着物价的上升名义工资也会随之上升，因此分配方面没有变化。

反之，如果

$$\pi_o < \frac{1}{\lambda_M} - 1,$$

那么会发生生产价格的回落以及名义工资的下降。这就是所谓的通货紧缩的状态。此时，因为均等利润率过低，资本家一般会采取让它回升的价格形成行动。

从以上的动态方程式的形式分析中可知，如果选择一个适当的所要求的利润率，那么形成生产价格的过程是收敛的。

二 均衡增长路径

扩大生产计划与积累需求 令 t 期期末的非生产性消费（向量）为 $u(t)$。若资本是按照扩大生产计划来决定积累需求的话，那么当期的产出量 $x(t)$ 满足

$$x(t) = Mx(t+1) + u(t). \tag{6-2}$$

即

$$x(t+1) = M^{-1}x(t) - M^{-1}u(t). \tag{6-3}$$

式(6-3) 的增长路径由齐次型（$u(t) = 0$ 的情形）路径来规定。也就是说它的路径是由 M 的特征值 λ_M, λ_2 以及与之对应的右特征向量 x^1, x^2 来规定的。令对应 $u(t)$ 的一个特解为 $\zeta(t)$，那么其通解是

$$x(t) = c_1(\frac{1}{\lambda_M})^t x^1 + c_2(\frac{1}{\lambda_2})^t x^2 + \zeta(t).$$

这里的 c_1, c_2 是由期初条件来决定的常数。

关于 M 的Perron-Frobenius根，有 $\lambda_M > |\lambda_2|$，故有 $\frac{1}{\lambda_M} < \frac{1}{\lambda_2}$，$\frac{1}{\lambda_2}$ 处于支配性地位，经过一个充分的时间后，拥有负要素的 x^2 处于优势。因此，均衡增长路径 x^1 不稳定。

从产出量层面来看，均衡增长路径跟生产价格体系相反，它是不稳定的。

马克思在再生产图式的分析中，阐明了有关商品供需一致的均衡条件的存在。马克思指出供需一致并非无条件就能得出的，他将此称为恐

慌的第二种可能性。均衡增长路径的不稳定性是马克思所说的恐慌的可能性的一个具体表现。

对偶不稳定　由上可知，生产价格的动态运动 $p(t)$ 和与其成对偶的数量体系的运动 $x(t)$ 相互之间有着相反的性质。我们称之为**对偶不稳定**。

第二节　资本主义经济波动理论：哈罗德-置盐模型

由资本主义经济的价格均衡和均衡增长的理论可以看出，均衡增长具有不稳定性。分析均衡增长的不稳定性的模型是以依据所谓加速原理的投资以及商品市场的均衡为对象的。在此，我们来简单概括一下即使把投资函数设为其他类型的函数而均衡依然不稳定的情况，我们称之为哈罗德-置盐模型。[①]

在不强调关于中间投入的技术进步的前提下，以总产出量 x_1, x_2 为基础的分析，可以直接变换成以净生产 y_1, y_2 为基础的一种分析。

实际上，只要在 $x = (I - A)^{-1}y$ 式中代入 x 即可。因此，以净生产为基础的分析与以总生产为基础的分析从这个意义上来讲并无本质性的差异。

令资本设备的生产性为 σ，净生产所必要的劳动量为 l，雇用为 N，国民收入（净生产）为 Y，投资为 I，固定设备（资本）为 K，设备运作率为 δ，工资率为 ω，利润率为 π。下标 t 表示期间。投资函数沿用哈罗德的动物本性(animal-spirit)型的函数。令投资的反应系数为 β。

模型可由以下8个公式组成。即

$$Y_t = \omega_t N_t + I_t, \tag{6-4}$$

[①] 关于哈罗德-置盐模型的详细分析，可参见Harrod (1948)、Okishio (1976, 1988) 以及Fujimori (1992b)。

$$Y_t = \omega_t N_t + \pi_t K_t, \tag{6-5}$$

$$N_t = lY_t, \tag{6-6}$$

$$Y_t = \sigma \delta_t K_t, \tag{6-7}$$

$$g_t = \frac{I_t}{K_t}, \tag{6-8}$$

$$K_{t+1} = K_t + I_t, \tag{6-9}$$

$$\delta_t = \varphi(\pi_t), \tag{6-10}$$

$$g_{t+1} = g_t + \beta(\delta_t - 1). \tag{6-11}$$

均衡增长率由下式进行定义

$$g_{t+1} = g_t = g^*. \tag{6-12}$$

这些公式最终归结到以下2个公式，即

$$K_{t+1} = K_t + I_t, \tag{6-13}$$

$$g_{t+1} = g_t + \beta[\varphi(g_t) - 1]. \tag{6-14}$$

由此可以推导出 $\beta > 0, \varphi'() > 0$ 时均衡增长是不稳定的。也就是说，增长路径一旦偏离均衡状态，将会持续这样的不均衡。

第三节　过剩生产恐慌的可能性

部门间不均衡和过剩生产区域　若商品的数量供需均衡不稳定，那么偏离均衡轨道的经济运动的结果会变得如何呢？为能明确它的内在逻辑，我们需要区别跟产出量比率相关的增长的可能性。现在，满足不等式

$$x_1 \geq a_1 x_1 + a_2 x_2, \tag{6-15}$$

$$x_2 \geq b\ell_1 x_1 + b\ell_2 x_2, \tag{6-16}$$

的组合 $x_1, x_2 > 0$ 给定了能使扩大再生产潜在可能的生产数量的组合。我们称之为**可扩大再生产区域**。

　　这个区域根据可达成一个怎样的均衡增长来分割成几个部分。

假设存在非生产性消费 u，对一个 $g > 0$，满足

$$x_1 = (1+g)a_1x_1 + (1+g)a_2x_2, \tag{6-17}$$

$$x_2 = (1+g)(b\ell_1x_1 + b\ell_2x_2) + u \tag{6-18}$$

的组合 $x_1, x_2 > 0$ 给定均衡增长可能的生产数量的组合。我们称之为**可均衡增长区域**。$u = 0$ 的情形是这个区域的 $\dfrac{x_1}{x_2}$ 的上限，这其实就是 von Neumann 产出比 x^C。产出比超出 von Neumann 比时，不可能实现均衡增长。

对于一个 $u > 0$ 和一对 $g_1, g_2 > 0$，满足

$$x_1 = (1+g_1)a_1x_1 + (1+g_2)a_2x_2, \tag{6-19}$$

$$x_2 = (1+g_1)b\ell_1x_1 + (1+g_2)b\ell_2x_2 + u, \tag{6-20}$$

的组合 $x_1, x_2 > 0$ 在使 2 种商品的市场趋于均衡的同时也给定了可实现增长的生产数量的组合。这包含了这样一种情形：即使两大部类的增长率不均衡，数量上的均衡也可最终达到。从这个意义上我们称之为**市场可实现均衡区域**。

市场可调区域包含在了可扩大再生产区域中，但反之则不成立。即，可扩大再生产区域的边缘存在产出量的供需不一致的区域。它被认为是产生过剩生产恐慌的区域。因此，我们称之为**过剩生产区域**。

可能过剩生产的区域的存在与资本家的非生产性消费的存在密切相关。实际上，若 $u = 0$，则可能过剩生产的区域即会消失。但是，现实的资本主义经济中非生产性消费一般不会为零。因为存在诸如国防费等的各种巨额支出。

当市场均衡偏离均衡增长路径（或轨道）时，如果经济在使生产资料的比重提高的情况下进行增长的话，那么它最终会进入过剩生产区域。这就是马克思所描述的过剩生产恐慌的梗概之一。作为其中的一个例子，我们可用诸如 ▶ ⋯ ▶ ⋯ ≫ ⋯ ≫ 的点列来描述此种情形。

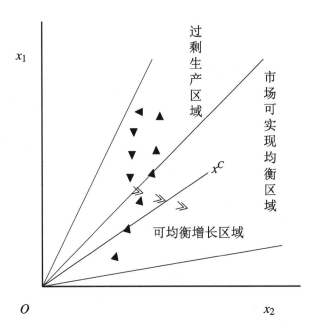

图 6-2　可扩大再生产区域

一个简单的例子　我们下面用一个具体的数值例来说明上述进入过剩生产
的过程。现在，令

$$M = \begin{pmatrix} 0.8 & 0.5 \\ 0.15 & 0.1 \end{pmatrix}$$

作为经济的系数矩阵。模型中的 von Neumann 增长率和均衡产出比率是

$$g_c = 0.1180558, \quad x^c = \begin{pmatrix} 0.9826365 \\ 0.1855409 \end{pmatrix}.$$

如前所述，这个均衡不具有支配性地位。

　　假定非生产性消费为零，期初值 $x(0) = x^c$，计算时间序列
$\{x(t)\}$ $(t = 1, 2, \cdots)$。生成这个序列的公式是 $x(t+1) = M^{-1}x(t)$，$M^{-1} = \begin{pmatrix} 20 & -100 \\ -30 & 160 \end{pmatrix}$。

时间序列到 $t = 7$ 为止它的产出量为正，而且

$$x(7) = \begin{pmatrix} 2.2301897 \\ 0.2715111 \end{pmatrix} \ngtr Mx(7) = \begin{pmatrix} 1.9199074 \\ 0.3616796 \end{pmatrix},$$

由此可知 $x(7)$ 存在于可扩大再生产区域之外。

而 $x(8)$ 的第2成分，即消费品的产出量为负。也就是说，这是一种没有经济意义的情形。

代替时间序列的计算中得到的 $x(8)$，我们来对 $x(7)$ 之后的点的运动进行以下修正。因为不可能有负的生产量的存在，所以要让经济状态回归到可扩大再生产区域的话，那么又会是一种怎样的点的运动呢？我们可以从这些点列的运动中来说明过剩生产是如何产生的。

先来考虑消费品生产不为负的点，同时考虑尽可能地使用生产资料的一种情形。从结果上来看，可近似地令

$$M^{-1} \begin{pmatrix} 1.447999 \\ 0.2715111 \end{pmatrix} = \begin{pmatrix} 1.808856 \\ 0.0017831 \end{pmatrix},$$

那么左边的向量是第7期的产出量中对第8期生产的需求量，而右边则是与之对应的第8期的供给量。比较一下左边修正后第7期的需求量和原来的供给量 $x(7)$ 可知，此时出现了生产资料的过剩生产现象。因为第8期修正后的产出量低于第7期的供给量，路径的方向会朝着原点方向。也就是说，经济开始在缩小生产。很显然，这种运动是不满足等式关系的一种不连续的运动。

在以上的修正中，求出了使生产资料的过剩量最小的点，而消费品的量基本接近于零。显然这个点是存在于可扩大再生产区域之外的。如果要考虑让消费品的量增多，存在于可扩大再生产区域内部的点，那么计算出来的生产资料的过剩产量会更大。

总之，如前所述，部门间的不均衡会引起过剩生产现象的发生，这是恐慌现象的一个基础。

生产资料的生产先为负的情形 上述的图式以及计算都是第二部类的产出量先为负的一种情形。我们可以以此对先发生生产资料过剩生产的情形进行类推。为方便比较，可举出一个生产资料的产出量先为负的例子。这其实也是消费品的过剩生产现象先发生的一种情形。

例如，代替 M，取 $N = \begin{pmatrix} 0.15 & 0.1 \\ 0.8 & 0.5 \end{pmatrix}$，进行同样的计算。

根据所设定的矩阵的不同，不稳定的路径偏离可扩大再生产区域的方向也各有所异。

首先，需要注意的是，矩阵各要素之间的关系跟测定生产资料、消费品的实物单位以及劳动时间的尺度无关。比如说在确定 M 的成分时，即使在测定劳动时间上不以1小时而以30分钟为1个单位，虽然名义劳动量变为2倍，但 M 本身不会有任何变更。

M 与 N 之间的差别是，前者是一种资本集约型经济，后者是一种劳动集约型经济。因此，劳动集约型的资本主义经济中，过剩生产现象发生在消费品部门，而资本集约型的资本主义经济中，生产生产资料的部门出现过剩生产现象。

第四节 积累政策与稳定增长

上述讨论的马克思的扩大再生产的数值例与本章所论及的对偶不稳定性有所不同，它阐明的是增长路径的稳定性问题。第一部类的积累率保持一定是其中的一个理由。下面，我们来具体考察一下使均衡增长路径稳定的办法。

一 维持均衡增长率数年不变

第一部类采取数年不变的积累政策（增长率保持一定）时，第二部类会追随其后。这是扩大再生产图式的一个特征。此时，它可以附属性地决定非生产性消费（资本家消费）。

现在，假设第一部类和第二部类至少有2期保持增长率不变。即，令所要求的增长率为 g，有以下等式成立。

$$x(t+1) = (1+g)^2 x(t-1)$$

如此，产出量的动态方程式(6-2)可以重新写为

$$x(t) = (1+g)^2 Mx(t-1) + u(t). \tag{6-21}$$

令由期初条件确定的常数为 c_1, c_2 时，以上的差分方程式的解是

$$x(t) = c_1 \left[(1+g)^2 \lambda_M\right]^t x^1 + c_2 \left[(1+g)^2 \lambda_2\right]^t x^2, \tag{6-22}$$

这里的 x^1, x^2 分别是与 λ_M, λ_2 对应的特征向量。起支配作用的是包含 λ_M 的项，因此通过选择一个适当的 g，在经过充分的时间后 $x(t)$ 会收敛于均衡增长路径 x^1。

二 第一部类的增长率的调控

如果经济只由两个部类组成，那么控制某个部类的增长率，就有可能使经济整体实现均衡增长。这个简单的例子实际上就是马克思的扩大再生产图式。

在此，计划主体通过调控第一部类的增长率乃至积累率，可以在一定范围内调控经济。

第五节 小结

从全成本定价原则的角度来看，可以说生产价格是一种动态稳定的均衡价格。

均衡价格虽然是稳定的，但并不意味着资本对劳动的剥削就会消失。尽管如此，均衡价格尚有它的有利之处：由加成均等利润率进行定价的均衡对于包含劳动者在内的大多数经济主体而言，有很大的可视

性。这也是为什么资本主义经济能成立的理论根据之一。

另一方面，从与价格成对偶关系的产出量来看，如果资本按照扩大生产计划对所需追加的生产资料进行投资，那么供需一致的均衡会呈现出一种不稳定性。这种投资行为被认为是一种依据加速原理的投资，换言之，加速原理不会带来稳定的均衡。

总之，一味地依赖市场的经济早晚会出现破绽。这也是对偶不稳定性的含义之一。要让经济中的供需达到均衡，则必须要考虑市场以外的因素，如经济计划等。

最后还需要确认的是，均衡价格比率 p^1 及均衡产出比率 x^1 是由 M 决定的。虽然资本会采取利润最大化的行动，但这种投资行为本身对资本而言并不能规定它的最优状态，而规定它的最优状态的是经济结构本身。资本行为是为找出这样的最优状态所必要的。但市场只是作为找出这种最优状态的所谓的一个计算装置。市场所能达到的供需一致的均衡呈现出不稳定性质，表明市场只是一个效率极低的计算装置。

第七章　利润率趋向下降规律与置盐定理

本章主要围绕利润率问题，对马克思阐明的利润率趋向下降规律以及跟技术进步相关的置盐定理进行一些说明。

第一节　利润率趋向下降规律

何为利润率趋向下降规律　马克思在《资本论》第三卷第三篇阐明了资本主义经济的一个重要规律，即利润率的趋向下降规律。

马克思提出的一般利润率 r 用价值来衡量的话，可表示为

$$r = \frac{M}{C+V} = \frac{\frac{M}{V}}{\frac{C}{V}+1} = \frac{\mu}{1+\xi}.$$

在《资本论》第三卷第三篇第13章第236页，马克思做如下记述：

> "资本构成的这种逐渐变化，……这种变化就包含着某一个社会的总资本的平均有机构成的变化，那么，不变资本同可变资本的相比的这种逐渐增加，就必然会有这样的结果：在剩余价值率不变或资本对劳动的剥削程度不变的情况下，一般利润率会逐渐下降。"

> "资本主义生产，随着可变资本同不变资本相比的日益相对减少，使总资本的有机构成不断提高，由此产生的直接结果是：……剩余价值率会表现为一个不断下降的一般利润

率。"（《资本论》第三卷，人民出版社，2004，第三篇，第13章，第237页。）

我们知道从"资本主义生产方式的本质"中已经阐明了它所具有的这种规律和必然性。

这里的一个含义就是，

$$\frac{M}{C+V} < \frac{V+M}{C}.$$

也就是说，工资为零时的利润率是一般利润率的上限，如果这个"上限"下降，那么很显然马克思的这个规律成立。总而言之，如果所进行的技术革新能使有机构成提高，那么利润率必然呈现出下降的趋势。

当然，也存在起反作用的各种因素。诸如剩余价值率的上升、工资被压低到劳动力价值以下、不变资本要素的低廉化、人口的相对过剩、贸易、股份资本的增加等。

> "利润率下降，不是因为劳动的生产效率降低了，而是因为劳动的生产效率提高了。剩余价值率提高和利润率降低，这二者只是劳动生产率的提高在资本主义下借以表现的特殊形式。"（《资本论》第三卷，人民出版社，2004，第三篇，第14章，第267页。）

一个历史事实 Duménil and Lévy (2003) 针对利润率的这种趋向下降规律进行了一些实证性的分析。他们根据美国经济的统计资料，阐明了20世纪的美国经济利润率的这种趋向下降规律性。

我们知道，资本主义经济体制下的这种利润率趋向下降规律，或者增长率的这种趋向下降规律是一个难以予以否定的事实。

第二节　技术进步与置盐定理

本节我们将讨论资本主义经济的内部是如何导入技术革新的。我们知道有关这个问题的基本结果是作为置盐定理而为人所知的。本节将阐明置盐定理其实是归根于Perron-Frobenius定理的一个定理。

一　生产过程的革新

现在假设某个经济的技术组成为 $(a_1, \ell_1), (a_2, \ell_2)$，假设经济的运行过程得以顺利进行，以及商品的交易通过使利润率平均化的生产价格来进行。令投入系数为 $A = \begin{pmatrix} a_1 & a_2 \\ 0 & 0 \end{pmatrix}$，劳动系数为 $\ell = (\ell_1, \ell_2)$，实际工资为 ω，平均利润率为 π，那么此时的均衡状态可以表示为

$$p_1 = (1+\pi)(p_1 a_1 + \omega \ell_1), \tag{7-1}$$

$$p_2 = (1+\pi)(p_1 a_2 + \omega \ell_2). \tag{7-2}$$

比如说在生产资料的生产中存在一个新的生产资料和劳动的组合，令其为 $(\bar{a}_1, \bar{\ell}_1)$。如果用现行的均衡价格来衡量，则有

$$p_1 a_1 + \omega \ell_1 > p_1 \bar{a}_1 + \omega \bar{\ell}_1, \tag{7-3}$$

这样生产生产资料的资本应该会导入这个新技术。如果导入新技术后实际工资率仍然不发生变化，那么新的均衡状态将由 $\bar{A} = \begin{pmatrix} \bar{a}_1 & a_2 \\ 0 & 0 \end{pmatrix}$，$\bar{\ell} = (\bar{\ell}_1, \ell_2)$ 来决定。如果用加在变量上的符号 "‾" 来表示导入后的均衡，那么有

$$\bar{p}_1 = (1+\bar{\pi})(\bar{p}_1 \bar{a}_1 + \omega \bar{\ell}_1), \tag{7-4}$$

$$\bar{p}_2 = (1+\bar{\pi})(\bar{p}_1 a_2 + \omega \ell_2). \tag{7-5}$$

对导入新技术之前和之后的平均利润率水平进行比较后，可知

$$\pi < \bar{\pi}. \tag{7-6}$$

进而用导入后的均衡价格 $\bar{p} = (\bar{p}_1, \bar{p}_2)$ 来比较新旧技术可知

$$\bar{p}_1 a_1 + \omega \ell_1 > \bar{p}_1 \bar{a}_1 + \omega \bar{\ell}_1 \tag{7-7}$$

成立。

第1部类在导入新技术后生产资料的价格尚未改变的期间，可以获得超额利润。令此时的利润率为 π_1，则有

$$\pi_1 > \bar{\pi}. \tag{7-8}$$

即使对第1部类和第2部类（所起的作用）进行互换，同样的不等式群依然成立，所以一般来讲：

- 用现行的均衡价格来衡量，若采用可使费用降低的新技术而报废原来的旧技术，那么从结果上讲，由新技术建立的平均利润率比导入新技术以前的平均利润率要大。

- 用导入新技术后的均衡价格来衡量，可知新技术所要的费用要比旧技术所要的费用低。

二 费用下降与超额利润

在生产价格的定义中，费用的下降与超额利润的发生同义。实际上，若令生产价格的定义式为 $p = p(1+\pi)M$，其中 $K(\pi) = (1+\pi)M$ 的话，则有

$$p = pK(\pi).$$

这里，由新技术 $\bar{M}$ 导致的费用下降即 $pM \geq p\bar{M}$ 为

$$p = pK(\pi) \geq p\bar{K}(\pi),$$

因此可以选择一个 $\bar{\pi} > \pi$，使 $\bar{p} = \bar{p}\bar{K}(\bar{\pi})$。

可以认为 $K(\pi)$ 是一个包含固定资本的情形，因为它的元素是 π 的递增函数，所以上述分析框架同样适用，可知关于技术进步的命题依然成立。

三　新生产物的导入

我们来考虑一个在有两种商品的经济中追加了一种新种类商品的情形。这个新商品可分为工资品和生产资料这两种情形来予以考虑。由3种商品组成的经济的均衡价格，平均利润率我们可以通过在变量上加上一个 "-" 来表示。

我们先来考虑这样一种经济状态，即开发了一种新种类的消费品，这种消费品为一般消费者所接受并得以普及。我们可以把这种新的经济状态和原来的经济状态做一个比较。在此，可以把新的技术结构记为

$$\bar{A} = \begin{pmatrix} a_1 & a_2 & a_3 \\ 0 & 0 & 0 \\ 0 & 0 & 0 \end{pmatrix}, \bar{\ell} = (\ell_1, \ell_2, \ell_3).$$

假设在一个一定的价格 p_3 下，可以出售新的工资品。也就是说，用旧的均衡价格来测定的话，可有

$$(1 + \pi)(p_1 a_3 + \omega \ell_3) < p_3. \tag{7-9}$$

此时，新消费品普及后的平均利润率要比原来的平均利润率大。

我们再来考虑另外一种情况，即开发了一个新种类的生产资料，同时经济中确立了它的使用技术。

这里令商品1为旧的生产资料，商品2为旧的消费品，商品3为新的生产资料。假设新的生产资料仅由原来的（旧）生产资料来生产，而在原来的（旧）生产资料和消费品的生产中使用这种新的生产资料。这样，新生产资料普及后的技术结构就变为

$$\bar{A} = \begin{pmatrix} \bar{a}_{11} & \bar{a}_{12} & \bar{a}_{13} \\ 0 & 0 & 0 \\ \bar{a}_{31} & \bar{a}_{32} & 0 \end{pmatrix}, \bar{\ell} = (\bar{\ell}_1, \bar{\ell}_2, \bar{\ell}_3).$$

现在假设就商品3，可以对 p_1, p_2, p_3 进行以下的价格设定

$$p_1 \geq (1 + \pi)(p_1 \bar{a}_1 + \omega \bar{\ell}_1), \tag{7-10}$$

$$p_2 \geq (1 + \pi)(p_1 \bar{a}_2 + \omega \bar{\ell}_2), \tag{7-11}$$

$$p_3 > (1+\pi)(p_1 a_3 + \omega \ell_3). \tag{7-12}$$

由此可知，导入新生产资料之后的平均利润率要比导入之前的平均利润率大。

四 Perron-Frobenius 定理与置盐定理

以上所描述的内容从形式上来讲它是直接依据于 Perron-Frobenius 定理的一个命题。[①]

上述判定技术革新的共通点可做如下记述。即取两个表示直接和间接投入的增广投入矩阵 A_1, A_2。令它们为非负不可约，且 A_1 的绝对值最大且非负的 Perron-Frobenius 特征值为 λ_1，与之对应的左 Perron-Frobenius 向量为 p^*。在此，假定

$$p^* A_1 \geq p^* A_2, \tag{7-13}$$

可知 A_2 的 Perron-Frobenius 特征值 λ_2 满足以下关系。

$$\lambda_1 > \lambda_2$$

再来比较一下利润率 $\pi_i = \dfrac{1}{\lambda_i} - 1, (i = 1, 2)$ 可知

$$\pi_2 > \pi_1.$$

也就是说，从技术 A_1 切换到技术 A_2 后，利润率有所提升。

实际上，因为 A_2 的右 Perron-Frobenius 向量 $x^\dagger$ 为正，将它右乘不等式 (7-13) 可得

$$p^* A_1 x^\dagger = \lambda_1 p^* x^\dagger > p^* A_2 x^\dagger = p^* \lambda_2 x^\dagger.$$

因为 $p^* x^\dagger > 0$，所以有 $\lambda_1 > \lambda_2$ 成立。

若 A_1 表示旧技术，A_2 表示新技术，那么如果它是一种用旧技术的均衡价格来衡量发现有费用下降情况的技术革新，则通过采用这个新技术可提升平均利润率。

这里令 A_2 的左 Perron-Frobenius 向量为 $p^\dagger$。若式 (7-13) 成立，则有

$$p^\dagger A_1 \geq p^\dagger A_2$$

---

① 详细的分析可见 Fujimori (1998)。

成立。

也就是说，用旧技术的均衡价格来衡量发现有费用下降情况的技术革新，即使用新技术的均衡价格来衡量也能判断它的费用会有所下降。

五 置盐定理与Perron-Frobenius定理的关系

由上述分析我们知道，通过Perron-Frobenius定理可以阐明一般或者平均利润率的决定关系。

我们可以从以下这个角度来考虑利润率趋向下降规律与Perron-Frobenius定理之间的关系。即，物质投入的增加会让增广投入矩阵 M 的成分增大，也就是说使它的Perron-Frobenius根 λ_M 增大，因此导致利润率的下降。

置盐定理也跟Perron-Frobenius定理直接相关。无论是利润率趋向下降规律还是置盐定理，由Perron-Frobenius定理都能证明命题的成立。

利润率趋向下降规律时而被人认为是一种与置盐定理相反的规律。这个看法究竟是否妥当呢？

我们知道，置盐定理是一种所谓的比较静态分析的定理，它不含有时间概念。置盐定理也绝不是利润率趋向下降规律的一个反例。因此，仅从表面形式对二者进行比较根本没有意义。

置盐定理是一个能明确生产价格所具有的重要性质和功能的定理。

由生产价格的定义式可知，单个资本可以只根据与自己技术相关的信息来判断是否导入新技术。从这个意义上来讲，对资本而言生产价格可以让它更有效地利用资本。因此，它在资本主义经济中发挥了作为一种生产监控者的作用。

生产价格的定义式不一定就是以最优化的形式来记述的。但在上述分析中其实暗示了生产价格具有使平均利润率最大化的一个功能。

要确立利润率趋向下降规律这个命题，应该使用一个能正确反映技术进步的历史趋势或趋向的理论模型。

第八章 复杂劳动的还原问题

第一节 几个基本概念

异质劳动 马克思在讨论商品价值时，注意到了劳动本身存在各种各样的差异这个问题。

与通常的商品一样，劳动也存在很多种类。我们在日常生活中所观察到的劳动差异，例如面包房烤面包的面包师傅的劳动、服装店裁缝的劳动等，这种劳动的差异与生产出来的商品的质的差异密切相关。

由此可以根据劳动对象以及形态的不同来区别不同的劳动，我们称这种劳动为**异质劳动**。马克思所指的劳动的种类不一定都是一般意义上的异质劳动。

简单劳动和复杂劳动 考虑到劳动的质和由劳动生产的商品的使用价值的关系，它们的质的本身对商品交换及利润的测定并没有太大的意义。问题是，被区分的不同劳动所创造的价值量的大小会有何差异？

如果不同的劳动作为在创造跟它共通的价值上有数量能力方面的差距，而且这个差距很重要的话，那么要跟讨论商品本质的情形一样，应该考察它产生数量差距的原因。

从这个意义上，我们以下把作为分析对象的劳动的差异，在每个劳动者的熟练程度上的差异的基础上进行区分。通过这种区分的劳动的种类称为**简单劳动**和**复杂劳动**。

不需要经过特别的教育、训练而得到的劳动称为**简单劳动**，经过一定程度的教育、训练而得到的劳动称为**复杂劳动**，或者**熟练劳动**。

> "比较复杂的劳动只是自乘的或不如说多倍的简单劳动，因此，少量的复杂劳动等于多量的简单劳动。……各种劳动化为当作它们的计量单位的简单劳动的不同比例，是在生产者背后由社会过程决定的，因而在他们看来，似乎是由习惯确定的。……我们以后把各种劳动力直接当作简单劳动力，这样就省去了简化的麻烦。"（《资本论》第一卷，人民出版社，2004，第一册，第一篇，第1章，第2节，第58页。）

马克思对复杂劳动这个问题只是简单地提及了一下，他所假定的劳动者一般都是简单劳动来进行的。因此，在马克思之后就有一个问题被遗留了下来：复杂劳动的1小时相当于简单劳动的几个小时，这就是被称为还原问题的问题。

本章的目的就是要构建一个能体现马克思未能充分展开的关于简单劳动和复杂劳动的差异的理论。

我们要讨论的问题是马克思所说的在生产者的"背后"，决定还原比率的体系到底是个什么样的体系，在有复杂劳动的经济中马克思基本定理是否依然成立，或者它的成立是否要追加其他条件，而这个具体又是一个什么样的条件，我们要在本章明确这些问题的答案。

从学说史的角度来看，继马克思之后最早讨论复杂劳动还原问题的应该是Hilferding (1904)。再之后置盐信雄进而加之以数理分析的框架，不过最终未能完成。Fujimori (1982) 对置盐的还原方程式进行了最终完善。

第二节　简单劳动和复杂劳动

还原系数　复杂劳动与简单劳动同样是被支出到生产中去，并加入到劳动价值的形成中。从这个意义上来讲，复杂劳动和简单劳动的区别不是质的区别而是其创造价值的大小的量的区别。即，1单位的复杂劳动换算成了几倍的简单劳动。这个换算比率称为**还原系数**，或者**还原比率**。决定还原系数的问题称为**还原问题**。

徒弟的培养：一个简单的例子　我们来看一个师傅培养5个徒弟的简单训练过程。其中师傅可以进行复杂劳动，而徒弟只能进行简单劳动。

假设训练过程中所需要的工具及器材可以忽略，通过一个单位期间的训练，徒弟能够达到与师傅相同的作业水平。

令徒弟单位时间的简单劳动所创造价值的大小为1，师傅单位时间可创造价值的大小为 γ。这个即是还原系数。

训练过程生产的是复杂劳动力。复杂劳动力是作为一种商品来生产的，所以跟通常的商品一样，要从质和量这两个层面来考察。

量的层面，即从价值层面来看，生产的复杂劳动力的价值由它的再生产所需的消费品和训练中的指导者即师傅的复杂劳动力的价值的合计来确定。

复杂劳动力的再生产所需的消费品是维持基本生活的必要消费品，它可以分为两个部分，一部分是进行复杂劳动的劳动者和进行简单劳动的劳动者之间无区别的部分，另一部分是为获取及维持自身知识所需的必要书籍的购买费用等复杂劳动者所固有的消费品的部分。为简单起见，我们忽略复杂劳动者所固有的消费品部分。这样，任何一个劳动者都是消费相同的消费品。

令每人的消费品价值为 v。从现在的例子来看，这个与简单劳动力的价值相等。这样一来，5个徒弟要获得复杂劳动力，就必须要追加1个师傅的复杂劳动力。令单位复杂劳动力的价值为 V，则有

$$5V = V + 5v.$$

由此可知，复杂劳动力的价值 V 可由下式确定。

$$V = \frac{5}{4}v$$

当然，复杂劳动力的价值要比简单劳动力的价值大。

由上可知，从量的层面来看，复杂劳动力是一种价值物，此时的价值是死劳动。

然而，从质的层面来看，不论是简单劳动还是复杂劳动，劳动力的质指的是活劳动本身，它具有创造新增价值的价值创造力。

价值创造力是由能创造多少价值的数量尺度来衡量的一种性质。我们要看到，劳动力商品的特殊性在于，它的质正是数量尺度本身。

假设单位复杂劳动力可支出1单位的复杂劳动，单位复杂劳动所创造的新价值大小为 γ。这个就是还原系数。

我们回顾一下生产物的价值形成过程就能知道，一方面，若活劳动被支出到通常商品的生产中，它将物化为价值，也就是说变成死劳动。这就是活劳动的物化。另一方面，死劳动（价值）本身作为死劳动（价值）转移到生产物中去。但是，死劳动本身不会直接创造新价值，或者说是不可能直接转化为创造新价值的源泉。价值创造力是活劳动固有的特殊性质，这是马克思劳动价值学说的一个基本原理。

那么作为训练过程中出现的复杂劳动力的质的价值创造力又是如何运动的呢？

师傅所具备的价值创造力是否也由于创造新价值而物化为死劳动呢？如果真是那样的话，它就构成了徒弟将来创造的复杂劳动力价值（死劳动）的一部分。这样，可有下式成立。

$$5V = \gamma + 5v$$

显然，这个公式无法决定 γ, V, v 的值，也无法明确复杂劳动力是通过一个怎样的体系来进行由还原系数规定的复杂劳动这一点。

还原系数是简单劳动的价值创造力对复杂劳动的价值创造力的比率。如果不在价值创造力的量纲下确立这个关系式，则无法来决定它的大小。

我们来看一下训练过程中徒弟们是如何活动的。徒弟们并非始终只是坐在那里看着师傅。他们会努力地通过实践来掌握所学的技能。他们的活动如果只是作为进行简单劳动的劳动者所进行的活动，那么这种活动应该是他们工资范围内的活动。这种自我努力是作为自我劳动来支出的。但是，我们把它称为自我劳动是因为它仍然不是作为生产性支出来物化为价值物的。这种自我劳动当然会算定到复杂劳动中去的。那这又是在怎样的量纲下进行算定呢？它是作为复杂劳动所具有的价值创造力的一部分来算定的。

如果将徒弟的自我劳动算进将来会掌握的复杂劳动的价值创造力中，而且作为师傅为训练徒弟而进行的复杂劳动直接跟徒弟将来的复杂劳动相关的话，那么通过整个训练过程，师傅的复杂劳动必须要一直作为一种价值创造力在运动。即，训练过程中，师傅拥有的价值创造力并非创造新价值，而是把它转移给徒弟。如此，在价值创造力的量纲下可以确定这个公式。也就是说，5个徒弟的复杂劳动的价值创造力应该跟一个师傅具备的价值创造力再加上5个徒弟自我劳动的总和相等。即

$$5\gamma = \gamma + 5.$$

因此

$$\gamma = \frac{5}{4},$$

还原系数在此得以确定。

由上可知，通过考察训练过程中复杂劳动力形成过程中的价值创造力的运动，我们看到了新的人类劳动的转移形态，即活劳动到活劳动的转移。这个转移称为**培养**。

上述例题中得到的还原系数跟工资比率的大小一样，这只是简单化以后的例子所特有的现象，一般情况不一定成立。这一点我们将在后面的讨论中予以明确。

第三节　劳动的转移形态

我们来考察和回顾一下马克思的劳动和价值的运动。

要点之一是，活劳动作为劳动力的功能来把握，且作为商品的劳动力用价值（死劳动）来衡量它的量的规则。这一点不论是简单劳动的情形还是复杂劳动的情形都是一样。

下面我们来考虑作为简单劳动和复杂劳动的背景的简单劳动力和复杂劳动力。同时，严格区分活劳动和死劳动的量纲。

商品生产中所见的劳动的运动有两点。其一是原材料等的价值（死劳动）作为价值转移到所生产的商品中去，其二是活劳动由于劳动支出会物化到新生产的价值中去。

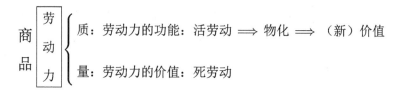

图 8-1　劳动力商品的质（使用价值）和量（价值）

价值增殖过程中，与其被认为是劳动力价值的转移，不如说作为劳动力功能的劳动新创造价值的大小，以及超越它的新价值中包含劳动力价值的部分即剩余价值的大小，才是资本家最为关心的问题。这是一个很明显的道理。

复杂劳动的教育、训练可以从量（共通尺度、价值）和质（使用价值）这2个层面来看。

复杂劳动力在作为商品生产的教育过程中被形成。复杂劳动力具有的功能，即倍增的价值创造力同时在教育过程中形成。

复杂劳动教育过程的最大特征是它的结果具有的质即为价值创造力本身这一点。因此，教育、训练过程中的活劳动可以看成价值创造力。

也就是说，训练者看上去是在支出复杂劳动，但他的复杂劳动并非是被物化到价值中来形成被训练者的复杂劳动力价值，而必须作为将来要进行复杂劳动的被训练者所具备的价值创造力留存起来。换言之，复杂劳动者具有的价值创造力是训练者进行的简单劳动和复杂劳动与被训练者的自我劳动的一个合计。结果，教育过程中物化为价值的劳动投入为零。

另一方面，复杂劳动力的价值是其必要投入价值的合计，即由物质投入、简单劳动力、复杂劳动力的合计来决定的。

因此，劳动力的价值犹如不变资本一样，其中教育、训练者的复杂劳动力价值转移到了被训练者的复杂劳动力价值中。

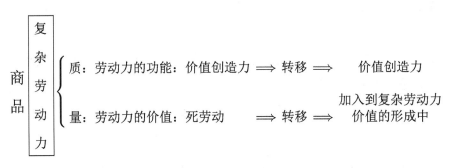

图 8-2　复杂劳动力商品的质（使用价值）和量（价值）

我们来整理一下一般商品和生产复杂劳动力商品的生产部门中劳动的运动即劳动的转移形态，可做如下表示。

物化： 由活劳动到死劳动

转移： 由死劳动到死劳动

培养： 由活劳动到活劳动

在商品的生产过程中所观察到的是物化和转移的运动，而在教育过程中发生的是转移和培养的运动。

通过考察复杂劳动力的质和量的问题可知，质是一种诸如价值创造力的活劳动量纲的运动，而量是一种诸如价值的死劳动量纲的运动。只要正确把握这种运动，我们可以知道其实还原问题与马克思的劳动价值学说并不矛盾。

第四节　复杂劳动与马克思的价值论

假定某个经济的商品有1种，劳动由简单劳动和复杂劳动2种构成。

商品的生产需要它本身以及简单劳动、复杂劳动的支出。

令表示商品生产中所投入的商品数量的投入系数为 a，商品生产所需的简单劳动、复杂劳动数量的简单劳动系数、复杂劳动系数分别记为 ℓ, L，且 $a, L, \ell > 0$。

单位复杂劳动相当于几单位的简单劳动，这个换算比率即为**还原比率**。还原比率是复杂劳动所具有的价值创造力的一个指标。我们把还原比率记为 γ。令商品的价值为 w，那么决定商品价值的公式即

$$w = wa + \gamma L + \ell. \tag{8-1}$$

简单劳动不需要教育和训练过程，它通过简单劳动力的再生产，即通过把一定量的工资品分配给简单劳动者就可以进行再支出。因此，若令单位简单劳动的再生产所需消费品的量为 f，那么简单劳动力的价值 v 可由下式决定。

$$v = wf \tag{8-2}$$

复杂劳动的培养需要生产资料等的商品、简单劳动、复杂劳动。即，复杂劳动要再生产作为其基础的复杂劳动力，需要对其进行教育及训练，而教育过程也需要支出商品、复杂劳动、简单劳动，还需要被训练者的自我劳动。

拥有1单位复杂劳动力的劳动者具有进行1单位复杂劳动的能力。

令教育过程中商品的投入系数为J，复杂劳动、简单劳动的投入系数分别为T, t，复杂劳动力的价值为V，那么它可由下式决定。

$$V = wJ + VT + vt \qquad (8\text{-}3)$$

最后的还原比率可由下式来决定。

$$\gamma = \gamma T + t + 1 \qquad (8\text{-}4)$$

我们通过比较每个公式的两边，可知每个公式左右两边的量纲是相同的。

关于变量w, v, V, γ有4个独立的公式，所以可以唯一决定每个变量的值。如果商品生产过程和教育过程是生产性的，那么它们的值均为正。

命题8.1 令$a > 0, T > 0, L > 0, \ell > 0$，那么$0 \leq a < 1$且$T < 1$与$w > 0, v > 0, V > 0, \gamma > 0$等价。

命题8.2 $\gamma > 1, V > v$。

还原比率的决定不依存于商品的生产。正如马克思所说，它是在生产者的"背后"决定的。

第五节 封闭经济模型

我们来考虑一个包含教育部门的完全封闭的经济体系，在以上的框架中，从形式上来看经济由生产资料等的商品、复杂劳动力、简单劳动力这3部分构成。

在此，令投入系数群为 $A = \begin{pmatrix} a & J & f \\ 0 & T & 0 \\ 0 & t & 0 \end{pmatrix}$，$\mathscr{L} = \begin{pmatrix} L & 0 & 0 \\ \ell & 0 & 0 \end{pmatrix}$，$\tau =$

$(1,1)$，$\mathscr{T} = \begin{pmatrix} T & 0 \\ t & 0 \end{pmatrix}$，形式上的工资品矩阵 $F = \begin{pmatrix} 0 & 0 \\ 1 & 0 \\ 0 & 1 \end{pmatrix}$，为给定的技术

信息，那么价值和还原比率的决定体系可由这些系数来进行描述。实际上，有

$$(w,V,v) = (w,V,v)\mathscr{A} + (\gamma,1)\mathscr{L},$$

$$(\gamma,1) = (\gamma,1)\mathscr{T} + \tau.$$

我们来考虑一下对应价值和还原比率的数量问题。若令商品的产出量为 x，复杂劳动和简单劳动的总雇佣（量）分别为 N,n，那么对 x 有

$$\begin{pmatrix} N \\ n \end{pmatrix} = \mathscr{L} \begin{pmatrix} x \\ N \\ n \end{pmatrix} + \mathscr{T} \begin{pmatrix} N \\ n \end{pmatrix}.$$

总雇佣是商品生产中直接和间接需要的劳动量，进而有

$$(\gamma,1) \begin{pmatrix} L \\ \ell \end{pmatrix} x = \tau \begin{pmatrix} N \\ n \end{pmatrix}. \tag{8-5}$$

即，支出到商品生产中的劳动是基于总雇佣的自我劳动的集成。

第六节　剩余价值论

令复杂劳动的剩余价值率和简单劳动的剩余价值率分别为 μ_s, μ_o。

$$\mu_s = \frac{\gamma}{V} - 1, \quad \mu_o = \frac{1}{v} - 1.$$

一般来讲，$\mu_s \neq \mu_o$。也就是说，剩余价值率均一的命题不成立。

剩余劳动是 $\begin{pmatrix} N \\ n \end{pmatrix} - \begin{pmatrix} \bar{N} \\ \bar{n} \end{pmatrix}$，这里的 $\bar{N} = L\bar{x}, \bar{n} = \ell\bar{x}$，$\bar{x}$ 是 $\bar{x} = A\bar{x} +$

$F \begin{pmatrix} N \\ n \end{pmatrix}$ 的 $\bar{x}$ 中的第一个元素。由此可知，不同种类劳动的剩余价值率是

$$\eta_s = \frac{N}{\bar{N}} - 1, \quad \eta_o = \frac{n}{\bar{n}} - 1.$$

这里依然有 $\eta_s \neq \eta_o$。

但是从经济整体上来进行加总的话，基本等式是成立的。活劳动物化为价值，而剩余价值的生产只是在物质生产部门进行，所以

$$\text{剩余价值} = (\gamma - V, 1 - v)\mathscr{L}x,$$

$$\text{剩余劳动} = (\gamma, 1) \begin{pmatrix} N - \bar{N} \\ n - \bar{n} \end{pmatrix}.$$

由上可知，等式

$$\text{剩余价值} = \text{剩余劳动}$$

成立。

很明显，对总计的剩余而言，剩余价值率、剩余劳动率用社会平均值来定义的话，它们是一致的。

第七节 马克思基本定理

我们来考察一下由3商品构成的经济的生产价格的决定体系。令商品 i 的价格为 p_i，价格向量为 $p = (p_1, p_2, p_3)$，利润率为 π，则有

$$p = (1 + \pi)p(A + F\mathscr{L}).$$

这个公式形式上与同质劳动的情形是一样的。

关于利润率的正值性的马克思基本定义可表述如下。

定理 8.1 (马克思基本定理)

(1) $\min_j \eta_j = \eta^m > 0 \Longrightarrow \pi > 0$,

(2) $\pi > 0 \Longrightarrow \max_j \mu_j = \mu^M > 0$。

若使用封闭体系下的 von Neumann 产出比率, 可以得到与同质劳动的情形相同的 Morishima-Seton 等式。

第九章　斯拉法的标准商品论

第一节　资本争论

在经济学的历史中，存在一个有名的"资本争论"。这个争论与经济学理论的根本思想相关，争论的展开形式也是多种多样。其源流之一便是自古典派经济学以来的价格与分配关系问题。

一般的新古典派理论认为生产函数是规模收益递减，拥有资本品并雇佣劳动的资本为追求利润的最大化决定供给问题。结果，这种供给的决定最终由资本与劳动的边际生产力来进行。[①] 根据边际生产力学说的说法，价格由边际生产力来决定，价格和分配是两个不同量纲的决定。但是，从社会全体来考虑的话，一般不存在宏观的生产函数。萨缪尔森主张用代用生产函数(Surrogate Production Function) 来作为宏观生产函数使用。但它是一个对各种资本品以及很多不同种类的劳动进行加总后得

---

① 也就是说，令 K, L, Y 分别为资本量、雇佣量、生产量，生产函数为 $Y = f(K,L)$，p_0, p_k, w 分别为产品价格、资本品价格、单位劳动的工资，那么资本的行为可表示为以下情形，即以 $Y = f(K,L)$ 作为生产函数，进而求满足 $\max\ p_0Y - (p_kK + wL)$ 的解。若 f 是规模收益递减，那么这个最优化问题的解存在于满足条件

$$\frac{\partial f}{\partial K} = p_k, \frac{\partial f}{\partial L} = w$$

的 (K,L) 组合中。

出的生产函数。在加总时需要有价格。由此，便产生了诸如"边际生产力学说无法说明价格"的批判。

第二节　工资后付的生产价格

斯拉法提出了一个代替边际生产力学说的价格理论。斯拉法在分析这类问题时作为其理论基础的是李嘉图，而非马克思。

斯拉法的分析框架有两个特征。第一，预付的资本仅限于物质性的资本品。劳动者在生产结束后获取相当于工资的消费品。商品的均衡价格是对利润率进行平均化的生产价格，为了跟马克思的生产价格进行区别，我们称之为**工资后付的生产价格**。第二，消费品严格地区分为工资品和奢侈品。资本品和工资品是生产中直接或间接需要的商品，称为**基本商品**，基本商品以外的商品称为非基本商品。

我们来把马克思的两大部类经济进行一些扩展，把消费品部分再细分为工资品部类和奢侈品生产部类，考虑这样一个三大部类的经济。追加一组技术系数 a_3, ℓ_3。令价格为 $u = (u_1, u_2, u_3)$，平均利润率为 r，名义（货币）工资率为 w，则均衡价格由满足

$$u = (1+r)uA + w\ell \tag{9-1}$$

的 u 来进行定义。

这里首先能知道的一点是，生产资料的价格、工资品的价格、利润率、工资率之间的关系是不依赖于奢侈品的价格决定体系的。[①] 也就是

---

① 上述的公式具体可写为

$$u_1 = (1+r)u_1a_1 + w\ell_1,$$
$$u_2 = (1+r)u_1a_2 + w\ell_2,$$
$$u_3 = (1+r)u_1a_3 + w\ell_3.$$

前2个公式是封闭的，与第3个公式独立。

说，即使是斯拉法的生产价格的情形，也只要对生产资料和工资品的两个部类进行分析即可。因此，下面我们假定一个由生产资料和工资品组成的斯拉法两大部类经济。

在上述体系中，变量有 u_1, u_2, w, r 四个，独立的公式有两个。要确定这些变量，还需要追加两个独立的关系式。一般的考虑是先把其中一个商品的价格作为标准。我们暂且把消费品的价格标准化，即令 $u_2 = 1$，那么剩下的三个变量间的关系只要外生给定其中一个就能确定剩下的两个变量。比如给定实际工资率 $\omega = \dfrac{w}{u_2}$，那么利润率 r 和资本品价格 u_1 可作为实际工资率 ω 的函数来求得。

从以上的分析框架中可得出的主要结论是：

- 价格与分配是被同时决定的。
- 利润率仅由基本商品部类决定。[①]

第三节　价格与分配的独立

我们来求一下上述工资后付的生产价格（相对价格）与分配独立的条件。

令 $\dfrac{p_1}{p_2} = u$，比如说消去 ω，那么上述两个公式可重写为

$$u\ell_2 - \ell_1 = (1+r)u(a_1\ell_2 - a_2\ell_1).$$

即

$$u = \frac{\ell_1}{(1+r)(a_2\ell_1 - a_2\ell_2) + \ell_2}.$$

u 与 r 独立意味着 $\dfrac{du}{dr} = 0$，这样，可知资本劳动比率（有机构成）是均一的。

$$\frac{a_1}{\ell_1} = \frac{a_2}{\ell_2}.$$

---

① 更为准确的说法是，工资 ω 与利润 r 的关系不依赖于非基本商品部类。

此时，相对价格 $u = \dfrac{\ell_1}{\ell_2}$，有

$$\frac{p_1}{\ell_1} = \frac{p_2}{\ell_2}.$$

即，价格与劳动量成比例。可以如下概括以上的内容：

有机构成均一 $\Longleftrightarrow$ 均衡价格与投下劳动成比例

$\Longleftrightarrow$ 相对均衡价格与分配独立

$\Longleftrightarrow$ 均衡价格与投下劳动价值成比例[①]

这些跟工资预付的马克思生产价格的情形一样，都是成立的。

第四节　工资利润曲线

分配关系指的是 r 和 w 的关系。表示这种关系的曲线称为**工资利润曲线**。我们在斯拉法两大部类经济中来求这个关系。

在斯拉法的生产价格决定公式中，需要考虑的是以生产资料作为价值尺度的商品，还是以消费品作为价值尺度的商品。

以消费品作为价值尺度商品时，可令 $u_2 = 1$，则有

$$u_1 = (1+r)u_1 a_1 + w\ell_1,$$

$$1 = (1+r)u_1 a_2 + w\ell_2.$$

这里的 u_1 是生产资料的相对价格，w 是用消费品衡量的实际工资率。消去 u_1 可得

$$w = \frac{1 - (1+r)a_1}{(a_2\ell_1 - a_1\ell_2)(1+r) + \ell_2}.$$

这个曲线的第一特征是，它是一个往右下倾的曲线。

若工资增加（降低）则利润降低（增加）。但是，工资的增加会导致多少利润的降低，这种分配的变化一般依赖于价格，所以它的变化不

---

① 考虑到马克思的投下劳动价值可知，有机构成均一的经济中投下劳动价值与劳动量成比例。

是保持一定的。也就是说，工资利润曲线不可能变成直线。这也是价格与分配同时决定的意义所在。

正如前面看到的一样，当且仅当有机构成均一时，由工资后付的生产价格规定的工资利润曲线才是直线。

那么当以生产资料作为价值尺度商品时，令 $u_1 = 1$，可知

$$1 = (1+r)a_1 + w\ell_1,$$

$$u_2 = (1+r)a_2 + w\ell_2,$$

u_2, w 分别表示用生产资料衡量的工资品的相对价格、实际工资率。此时，从生产资料的价格决定公式中可求得工资利润曲线

$$a_1 r + \ell_1 w = 1 - a_1.$$

这是一个直线关系。

而

$$u_2 = \frac{a_2\ell_1 - a_1\ell_2}{\ell_1} r + \frac{a_2\ell_1 - a_1\ell_2 + \ell_2}{\ell_1}.$$

由此可知，若资本劳动比率的部类间差额指标 $a_2\ell_1 - a_1\ell_2$ 为正（或负），则消费品的相对价格为利润率的递增（或递减）函数。

第五节　数量与工资利润曲线

从上述讨论中可知，工资利润曲线的形状会随着作为价值尺度的商品的改变而改变。它的特征之一是，若以生产资料作为价值尺度商品，那么工资利润曲线是直线。而且即使资本劳动比率不均一也可以使工资利润曲线为直线，但是怎样才能使其成为可能呢？

仅从生产资料的生产价格决定公式导出的分配关系，是一种不考虑工资品生产的关系，即在工资品的生产量为零的情况下导出的分配关系。

我们来考虑一个以数量乘以斯拉法生产价格决定公式的加总公式。即，令生产数量分别为 x_1, x_2，则有

$$u_1 x_1 = (1+r)u_1 a_1 x_1 + w\ell_1 x_1,$$

$$u_2 x_2 = (1+r)u_1 a_2 x_2 + w\ell_2 x_2.$$

用矩阵形式可写为

$$ux = (1+r)uAx + w\ell x.$$

在此，如果可以选择一个让工资品生产为零的 $(x_2 = 0)$ x，那么就可以得出一种处于直线关系的工资利润曲线。

第六节　标准商品

从形式上对"有机构成均一"进行变形后可写成 $\ell A = \lambda \ell$。即，在这样的经济中能看到一种（ℓ 为 A 的左特征向量）特殊的技术结构。与之对称的是，考虑 A 的右特征向量，从产出量的角度来看，满足

$$Ax = \lambda x$$

的 $x \geq 0$ 我们称之为**标准商品**，与之对应的 $R = \dfrac{1}{\lambda} - 1$ 称为**标准因子**。标准因子就是最大平均利润率。决定标准商品和标准因子的体系也称为**标准体系**。

我们来用标准商品进行加总，描画一个工资利润曲线。由均衡价格的定义式(9-1)，以及

$$x = (1+R)Ax, \tag{9-2}$$

$$\ell x = 1, \tag{9-3}$$

可知

$$r = R - R\frac{w}{RuAX}.$$

RuAx 被称为**标准国民收入**。用此将名义工资标准化后可知实际工资是

$$\hat{\omega} = \frac{w}{RuAx},$$
(9-4)

进而有

$$r = R(1 - \hat{\omega}).$$

这样，在没有有机构成均一这样的特殊生产结构的经济下，只要使用这种表示特殊产出量比率的标准商品来衡量，工资利润曲线实际上也是处于直线关系。这样我们就可以独立于相对价格来描述分配关系。[①]

斯拉法把标准商品看成李嘉图所探求的**不变的价值尺度**，但可以对相对价格和分配进行分离的也只是在一种特殊的经济状况下，这一点没有任何改变。

第七节 分配与增长

我们可以从与工资利润曲线一样的关系来看数量体系的增长率与消费的关系。斯拉法虽然没有谈到增长问题，但若假定工资后付的均衡增长的体系是一个"利润全部用于再投资，工资全部用于消费"的体系，则有

$$x = (1 + g)Ax + f\ell x.$$

现在，把工资品 *f* 标准化到一个适当的大小，这样可以用它的单位数 *c* 来衡量实际工资率。此时，*g* 和 *c* 的关系可以称为**投资消费曲线**。实际上，这个曲线与工资利润曲线是一致的。工资对利润的关系与消费对投资的关系是一表一里的关系，这个也被称为收入分配与增长的**对偶性**关系。

[①] 从形式上，式(9-2)规定了标准商品比率，式(9-3)唯一决定了标准商品比率的绝对水平。式(9-4)中给定 *RuAx* 来决定实际工资，进而利润率 *r* 得以决定。

工资利润曲线并非只是工资后付的生产价格所固有的概念。马克思的工资预付的生产价格也同样能考虑类似的一种工资利润曲线。

工资水平或者消费水平发生变动时，可以用工资品束的单位数变化来表示它们的变化。我们先把工资品束固定为 $\bar{f}$，并将它作为标准工资品束的大小。以 $c\bar{f}$ 来代替 f，并以 c 作为它的单位数。此时，可记为 $M(c) = A + c\bar{f}\ell$。

(π, c) 和 (g, c) 所描述的曲线分别表示马克思两大部类经济中的**利润工资曲线**和**投资消费曲线**。

λ_M 是 c 的递增函数，可知平均利润率 π 和均衡增长率 g_c 均为 c 的递减函数。这两个曲线都是向右下倾的曲线，反映了工资与利润以及投资与消费之间的权衡（或相悖）关系。这些性质的成立与工资的预付或后付条件无关。

工资利润曲线在考虑分配问题上是一个非常重要的工具。

第八节　工资利润曲线的一个例子

一　技术矩阵

我们以马克思扩大再生产图式的数值例为基础来组成下面的技术系数。

$$A = \begin{pmatrix} \frac{2}{3} & \frac{1}{2} \\ 0 & 0 \end{pmatrix}, \quad \ell = (\frac{1}{3} \quad \frac{1}{2}).$$

二　马克思的生产价格

在马克思的例子中，因剩余价值率 $\mu = 1$，故实际的工资水平是 $\frac{1}{2}$，则增广投入系数矩阵为

$$M = \begin{pmatrix} \frac{2}{3} & \frac{1}{2} \\ \frac{1}{3} \cdot \frac{1}{2} & \frac{1}{2} \cdot \frac{1}{2} \end{pmatrix}.$$

这里可以把实际工资 $\frac{1}{2}$ 的部分作为一个变量，来考察它与平均利润率之间的关系。令实际工资为 b，可知

$$M = \begin{pmatrix} \frac{2}{3} & \frac{1}{2} \\ \frac{1}{3}b & \frac{1}{2}b \end{pmatrix}.$$

可求得 M 的绝对值最大且非负的实数特征值是

$$\lambda_M = \frac{b}{4} + \frac{(9b^2+16)^{\frac{1}{2}}}{12} + \frac{1}{3},$$

由此可知，平均利润率为

$$r = \frac{1}{\lambda_M} - 1. \tag{9-5}$$

这个即为马克思的工资预付生产价格下的工资利润曲线。

三 斯拉法的生产价格

我们来使用同一个技术系数，求一下斯拉法的工资后付生产价格下的工资利润曲线。

价格的定义式为

$$u_1 = (1+r)\frac{2}{3}u_1 + \frac{1}{3}w,$$
$$u_2 = (1+r)\frac{1}{2}u_1 + \frac{1}{2}w.$$

价值尺度为消费品的情形 以消费品价格 u_2 为标准考察工资利润的分配关系。即，令

$$u_2 = 1,$$

此时的实际工资为

$$b = \frac{w}{u_2}.$$

从价格的定义式中消去 u_1，可得

$$r = \frac{2(b-1)}{b-4}. \tag{9-6}$$

价值尺度为资本品的情形   如果取代 u_2 而令 $u_1 = 1$，那么从价格定义式的第一个式子就能直接导出

$$1 = \frac{2(1+r)}{3} + \frac{b}{3},$$ (9-7)

可知工资利润曲线为直线。

在斯拉法工资后付的生产价格下，根据作为价值尺度的商品的不同，所得出的工资利润曲线也不同。但是在马克思的情形中，无论是取哪个商品作为价值尺度，都能得出唯一的一个工资利润曲线。

四　工资利润曲线

图9-1表示的是上述两种不同的工资利润曲线(9-5)和曲线(9-6)。该图未表示直线(9-7)。

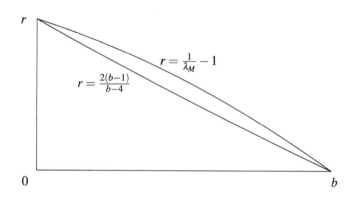

图9-1　工资利润曲线

第九节　马克思 vs 斯拉法

我们可以从生产价格论的角度比较一下马克思和斯拉法的相关分析。

- 斯拉法的功绩在于更为严格地区分了消费品这一概念。

- 工资预付和后付的不同，从现实经济来看，特别是如果没有预付工资品的话，工薪劳动者则无法进行劳动的，因此从可再生产性的视角来看，马克思的分析更为优越。

- 工资后付的生产价格看似给出了自李嘉图以来的如何使相对价格与分配进行分离的问题的答案。但如果使用马克思的工资预付的生产价格，以上的任何一种情形都不能得出一个处于直线关系的工资利润曲线。

- 标准商品论只不过是一种与马克思的转形理论同类的理论。也就是说，把标准商品作为一个加总因子，可以得到一个线性的工资利润曲线这一点，跟马克思的转形理论一样，都是利用了从形式上把变量向量进行了标准化处理的方法。

- 关于马克思理论重构的分析中容易让人误解的是，马克思没有把重心放在工资利润曲线的分析上。实际上马克思所考察的正是给定剩余价值率（剥削率）来决定利润率的体系以及通过劳动价值来决定生产价格的绝对水平的体系。工资利润曲线这个概念并不是马克思理论所固有的概念。马克思虽然注意到了工资与利润的权衡关系，但实际工资率 c 的大小会由于 $\bar{f}$ 界定方法的不同出现各种变动，而另一方面，利润率则不会因为它的界定方法的不同而发生变化。因此，正如上一节中所看到的，马克思视为问题的是剥削率与利润率之间的直接关系。若从剥削率出发，可以知道像实际工资率这样的概念只是一个中间性的概念。

第十章　固定资本的更新过程

第一节　固定资本更新问题的研究概述

马克思(2004[1885]) 从正面分析了在简单再生产条件下固定资本的运动规律。斯拉法(Sraffa, 1960) 最早提出了将固定资本作为一种联合生产物来处理的方法，并从价值、价格等角度考察了联合生产体系下的固定资本问题。越村信三郎(Koshimura, 1967) 和置盐信雄(Okishio, 1977; 1987) 在固定资本与资本积累过程以及扩大再生产等问题的分析上，做出了重要的理论贡献。在现今众多的经济理论文献中，对固定资本问题，尤其是对固定资本的动态更新过程的理论分析却不多见。

较早时期对固定资本的动态更新过程进行比较系统的理论分析的是山田-山田(Yamada and Yamada, 1961)。山田-山田模型中关于固定资本折旧费用的一个前提是，折旧费用不作留存，而是进行再投资，也就是说折旧费用是作为一种投资的源泉而存在的。模型中所提到的折旧仅是指在折旧年限期间内，将固定资本的价值分割并转移到生产物中的一种费用计算。而固定资本的更新或更新投资则是指取代被报废设备的一种投入。固定资本的折旧费用进行再投资，从而使其作为提高生产力的一种资金源的这一观点由Ruchti和Lohmann两位会计学者提出，因此由折旧费用的再投资所产生的效果也被称为"Ruchti-Lohmann效果"。①

山田-山田模型利用掛谷定理(Kakeya's Theorem) (Kakeya, 1912) 求出了高阶差分方程的全解，证明了固定资本存量最终收敛于某一均衡值这一命题。但山田-山田模型却未能解决不同年龄固定资本②存量间处于何种关系这一重要问题，也未能明示固定资本的折旧年限对固定资本的运动所产生的具体影响。

本章就上述问题，以山田-山田模型为理论分析的基础，利用Perron-Frobenius定理(Bapat and Raghavan, 1997; Tsuno, 1990; Nikaido, 1968) 以及高阶差分方程的友阵(Companion Matrix)的性质，分析山田-山田模型中未能确定的不同年龄固定资本的运动规律，从而将固定资本的更新模型进行一般推广。

第二节　固定资本的更新问题

一　固定资本更新与山田-山田模型

我们先来看一个简单的例子。假设某一企业每年需投入一套价值100万元的固定资本（即设备），该固定资本的折旧年限为4年，固定资本使用期间的效率保持不变，达到折旧年限的固定资本以零成本报废。

以定额折旧法来计算，可知这套固定资本每年所需的折旧费用是25万元。折旧费用部分不作留存，直接进行再投资。视每期的期末值

① 关于"Ruchti-Lohmann效果"在经济学上的意义的说明可参见吉田(Yoshida, 1990)。一些简单的数值例可参见林直道(Hayashi 1959, Ch.5)。

② 新旧固定资本在联合生产体系下以年龄来计的方法，可参见越村(Koshimura, 1967)、置盐(Okishio, 1977)、置盐-中谷(Okishio and Nakatani, 1975)、Fujimori (1982)、Kurz and Salvadori (1995)等代表性文献。

等于下一期的期初值。固定资本的投资在每期的期初进行，固定资本的存量在每期的期末确定，报废额以及该期的折旧费用在每期的期末算定。这样，可知前3期所有的固定资本均在生产过程中得到使用，在第4期的期末，最初投入的固定资本达到了其折旧年限，以零成本报废。

在此，可以把净投资加上把折旧费进行再投资的部分称为总投资。这样，从上述例子得出的固定资本的投资序列及各期存量的关系可表示为表10-1。

表 10-1　固定资本的投资序列与存量

t期	1	2	3	4	5	6	7	8	9	10
总投资	100	125	156	195	244	280	319	360	401	442
存量	100	225	381	576	720	875	1038	1203	1368	1530
折旧费	—	25	56	95	144	180	219	260	301	342
报废额	—	—	—	—	100	125	156	195	244	280

上述例子的一般情形可作如下表述。

令 t 期固定资本的净投资额为 $F(t)$、折旧费为 $D(t)$、报废额为 $H(t)$、存量为 $K(t)$。固定资本的折旧年限为 m。

折旧费以前期期末的存量除以折旧年限来计，则有

$$D(t) = \frac{1}{m}K(t-1). \tag{10-1}$$

报废额 $H(t)$ 为 m 期前的总投资额，因此有

$$H(t) = F(t-m) + D(t-m). \tag{10-2}$$

t 期固定资本的存量 $K(t)$ 是前期的存量加上总投资额，再减去报废额，所以

$$K(t) = K(t-1) + F(t) + D(t) - H(t). \tag{10-3}$$

设净投资的初值为 F_0，并以一定的比率 g 增加，则 t 期的净投资额为

$$F(t) = F_o(1+g)^t. \tag{10-4}$$

将以上公式进行整理后可得

$$K(t+m+1) - \left(1 + \frac{1}{m}\right)K(t+m) + \frac{1}{m}K(t) = F_o(1+g)^{t+1}[(1+g)^m - 1].$$
$$(10\text{-}5)$$

$m+1$ 阶的线性差分方程式(10-5)的特征方程式为

$$\lambda^{m+1} - \left(1 + \frac{1}{m}\right)\lambda^m + \frac{1}{m} = 0. \qquad (10\text{-}6)$$

将特征方程式因式分解，有

$$(\lambda - 1)^2 \left(\lambda^{m-1} + \frac{m-1}{m}\lambda^{m-2} + \cdots + \frac{1}{m}\right) = 0.$$

可得

$$\lambda^{m-1} + \frac{m-1}{m}\lambda^{m-2} + \cdots + \frac{1}{m} = 0. \qquad (10\text{-}7)$$

山田-山田应用掛谷定理于式(10-7)，证明了式(10-7)的根的绝对值不超过1 (Yamada and Yamada, 1961)。

为简单起见，以 $m = 4$ 为例，差分方程式(10-5)为

$$K(t+5) - \frac{5}{4}K(t+4) + \frac{1}{4}K(t) = F_o(1+g)^{t+1}[(1+g)^4 - 1]. \qquad (10\text{-}8)$$

式(10-8)的特解 $K^{\dagger}(t)$ 为

$$K^{\dagger}(t) = \frac{F_o[(1+g)^4 - 1](1+g)^{t+1}}{(g - \frac{1}{4})(1+g)^4 + \frac{1}{4}}.$$

式(10-8)的齐次方程式为

$$K(t+5) - \frac{5}{4}K(t+4) + \frac{1}{4}K(t) = 0.$$

其特征方程式为

$$\lambda^5 - \frac{5}{4}\lambda^4 + \frac{1}{4} = 0.$$

这个特征方程式的左边可进行因式分解，即

$$(\lambda - 1)^2(4\lambda^3 + 3\lambda^2 + 2\lambda + 1) = 0.$$

由此可知，特征方程式的根为以下5个：

$$\lambda = 1(\text{重根}), \ -\frac{5\alpha}{48\gamma} + \gamma\beta - \frac{1}{4}, \ -\frac{5\beta}{48\gamma} + \gamma\alpha - \frac{1}{4}, \ \gamma - \frac{5}{48\gamma} - \frac{1}{4}.$$

在此，

$$\alpha = \frac{\sqrt{3}i}{2} - \frac{1}{2}, \ \beta = -\frac{\sqrt{3}i}{2} - \frac{1}{2}, \ \gamma = \left(\frac{5}{24\sqrt{6}} - \frac{5}{64}\right)^{\frac{1}{3}}.$$

除重根之外，其余的3个根的绝对值都小于1。对应这些根的解的部分在经过一定的时间后会收敛于零，在此可先忽略不计。这样，相应的齐次方程式的解可由下式确定。即

$$K^*(t) = s_o + s_1 t.$$

s_0, s_1 是由初值条件来确定的常量。加上特解，可得出全解为

$$K(t) = K^*(t) + K^\dagger(t).$$

原山田-山田模型通过对这类高阶差分方程的直接求解证明了固定资本的存量最终收敛于某一均衡值。再与折旧费不被再投资时的存量 $\bar{K}(t)$ 作一对比。显然有

$$\begin{aligned}
\bar{K}(t) &= F_o\left((1+g)^t + (1+g)^{t-1} + \cdots + (1+g)^{t-3}\right) \\
&= F_o(1+g)^{t-3}\left(1 + (1+g) + (1+g)^2 + (1+g)^3\right) \\
&= F_o(1+g)^{t-3}\frac{(1+g)^4 - 1}{g}.
\end{aligned}$$

可知，$K(t) > \bar{K}(t)$。也就是说，折旧费被再投资时的固定资本"名义"存量大于折旧费不被再投资的情况。

二　山田-山田方程式与马尔可夫过程

由上述讨论可知，山田-山田方程式是根据定额折旧法，将折旧率直接乘以固定资本的名义存量来计算折旧费的。

下面，我们利用友阵的性质先对原山田-山田模型进行一个整理。原山田-山田模型的友阵 W，可为以下形式。

$$W = \begin{pmatrix} 1 + \frac{1}{m} & 0 & \cdots & 0 & -\frac{1}{m} \\ 1 & 0 & \cdots & 0 & 0 \\ 0 & 1 & \cdots & 0 & 0 \\ \vdots & \vdots & \ddots & \vdots & \vdots \\ 0 & 0 & \cdots & 1 & 0 \end{pmatrix}$$

这个矩阵最上段的行和是1。W 虽不是非负矩阵，但因为行和均为1，可知存在特征值1以及对应的正右特征向量，而且可取要素均为1的右特征

向量。其左特征向量并不是非负向量。

山田-山田方程式的特征之一是，特征方程式(10-6)有重根1。式(10-6)的最小多项式(Minimal Polynomial)为

$$(\lambda - 1)\left(\lambda^{m-1} + \frac{m-1}{m}\lambda^{m-2} + \cdots + \frac{1}{m}\right) = 0.$$

左边展开后，可得

$$\lambda^m - \left(1 - \frac{m-1}{m}\right)\lambda^{m-1} - \cdots - \left(\frac{2}{m} - \frac{1}{m}\right)\lambda - \frac{1}{m} = 0. \tag{10-9}$$

以式(10-9)为特征方程式的差分方程式的友阵可为

$$W_1 = \begin{pmatrix} \frac{1}{m} & \frac{1}{m} & \cdots & \frac{1}{m} & \frac{1}{m} \\ 1 & 0 & \cdots & 0 & 0 \\ 0 & 1 & \cdots & 0 & 0 \\ \vdots & \vdots & \ddots & \vdots & \vdots \\ 0 & 0 & \cdots & 1 & 0 \end{pmatrix}. \tag{10-10}$$

显然，友阵 W_1 要比 W 的阶数少1。

W_1 是一个马尔可夫矩阵。从山田-山田方程式的特征方程式的最小多项式可以知道，山田-山田模型蕴含了马尔可夫过程。而且，固定资本的更新过程为马尔可夫过程这一事实，并不依存于不同年龄固定资本折旧率的大小，而仅取决于其和为1。

此时的 W_1 是非负的马尔可夫矩阵，因此可以应用Perron-Frobenius定理。很显然，W_1 拥有特征值1，以及与其对应的要素均为1的右特征向量（即Perron-Frobenius向量）。

而对应 W_1 的特征值1的左特征向量 p 为

$$p = \begin{pmatrix} p_0 & p_1 & p_2 & \cdots & p_{m-1} \end{pmatrix} = \begin{pmatrix} 1 & 1 - \frac{1}{m} & 1 - \frac{2}{m} & \cdots & \frac{1}{m} \end{pmatrix}.$$

这就是根据定额折旧法得出的不同年龄固定资本的残存价值比率，也就是表示其单位实际价值的向量。[①]

---

① 原山田-山田模型只分析了各期固定资本的总存量关系，未能给出不同年龄固定资本的存量间的关系以及单位实际价值间的关系。在固定资本一般存在的联合生产体系中，明确数

第三节　固定资本更新模型的一般推广

一　不同年龄固定资本的动态分析

若不同年龄固定资本的效率都相同的话，则不同年龄固定资本可由固定资本的物理单位进行总计，来算出实物数量。若折旧率不是以定额折旧法这种简单的方法来计算，则不应以名义价值而应以实际价值的大小来讨论上述问题。也就是说，需要从不同年龄固定资本的角度来重新构建及推广山田-山田模型。

如上所述，折旧费要以价值或者价格为尺度来进行计算。若固定资本的效率在折旧年限期间不发生任何变化的话，那么作为固定资本使用价值的实物数量，亦即名义存量也不会随年龄的变化而变化。但是，折旧一定会在固定资本的使用过程中产生，因此实际价值会逐年减少。折旧费则是这个实际价值减少的部分。

折旧年限为 m 年的固定资本以定额折旧法来进行折旧的时候，以0岁(新品)固定资本来计算时，每年有 $\dfrac{1}{m}$ 被折旧。若已使用 k 年，则折旧的合计额为 $\dfrac{k}{m}$，故残存的实际价值为 $1-\dfrac{k}{m}$。已使用 k 年的固定资本尚能使用 $m-k$ 年。

由此推广，令 i 岁固定资本的折旧率为 c_i、折旧费为 d_i、残存的实际价值为 e_i，$i=0,1,\cdots,m-1$，则有如下关系成立。

$$d_0+d_1+\cdots+d_{m-1} = e_0 \tag{10-11}$$

$$c_i e_i - d_i = 0 \tag{10-12}$$

$$e_{i+1} = e_i - d_i \tag{10-13}$$

量体系中不同年龄固定资本的存量关系，以及价格体系中不同年龄固定资本的单位实际价值关系非常重要。原山田-山田模型仅限于对收敛性的证明上，而没有涉及对不同年龄固定资本的分析。

且，$e_0 = 1, d_0 = c_0, c_{m-1} = 1$ 成立。无论 c_i 为何值，$c_{m-1} = 1$ 都与 $e_m = 0$ 等价。而且，也与式(10-11)等价。一般来讲，式(10-11)为恒等式。此式意味着，折旧费的总额是为回收固定设备的购买价格这一事实。这个恒等式不依存于折旧率 c_i 的计算方法。此式是固定资本的再投资过程蕴含马尔可夫过程的一个重要公式。

令 t 期的固定资本总投资为 $G(t)$。且总投资投入的对象为0岁（新品）固定资本。这样，可知 k 岁的固定资本即为 $t-k$ 期的总投资 $G(t-k)$。

为简单起见，以 $m = 4$ 为例，以简单的表式（见表10-2）进行说明。

表 10-2　固定资本的动态更新过程

t	1	2	3	4	5
$F(t)$	1	Δ	Δ^2	Δ^3	Δ^4
$K(t,0)$	1	$F(2)+A(1)=c_0+\Delta$	$F(3)+A(2)$	$F(4)+A(3)$	$F(5)+A(4)$
$K(t,1)$		1	$F(2)+A(1)$	$F(3)+A(2)$	$F(4)+A(3)$
$K(t,2)$			1	$F(2)+A(1)$	$F(3)+A(2)$
$K(t,3)$				1	$F(2)+A(1)$
$A(t,0)$	c_0	$c_0 K(2,0)=c_0(c_0+\Delta)$	$c_0 K(3,0)$	$c_0 K(4,0)$	$c_0 K(5,0)$
$A(t,1)$		$c_1 e_1 K(2,1)=c_1 e_1$	$c_1 e_1 K(3,1)$	$c_1 e_1 K(4,1)$	$c_1 e_1 K(5,1)$
$A(t,2)$			$c_2 e_2$	$c_2 e_2 K(4,2)$	$c_2 e_2 K(5,2)$
$A(t,3)$				$c_3 e_3$	$c_3 e_3 K(5,3)$
$A(t)$	c_0	$A(2)=c_0 K(2,0)+c_1 e_1 K(2,1)$	$A(3)$	$A(4)$	$A(5)$

令新投资 $F(t)$ 是在 t 期期初进行的投资。t 期的 τ 岁的固定资本存量为 $K(t,\tau)$。t 期 τ 岁的固定资本的折旧费为 $A(t,\tau)$。折旧费的合计为 $A(t)$。τ 岁固定资本的折旧率为 c_τ，实际价值为 e_τ。可知存在0岁、1岁、2岁、3岁的固定资本。

固定资本的投资从 $F(1) = 1$ 开始启动。第1期的名义存量为 $K(1) =$

$K(1,0)=1$，可知第1期期末的折旧费为 $A(1)=c_0e_0K(1,0)=c_0$。

第2期期初进行的新投资 $F(2)=\Delta$。加上折旧费 $A(1)$ 也进行了再投资，所以0岁的固定资本的总投资为 $A(1)+F(2)=c_0+\Delta$。而前期的0岁固定资本会作为1岁固定资本存在，所以第2期期末的折旧费的合计为 $A(2)=c_0K(2,0)+c_1e_1K(2,1)$。

第3期期初进行的新投资 $F(3)=\Delta^2$。可知总投资为 $K(3,0)=F(3)+A(2)$。而折旧费为 $A(3)=c_0K(3,0)+c_1e_1K(3,1)+c_2e_2K(3,2)$。

由此类推，第4期期初进行的新投资为 $F(4)=\Delta^3$，总投资为 $K(4,0)=F(4)+A(3)$。这样，所有年龄的固定资本存量都可以算出。第4期期末的折旧费为 $A(4)=c_0K(4,0)+c_1e_1K(4,1)+c_2e_2K(4,2)+c_3e_3K(4,3)$。

由上可知，以下的差分关系成立。

$$K(t,0)=F(t)+A(t-1) \tag{10-14}$$

$$A(t)=A(t,0)+\cdots+A(t,\tau-1) \tag{10-15}$$

$$A(t,\tau)=c_\tau e_\tau K(t,\tau) \tag{10-16}$$

$$K(t,\tau)=K(t+1,\tau+1) \tag{10-17}$$

在折旧年限为4年的例子中，可知 t 期的总投资需4年得以回收。其回收的系列，由表10-2可知

$$c_0K(t,0)+c_1e_1K(t+1,1)+c_2e_2K(t+2,2)+c_3e_3K(t+3,3)=K(t,0).$$
$$\tag{10-18}$$

因此可知

$$
\begin{aligned}
K(t,0) &= F(t)+A(t-1,0)+\cdots+A(t-1,3)\\
&= F(t)+c_0e_0K(t-1,0)+\cdots+c_3e_3K(t-1,3)\\
&= F(t)+c_0e_0K(t-1,0)+\cdots+c_3e_3K(t-4,0).
\end{aligned}
$$

令 $G(t)\equiv K(t,0)$，可有

$$G(t)-c_0G(t-1)-c_1e_1G(t-2)-\cdots-c_3e_3G(t-4)=F(t). \tag{10-19}$$

对 $\tau = 1, 2, 3$，有

$$G(t-\tau) - c_0 G(t-\tau-1) - c_1 e_1 G(t-\tau-2) - \cdots - c_3 e_3 G(t-\tau-4) = F(t-\tau).$$

因此，$m = 4$ 年时，由 $K(t)$ 的定义可得

$$K(t) \equiv K(t,0) + \cdots + K(t,3) = G(t) + G(t-1) + \cdots + G(t-3).$$

则以下关系式成立。

$$K(t) - c_0 K(t-1) - c_1 e_1 K(t-2) - \cdots - c_2 e_3 K(t-4) = F(t) + \cdots + F(t-4)$$

(10-20)

这两个差分方程式的特征方程式相同，即

$$\lambda^4 - c_0 \lambda^3 - c_1 e_1 \lambda^2 - c_2 e_2 \lambda - c_3 e_3 = 0. \tag{10-21}$$

显然，这个特征方程式拥有为1的根。

上述差分方程式的友阵为

$$W_2 = \begin{pmatrix} c_0 & c_1 e_1 & c_2 e_2 & c_3 e_3 \\ 1 & 0 & 0 & 0 \\ 0 & 1 & 0 & 0 \\ 0 & 0 & 1 & 0 \end{pmatrix}.$$

W_2 是非负矩阵，且是行和为1的马尔可夫矩阵。由Perron-Frobenius定理可知，W_2 存在绝对值最大的特征值1，且对应特征值1的左（右）特征向量为正。

右Perron-Frobenius向量可取均为1的元素。此向量给出了稳态下的不同年龄固定资本的存量比率。时间序列 $K(t,0)$ 构成了总投资系列。由 $K(t,0)$ 可知各期不同年龄固定资本间的构造关系。0岁固定资本经过 i 年后变为 i 岁的固定资本，所以 $K(t,0)$ 的列给出了 m 年后的不同年龄固定资本的存量关系。对应特征值为1的向量的各要素可以均为1。此时固定资本的更新过程的稳态即为不同年龄固定资本的存量都相等的状态。且右Perron-Frobenius向量完全不依据于折旧率的大小。

与友阵 W_2 的特征值 1 相对应的左 Perron-Frobenius向量 $p =$

$\begin{pmatrix} p_0 & p_1 & p_2 & p_3 \end{pmatrix}$ 为

$$p_0 = 1, p_1 = (1-c_0)p_0, p_2 = (1-c_1)p_1, p_3 = (1-c_2)p_2.$$

由此可知，p 给定了对应折旧率 c_i 的固定资本的残存价值比率。

二　固定资本更新模型的一般推广

根据上述讨论，可将此类模型推广到折旧年限为 m 年的一般情况。

将山田-山田方程式变换为以总投资 $G(t)$ 为主的方程式。即

$$K(t) = G(t) + \cdots + G(t-m+1) \tag{10-22}$$

$$G(t) = F(t) + D(t) \tag{10-23}$$

$$D(t) = c_0 e_0 G(t-1) + c_1 e_1 G(t-2) + \cdots + c_{m-1} e_{m-1} G(t-m). \tag{10-24}$$

由此可得

$$G(t) - c_0 e_0 G(t-1) - c_1 e_1 G(t-2) - \cdots - c_{m-1} e_{m-1} G(t-m) = F(t). \tag{10-25}$$

再将上式整理后可得

$$K(t) - c_0 e_0 K(t-1) - c_1 e_1 K(t-2) - \cdots - c_{m-1} e_{m-1} K(t-m) = \sum_{\tau=0}^{m} F(t-\tau). \tag{10-26}$$

式(10-25)和式(10-26)的特征方程式一致，齐次差分方程式的友阵均为

$$W_3 = \begin{pmatrix} h_1 & h_2 & \cdots & h_{m-1} & h_m \\ 1 & 0 & \cdots & 0 & 0 \\ 0 & 1 & \cdots & 0 & 0 \\ \vdots & \vdots & \ddots & \vdots & \vdots \\ 0 & 0 & \cdots & 1 & 0 \end{pmatrix}.$$

在此，$h_i = c_{i-1} e_{i-1}$，$h_1 + \cdots + h_m = 1$。

同样，W_3 为非负矩阵，且是行和为1的马尔可夫矩阵。

显然，W_3 为式(10-10) W_1 的一般推广。二者的差异在于对折旧率的定义方法不同。利用定额折旧法时，有

$$h_i = \frac{1}{m-i} e_{m-i} = \frac{1}{m-i}(e_{m-i-1} - c_i e_i) = \frac{1}{m}.$$

因此可知 W_3 包含了作为一种特殊情况的 W_1。这样，通过考察不同年龄固定资本的运动规律，重新构建和推广了固定资本的动态更新模型。

W_3 拥有绝对值最大的实特征值1，与特征值1对应的右特征向量给定了不同年龄固定资本存量比率的平衡水准。而左特征向量则给定了不同年龄固定资本的单位实际价值。即 $p = \begin{pmatrix} p_0 & p_1 & \cdots & p_{m-1} \end{pmatrix}$ 满足

$$p_0 = 1, p_1 = (1-c_0)p_0, \cdots, p_{m-1} = (1-c_{m-2})p_{m-2}.$$

由式(10-12)和式(10-13)可知，$e_{i+1} = (1-c_i)e_i$，实际上 p 满足以下关系。

$$p = \begin{pmatrix} e_0 & e_1 & \cdots & e_{m-1} \end{pmatrix} \tag{10-27}$$

这样即可以知道，在固定资本的更新过程中，其阶数由固定资本的折旧年限规定的友阵 W_3 来完全确定。W_3 的左、右Perron-Frobenius向量给定了平衡状态下的不同年龄固定资本的实际价值比率和存量比率。

W_3 包含重根，而且重根为1，与其余的重根相比，1为绝对值最大的重根。将 W_3 变形到约当标准型(Jordan Canonical Form) J 的时候，会出现对应重根1的约当块(Jordan Block) $J_1 = \begin{pmatrix} 1 & 1 \\ 0 & 1 \end{pmatrix}$，其通过以 W_3 为友阵的联立差分方程的指数函数解 e^{Jt}，而产生一种"共鸣(Resonance)"现象。这也就是所谓的Ruchti-Lohmann效果。

三 "共鸣"的周期与折旧年限的关系

固定资本的运动虽然存在具有支配性的稳态，但同时也伴随着一种"共鸣"现象。本章的最后部分要明确这个共鸣现象的最大周期。

经济学领域中明确对此类问题进行分析讨论的是兰格(Lange, 1965)。兰格在论及社会主义经济条件下的固定资本的投资问题时，分析了这种"共鸣"现象，不过他所得出的"共鸣"周期比折旧年限短的结论是错误的。下面，我们按照兰格的思路来修正兰格这一结论的不妥之处，明确"共鸣"周期与折旧年限到底处于何种关系。

令 t 期的人口为 $N(t)$，τ 岁的人口为 $N(t, \tau)$。

令 t 期的出生率为 $B(t)$，那么出生人数即为 $N(t)B(t)$。τ 岁人口的生

存率可定义为

$$p(\tau) = \frac{N(t,\tau)}{N(t,0)},$$

这样 τ 岁人口的生存人数即为 $N(t)B(t)p(\tau)$。

我们将 τ 岁人口生存不到 $\tau+1$ 岁的比率称为**死亡集约度**，记为 $m(\tau)$。则有

$$m(\tau) = \frac{N(t)B(t)p(\tau) - N(t)B(t)p(\tau+1)}{N(t)B(t)p(\tau)} = 1 - \frac{p(\tau+1)}{p(\tau)}.$$

τ 岁人口的死亡概率记为 $f(\tau)$。有

$$f(\tau) = \frac{N(t)B(t)p(\tau)m(\tau)}{N(t)B(t)} = p(\tau)m(\tau).$$

死亡数记为 $V(t)$，则最高寿命为 ω 的时候，

$$V(t) = \sum_{\tau=0}^{\omega} N(t)B(t-\tau)f(\tau) = N(t)\sum_{\tau=0}^{\omega} B(t-\tau)f(\tau).$$

现在，我们考虑死亡数与出生数相等的均衡状态，可有

$$N(t)B(t) = V(t),$$

也就是

$$N(t)B(t) = N(t)\sum_{\tau=0}^{\omega} B(t-\tau)f(\tau).$$

在此，考虑人口不变的稳态，可令 $N(t) = N$。故可得

$$NB(t) = N\sum_{\tau=0}^{\omega} B(t-\tau)f(\tau). \tag{10-28}$$

我们再来通过连续变量分析一下上述离散过程。死亡概率 $f(\tau)$ 的连续变量的表示如下。

τ 岁的经过微小时间 dt 的死亡数为 $-Np'(\tau)dt$。因此，集约度 $m(\tau)$ 可为

$$m(\tau) = -\frac{p'(\tau)}{p(\tau)}.$$

这样一来，

$$f(\tau) = -p'(\tau) \geq 0.$$

式(10-28)即转换为积分方程式

$$B(t) = \int_{0}^{\omega} B(t-\tau)f(\tau)d\tau. \tag{10-29}$$

这就是连续时间的**更新方程式**。下面以这个积分方程式为我们的分析对象。

我们通过实验函数法来解这个更新方程式。令上述积分方程式有解函数 $B(t) = Be^{\rho t}, B \neq 0$。这样，特征方程式即为

$$\int_0^\omega e^{-\rho t} f(\tau) d\tau = 1. \tag{10-30}$$

满足特征方程式的 ρ 存在可计算的个数。

现在，若 $\rho_1, \rho_2, \cdots$ 满足式(10-30)，即 $Q_i e^{\rho_i t}$ 为式(10-29) 的解的话，那么它们的线性组合也为式(10-29) 的解。因此，通解可记为

$$B(t) \sum_{i=1}^\infty Q_i e^{\rho_i t}. \tag{10-31}$$

特征方程式(10-30) 拥有唯一的实数解 $\rho = 0$。

我们很容易通过图解来进行判定。特征方程式的左边是定积分的结果，ρ 的函数。

$$h(\rho) = \int_0^\omega e^{-\rho t} f(\tau) d\tau$$

$h(\rho)$ 的被积分函数 $f(\tau)$ 独立于 ρ，$e^{\rho t}$ 为 ρ 的递减函数，由此可知 $h(\rho)$ 为 ρ 的单调递减函数。所以，横轴与平行的直线 $h(\rho) = 1$ 只有1个交点。显然，令 $\rho = 0$ 的话，可知

$$h(\rho) = \int_0^\omega f(\tau) d\tau = 1. \tag{10-32}$$

实际上，处于稳态的人口，其出生率 $B(t)$ 必须是一定的。从这个意义上，实数解即为对应于此的解。

而余下的 ρ 全部都为复数解。令 $\rho = \alpha + i\beta, \beta \neq 0$，则有

$$e^{(\alpha + i\beta)t} = e^{\alpha t}(\cos\beta t + i\sin\beta t),$$

特征方程式为

$$\int_0^\omega e^{-\alpha\tau}(\cos\beta\tau - i\sin\beta\tau) f(\tau) d\tau = 1.$$

由此可得

$$\int_0^\omega e^{-\alpha\tau} f(\tau) \cos\beta\tau d\tau = 1, \tag{10-33}$$

$$\int_0^\omega e^{-\alpha\tau} f(\tau) \sin\beta\tau d\tau = 0. \tag{10-34}$$

考虑式(10-32)以及

$$|\cos\beta\tau| \leq 1,$$

由最初的式(10-33)可知，$\alpha \geq 0$ 是不可能的。所以，必须是 $\alpha < 0$。

既然 $\alpha < 0$，则式(10-34)的被积分函数为振幅增大的振动（发散型振动）。我们可以参照图10-1的描述。在考虑周期 T 与 ω 的大小关系时，可知 $\dfrac{1}{2}T < \omega < T$。即

$$\omega < T < 2\omega.$$

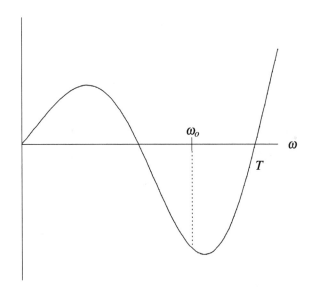

图10-1　周期与折旧年限的关系

由此我们可以得出的结论是，共鸣（振动）虽为衰减振动，但其持续时间不会小于折旧年限，而且大约是折旧年限的2倍。

第四节 小结

关于固定资本的动态更新过程 本章以山田-山田模型为出发点，利用Perron-Frobenius定理以及高阶差分方程的友阵的性质，从不同年龄固定资本的角度一般推广了固定资本的动态更新模型。

由折旧费用的再投资而起的固定资本的更新过程可由高阶差分方程来表示，而其阶数则由折旧年限来决定。因此，固定资本的折旧年限是支配固定资本运动的一个重要因素。

山田-山田模型中，以各期固定资本名义存量为出发点的差分方程式，其实内含了各期固定资本总投资的运动，也就是说内含了不同年龄固定资本的运动。前者与后者的关系是，后者的特征多项式为前者的特征多项式的最小多项式。

无论是以名义存量为主的模型，还是以总投资为出发点的模型，都存在一个稳定的稳态。换言之，在对固定资本的投资进行正确有效的管理的前提下，便会有让其收敛于某一稳定的均衡状态的倾向。而决定其稳态的是，以总投资为主的差分方程式的友阵的特征值与特征向量。这个友阵是马尔可夫矩阵，因此存在绝对值最大的正特征值1，并且存在与特征值1对应的左右正特征向量，左特征向量决定不同年龄固定资本的残存（实际）价值比率，而右特征向量则决定稳态下的不同年龄固定资本的存量比率。

这种稳态有其明确的经济意义。即，与绝对值最大且为实数的非负特征值1对应的右特征向量的所有成分均可取为1，也就是说，无论是以哪个年龄的固定资本作为衡量标准，不同年龄固定资本的均衡比率都会一致。另一方面，从对应特征值为1的左特征向量可以知道，旧固定资本的实际价值对新品固定资本的实际价值的比率，最终是依据折旧来决定的。

折旧费用的再投资所产生的影响　满足掛谷定理条件的特征方程式会有复数根的存在，这样，差分方程式的特解中就会包含三角函数。而除绝对值最大的实数正特征值之外，其余的特征值则会引起所谓"衰减振动"现象的发生。也就是说，此时的固定资本运动虽然是一种收敛运动，但却是一个伴随"衰减振动"的运动。①

以更新过程为基础的固定资本运动，正如山田-山田模型所述，从某种意义上来讲，可以看作固定资本名义存量的运动。但需要注意的是，这种情况下这类体系存在重根这一点。而这类体系的指数函数解则明示了其中存在被称之为"共鸣"现象的不稳定因素。

兰格(Lange, 1965)在分析由折旧费用的再投资所产生的效果上，也明示了这种"共鸣"现象的出现是不可避免的这一事实。这种"共鸣"现象的消失所需要的时间约为折旧年限的2倍。而一般来说，跨度2倍于折旧年限的时间来对同一固定资本进行投资的例子在现实经济中是极少见的。更何况像表10-1例子中描述的那种，在几倍于折旧年限的期间内技术创新仍处于停滞的状态在现实经济中基本上不太可能。因此，应该认为折旧费用的再投资所产生的这种效果足以在折旧年限范围内对经济产生重要的影响。

一个补充　现实经济中，关于固定资本的运动有很多比较复杂的情况出现。固定资本的磨灭不仅仅局限在技术上的磨耗。比如由于技术的进步出现了新型机械设备，那么老式的设备可能会因为精确度不够、耗时较长等理由，迫使它退出生产线。这种虽然从物理意义上来讲尚能使用，但在物理折旧年限到来之前就被更新或报废的情形，我们称之为固定资本的一种**士气型磨耗**。这种问题我们将另行讨论。

---

① 马克思在阐释19世纪英国经济经受周期性经济危机的要因时，就从固定资本的角度分析了这种生产过剩现象。当时的固定资本折旧年限为10年左右，而生产过剩危机的周期也是接近10年这个数字。

第十一章 马克思-斯拉法模型与固定资本

本章从斯拉法联合生产的角度分析固定资本问题。

第一节 作为联合生产物的固定资本

一 分析框架

固定资本与马克思-斯拉法模型 固定资本即使在生产过程中的功能一样，但是如果役龄（或年龄）不同，也应该根据它的不同年龄予以区别。0岁的固定资本在使用1年后即变成1岁的固定资本。也就是说，在使用固定资本生产商品的生产过程中，产出一般商品的同时，也生产出了比投入的固定资本年龄大1岁的固定资本。若某个生产过程生产两种或者两种以上的商品，我们称之为**联合生产**。固定资本问题可以在联合生产体系中进行考察。最早提出以年龄来区别固定资本的这种想法并展开具体分析的是斯拉法(Sraffa, 1960)。[①]

本章首先考察包含固定资本的再生产，以及基于等式定义的均衡利

[①] 当然，单就联合生产问题本身的分析，最早可以追溯到von Neumann (1945/46[1937])。而最先把役龄的概念引入到联合生产过程明确分析固定资本问题的则是斯拉法(Sraffa, 1960)。继斯拉法之后沿用同样方法的文献有很多，比如Okishio and Nakatani (1975)、Fujimori (1982)、Schefold (1989)、Kurz and Salvadori (1995)、Li and Fujimori (2013)等。

润率、均衡增长率的成立条件问题。下面导入的包含固定资本的均衡生产价格和均衡数量体系的框架均是以预付工资为前提来分析均衡利润率的，从这个意义上来讲是马克思的范式，而从联合生产的角度来把握和分析固定资本问题，从这个意义上来讲是斯拉法的范式。因此，我们称此为狭义的**马克思-斯拉法模型**。①

仅有1种固定资本的再生产模型　我们先来考察存在固定资本经济的均衡生产价格和均衡增长的公式化问题。为避免烦琐的记述，我们采用一个最简单的分析框架：生产资料只有固定资本，而诸如原材料等的流动性生产要素在此忽略不计。

再生产的1个周期以年来计。劳动为同质劳动。令新品固定资本的种类为1种，折旧年限为3年。即，此商品在0岁、1岁、2岁的生产过程中作为固定资本发挥它的作用，年龄到3岁时进行报废处理。这里假设报废成本为零。如果把年龄不同的固定资本看成不同的商品，实际上这个经济中从形式上来看存在3种固定资本。0岁、1岁、2岁的固定资本依次记为商品1、商品2、商品3。若不同年龄的固定资本的效率都一定的话，那么各个不同年龄固定资本的投入系数也是一定的。

假设固定资本的生产只需要固定资本和劳动。令固定资本的投入系数为 k、劳动系数为 ℓ。

由0岁固定资本和劳动构成的生产过程在生产新品商品的同时，产出1岁的旧固定资本。若就单位新品商品的生产进行标准化处理，那么就有以下3种生产过程并存。

$$\begin{pmatrix} k \\ 0 \\ 0 \\ \ell \end{pmatrix} \longrightarrow \begin{pmatrix} 1 \\ k \\ 0 \\ 0 \end{pmatrix} ; \begin{pmatrix} 0 \\ k \\ 0 \\ \ell \end{pmatrix} \longrightarrow \begin{pmatrix} 1 \\ 0 \\ k \\ 0 \end{pmatrix} ; \begin{pmatrix} 0 \\ 0 \\ k \\ \ell \end{pmatrix} \longrightarrow \begin{pmatrix} 1 \\ 0 \\ 0 \\ 0 \end{pmatrix}.$$

① 比如说Schefold (1989)的关于Pure Fixed capital 的分析就属于这类框架。更为广泛的包含固定资本的联合生产问题，我们将在后面的章节中详细讨论。

2个部门4个商品的模型　我们把上述框架应用到由固定资本品生产部门和消费品生产部门组成的经济中。原材料在此仍然忽略不计。[①] 固定资本部门和消费品部门各存在3个生产过程。消费品部门的主要生产物是消费品，同时联合生产旧固定资本。如前所述，0岁、1岁、2岁的固定资本依次标为商品1、商品2、商品3，消费品为商品4。

令投入新品固定资本时的投入系数分别为 k_1, k_2，劳动系数分别为 ℓ_1, ℓ_2。部门1和部门2生产过程的投入系数、劳动向量、产出系数可用矩阵和向量的形式作如下表示：

$$A = \begin{pmatrix} k_1 & 0 & 0 & k_2 & 0 & 0 \\ 0 & k_1 & 0 & 0 & k_2 & 0 \\ 0 & 0 & k_1 & 0 & 0 & k_2 \\ 0 & 0 & 0 & 0 & 0 & 0 \end{pmatrix}, \tag{11-1}$$

$$L = \begin{pmatrix} \ell_1 & \ell_1 & \ell_1 & \ell_2 & \ell_2 & \ell_2 \end{pmatrix}, \tag{11-2}$$

$$B = \begin{pmatrix} 1 & 1 & 1 & 0 & 0 & 0 \\ k_1 & 0 & 0 & k_2 & 0 & 0 \\ 0 & k_1 & 0 & 0 & k_2 & 0 \\ 0 & 0 & 0 & 1 & 1 & 1 \end{pmatrix}, \tag{11-3}$$

$$f = \begin{pmatrix} 0 \\ 0 \\ 0 \\ b \end{pmatrix}. \tag{11-4}$$

二　数量和生产价格均衡

生产价格均衡　令价格向量为 $p = \begin{pmatrix} p_{10} & p_{11} & p_{12} & p_2 \end{pmatrix}$，跟4个商品体系对应

[①] 这些部门虽然都联合生产旧固定资本，但作为主要生产物只有固定资本和消费品，从这个意义上我们称其为固定资本生产部门和消费生产部门。

的工资品束为f，且$\omega = pf$，定义均衡利润率π的均衡方程式为

$$pB = (1+\pi)(pA + \omega L). \tag{11-5}$$

均衡增长 我们再来考察一下经济在均衡增长率下增长的状态。

正如A, B, L所示，它们每一列都对应着一个生产过程，我们知道并存着6个生产过程。从左边依次标为过程1、过程2、过程3、过程4、过程5、过程6。经过一定时间后这些生产过程会恒常性地并存。就生产过程的生成过程而言，过程1由于投资而被生成后，过程2、过程3也依次被生成。过程4、过程5、过程6的生成关系也同理可得。因此，只要生成了过程1和过程4，那么会自动地生成过程2、过程3以及过程5、过程6。

现在考虑一个组成过程1和过程4的投资以年率g扩大的均衡增长的情形。

令与A, B, L对应的活动水平x为如下向量。

$$x = \begin{pmatrix} x_1 \\ \vdots \\ x_6 \end{pmatrix}.$$

考虑与之对应的非生产性消费向量u，则均衡增长方程式可表示为

$$Bx = (1+g)(A + fL)x + u. \tag{11-6}$$

直接分析由以上等式定义的均衡问题之前，我们先来看一下可否对以上的均衡等式进行简化。

三 简化体系

简化到新品商品的体系 我们继续使用上一节讨论的简单模型，来阐明可以在简化后的体系中进行均衡决定的问题。这种简化方法最初由斯拉法(Sraffa, 1960, p.65)提出，之后由置盐-中谷(Okishio and Nakatani, 1975)从形式上对其进行了一个更为简练的重构。

在此，我们用p_{1j}表示j岁固定资本的价格。p_1与p_{10}的关系略记

为 $p_1 = p_{10}$。生产价格的决定可详记为

$$p_1 + p_{11}k_1 = (1+\pi)(p_1k_1 + \omega\ell), \tag{11-7}$$

$$p_1 + p_{12}k_1 = (1+\pi)(p_{11}k_1 + \omega\ell), \tag{11-8}$$

$$p_1 = (1+\pi)(p_{12}k_1 + \omega\ell), \tag{11-9}$$

$$p_2 + p_{11}k_2 = (1+\pi)(p_1k_2 + \omega\ell), \tag{11-10}$$

$$p_2 + p_{12}k_2 = (1+\pi)(p_{11}k_2 + \omega\ell), \tag{11-11}$$

$$p_2 = (1+\pi)(p_{12}k_2 + \omega\ell). \tag{11-12}$$

固定资本价格与折旧率　在价格均衡中首先需要关注的问题是不同年龄固定资本的均衡价格比率。我们知道在固定资本的更新理论中，不同年龄固定资本的实际价格比率只直接依赖于折旧率。这里，首先要阐明它与马克思-斯拉法框架中所决定的价格比率的一致性。

取以固定资本为主要生产物的生产部门。表示各个生产过程均成立的均衡利润率的方程式(11-7)～方程式(11-9)变形后可得

$$(1+\pi)^2(p_1 + p_{11}k_1) = (1+\pi)^3(p_1k_1 + \omega\ell),$$

$$(1+\pi)(p_1 + p_{12}k_1) = (1+\pi)^2(p_{11}k_1 + \omega\ell),$$

$$p_1 = (1+\pi)(p_{12}k_1 + \omega\ell).$$

这些公式两边相加整理后可知，消去了旧固定资本的价格，最后只出现包含新品商品的价格 p_1 的公式。我们将这个公式表示为

$$p_1 = (1+\pi)w\ell + [\varphi(\pi) + \pi]p_1k_1.$$

出现在右边的固定资本费用的系数部分 $\varphi(\pi)$ 称为**折旧率**。折旧率依存于残存的折旧年限。更为准确地说，令残存的折旧年限为 τ 时，有

$$\varphi(\pi, \tau) = \frac{1}{\sum_{s=0}^{\tau-1}(1+\pi)^s}. \tag{11-13}$$

旧固定资本的均衡价格是

$$p_{11} = [1 - \varphi(\pi, 3)]p_1, \quad p_{12} = [1 - \varphi(\pi, 2)]p_{11}. \tag{11-14}$$

这样，折旧率依存于利润率被决定，而不同年龄固定资本的价格比率则依存于折旧率被决定。

旧固定资本的均衡价格的决定公式(11-14)有着重要的意义。即，

- 在由均衡利润率规定的均衡体系中，折旧率是依存于利润率来决定的；

- 对于这样的一种折旧率，不同年龄固定资本的均衡价格与在固定资本的动态更新过程中决定的不同年龄固定资本的实际价值(10-27)式相一致。

如此，固定资本的更新运动中所决定的不同年龄固定资本的价格比率，与马克思-斯拉法模型中决定的均衡价格比率是一致的，二者是吻合的。

附言之，生产技术系数直接影响到均衡利润率的形成，而它对不同年龄固定资本的均衡价格比率而言只不过是一种间接性的影响。

简化后的（增广）列昂惕夫体系　前述的折旧率以及以此为基础的旧固定资本价格的计算中，我们知道价格决定体系可以简化到只含新品商品生产的决定体系。也就是说，联合生产体系可以归结到一种非联合生产体系当中。令

$$A = \begin{pmatrix} k_1 & k_2 \\ 0 & 0 \end{pmatrix}, \ell = \begin{pmatrix} \ell_1 & \ell_2 \end{pmatrix},$$

新品商品的价格为 $\bar{p} = \begin{pmatrix} p_1 & p_2 \end{pmatrix}$，那么价格均衡可表示为

$$\bar{p} = \bar{p}[\pi A + \widehat{\varphi(\pi)}A + (1+\pi)f\ell].$$

这里的 $\widehat{\varphi(\pi)} = \begin{pmatrix} \varphi(\pi, \tau) & 0 \\ 0 & 1 \end{pmatrix}$。$\tau$ 是 0 岁固定资本的折旧年限。

系数矩阵部分可归纳表示如下

$$K(\pi) = (1+\pi)f\ell + \pi A + \widehat{\varphi(\pi)}A. \tag{11-15}$$

$K(\pi)$ 是 π 的递增函数。

$$\bar{p} = \bar{p}K(\pi). \tag{11-16}$$

此时，π 可由以下的公式来决定。

$$|I - K(\pi)| = 0. \tag{11-17}$$

若只就均衡利润率的决定问题而言，那么只需考虑新品商品体系就可以决定均衡利润率。[①]

同样，式(11-6) 也跟前述的生产价格均衡的简化过程一样，可简化到只包含新品商品的体系。即，式(11-6) 可详记为

$$x_1 + x_2 + x_3 = (1+g)(k_1 x_1 + k_2 x_4), \tag{11-18}$$

$$k_1 x_1 + k_2 x_4 = (1+g)(k_1 x_2 + k_2 x_5), \tag{11-19}$$

$$k_1 x_2 + k_2 x_5 = (1+g)(k_1 x_3 + k_2 x_6), \tag{11-20}$$

$$x_4 + x_5 + x_6 = (1+g)b[l_1(x_1 + x_2 + x_3) + l_2(x_4 + x_5 + x_6)] + C. \tag{11-21}$$

前3个公式的左右两边乘以一个适当的 $(1+g)^n$ 可变形为

$$(1+g)^2(x_1 + x_2 + x_3) = (1+g)^2(k_1 x_1 + k_2 x_4),$$

$$(1+g)(k_1 x_1 + k_2 x_4) = (1+g)^2(k_1 x_2 + k_2 x_5),$$

$$k_1 x_2 + k_2 x_5 = (1+g)(k_1 x_3 + k_2 x_6).$$

再有

$$q_1 = x_1 + x_2 + x_3,$$

$$q_2 = x_4 + x_5 + x_6,$$

且经济是在一定的增长率 g 之下的均衡增长经济，因此只要注意到

$$x_3 = (1+g)^{-2} x_1,$$

$$x_6 = (1+g)^{-2} x_4,$$

消去活动水平 x_i，可以只用产出量 q_i 来表示这个简化体系。即，令产出

---

① 这种简化手法是置盐信雄和他的弟子中谷武于1975年提出的，详细的推导过程可参见中谷(Nakatani, 1994)。

量向量、非生产性消费向量分别为 $q = \begin{pmatrix} q_1 \\ q_2 \end{pmatrix}, u = \begin{pmatrix} 0 \\ C \end{pmatrix}$，可有

$$q = (\widehat{\varphi(g,\tau)}A + gA)q + (1+g)f\ell q + u. \tag{11-22}$$

公式中的 $\varphi(g,\tau)$ 称为**更新系数**。

更新系数与折旧率虽然名称上不一样，但从形式上看都是一个相同的函数 φ，区别在于它的第一个参数的值是利润率还是增长率。通过计算它的微分系数，显然可知 φ 是 π 的一个递减函数。

若仅就均衡增长率的决定问题而言，我们知道只有新品商品的决定体系是一个封闭体系。

因为简化方程式中的系数矩阵是非负矩阵，所以可以应用Perron-Frobenius 定理，讨论均衡所具有经济意义等问题。简化过程中被消去的旧固定资本对新品固定资本的价格比率可以通过折旧率来决定。原来的马克思-斯拉法模型的生产价格式(11-5) 中，存在正的价格比率 p。

从生产价格的角度来看简化过程只是一个简单的有理运算的反复操作，所以简化之后的体系的均衡决定跟原来的体系的均衡决定是等价的。之后我们将详细讨论这个问题。

对于数量式(11-6) 而言，也是一样。

简化到旧固定资本的体系　消费品通常都是以新品的形式生产出来，而固定资本存在作为联合生产物的旧固定资本的产出。我们也可以将体系简化到旧固定资本的体系。

比如说，考虑最高年龄的固定资本，可以以价格 $\begin{pmatrix} p_{12} & p_2 \end{pmatrix}$ 为目标来进行简化。

从数量方面来说，可以以最高年龄的固定资本的数量为主进行简化。如果是在增长率 g 之下进行均衡增长的话，那么对新品固定资本的数量 q_1，最高年龄固定资本的数量由 $q_{12} = \varphi(g,\tau)q_1$ 来确定。

这样，以最高年龄固定资本为目标来简化，生产价格体系可归结为

$$\left(p_{12} \ p_2 \right) = (1 + \pi) \left(p_{12} \ p_2 \right) M, \tag{11-23}$$

数量体系归结为

$$\begin{pmatrix} q_{12} \\ q_2 \end{pmatrix} = (1+g) M \begin{pmatrix} q_{12} \\ q_2 \end{pmatrix} + u. \tag{11-24}$$

最高年龄固定资本不会再联合生产比它年龄更大的固定资本，所以它所发挥的作用与原材料等流动资本没什么两样。因此，简化的公式与不存在固定资本情形的公式从形式上完全相同。

四 斯拉法、置盐-中谷的简化方法的一般性概括

我们可以从一个更为一般的角度概括一下上述介绍的斯拉法和置盐-中谷的方法在形式上的特征。

生产过程的衍生生成法 在新品的状态下被看作同一种类的商品一般被认为是属于同一商品种类，而生产这种商品的生产过程的集合我们称之为部门。旧固定资本被联合生产时，根据投入 k 岁固定资本的生产过程联合生产 $k+1$ 岁旧固定资本的这个概念，每个部门都存在固定资本的组成各不相同的多个生产过程 (Okishio and Nakatani, 1975)。

新品（年龄为零）状态的同一商品看作同种商品。一般来讲，存在固定资本时，同种固定资本也会因年龄的不同而被看作不同种类的商品。

在以某个商品为主生产物的部门中，关于固定资本的投入，最初是以只有新品商品的组合（生产过程1）出发，随着各个固定资本年龄的增加，生产过程会顺延至其后的生产过程（过程2，过程3，……）。在此过程中达到折旧年限的固定资本由新品固定资本替代，进而又生成下一个生产过程。部门的最后一个生产过程由使用后即被报废的最高年龄的固定资本组成。这种生产过程群的生成方法称为**生产过程的衍生生成法**。此时，部门的生产过程的总数由被使用的不同种类固定资本的折旧

年限的最小公倍数来决定。

2种固定资本2个部门的例子：5种商品12个生产过程的经济　为简单起见，假设所有部门的所有种类的固定资本都被使用。每个部门都具有同等数量的生产过程。若有未被使用的固定资本的存在，那么意味着那一列都由0组成，可以忽略不计。这不影响我们下面的分析。

非耐久性资本品可以看成折旧年限为1年的商品，我们这里取一个只有固定资本组成的简单模型作为例子。

固定资本有2种，令其折旧年限分别为3年和2年。商品有5个，每个部门都有6个生产过程，2个部门一共有12个生产过程，可知产出和投入系数矩阵 B, M 都是一个 5×12 的矩阵。部门 j 的投入产出关系可表示如下

$$
M_j = \begin{pmatrix}
k_{1j} & & k_{1j} & & & \\
& k_{1j} & & k_{1j} & & \\
& & k_{1j} & & k_{1j} & \\
k_{2j} & k_{2j} & k_{2j} & & & \\
& & k_{2j} & k_{2j} & k_{2j}
\end{pmatrix},
$$

$$
B_j = \begin{pmatrix}
\delta_{j1} & \delta_{j1} & \delta_{j1} & \delta_{j1} & \delta_{j1} & \delta_{j1} \\
k_{1j} & & k_{1j} & & & \\
& k_{1j} & & k_{1j} & & \\
\delta_{j2} & \delta_{j2} & \delta_{j2} & \delta_{j2} & \delta_{j2} & \delta_{j2} \\
k_{2j} & & k_{2j} & & k_{2j}
\end{pmatrix},
$$

这里，如果 $i = j$，则 $\delta_{ij} = 1$，否则 $\delta_{ij} = 0$，$B = (B_1 \ B_2)$，$M = (M_1 \ M_2)$。

$$
Z = B - \mu M = \begin{bmatrix}
1 - k_{11}\mu & 1 & 1 & 1 - k_{11}\mu & \mu & 1 \\
k_{11} & -k_{11} & 0 & k_{11} & -k_{11} & 0 \\
0 & k_{11} & -k_{11} & 0 & k_{11} & -k_{11} \\
-k_{21} & 0 & -k_{21} & 0 & -k_{21} & 0 \\
k_{21} & -k_{21} & k_{21} & -k_{21} & k_{21} & -k_{21}
\end{bmatrix}
$$

$$
\begin{bmatrix}
-k_{12} & 0 & 0 & -k_{12} & 0 & 0 \\
k_{12} & -k_{12} & 0 & k_{12} & -k_{12} & 0 \\
0 & k_{12} & -k_{12} & 0 & k_{12} & -k12 \\
1-k_{22}\mu & 1 & 1-k_{22}\mu & 1 & 1-k_{22}\mu & 1 \\
k_{22} & -k_{22} & k_{22} & -k_{22} & k_{22} & -k_{22}
\end{bmatrix}.
$$

取由固定资本折旧年限的最小公倍数来规定的高阶多项式 $\mu^{\tau-1}, \cdots, \mu, 1$，组成对角矩阵 L 的对角元素。进而再组成一个量纲更大的对角乘数矩阵 Λ，这个对角乘数矩阵的对角元素由 L 构成，L 的个数则由新品商品的种类数来确定。将 Λ 右乘矩阵 $B - \mu M$。即，令

$$
L = \begin{pmatrix}
\mu^5 & & & & & \\
& \mu^4 & & & & \\
& & \mu^3 & & & \\
& & & \mu^2 & & \\
& & & & \mu & \\
& & & & & 1
\end{pmatrix}, \quad \Lambda = \begin{pmatrix} L & \\ & L \end{pmatrix},
$$

有

$$
Z_o = (B - \mu M)\Lambda =
$$

$$
\begin{bmatrix}
\mu^5(1-k_{11}\mu) & \mu^4 & \mu^3 & \mu^2(1-k_{11}\mu) & \mu & 1 \\
k_{11}\mu^5 & -k_{11}\mu^5 & 0 & k_{11}\mu^2 & -k_{11}\mu^2 & 0 \\
0 & k_{11}\mu^4 & -k_{11}\mu^4 & 0 & k_{11}\mu & -k_{11}\mu \\
-k_{21}\mu^6 & 0 & -k_{21}\mu^4 & 0 & -k_{21}\mu^2 & 0 \\
k_{21}\mu^5 & -k_{21}\mu^5 & k_{21}\mu^3 & -k_{21}\mu^3 & k_{21}\mu & -k_{21}\mu
\end{bmatrix}
$$

$$
\begin{bmatrix}
-k_{12}\mu^6 & 0 & 0 & -k_{12}\mu^3 & 0 & 0 \\
k_{12}\mu^5 & -k_{12}\mu^5 & 0 & k_{12}\mu^2 & -k_{12}\mu^2 & 0 \\
0 & k_{12}\mu^4 & -k_{12}\mu^4 & 0 & k_{12}\mu & -k12\mu \\
\mu^5(1-k_{22}\mu) & \mu^4 & \mu^3(1-k_{22}\mu) & \mu^2 & \mu(1-k_{22}\mu) & 1 \\
k_{22}\mu^5 & -k_{22}\mu^5 & k_{22}\mu^3 & -k_{22}\mu^3 & k_{22}\mu & -k_{22}\mu
\end{bmatrix}.
$$

跟旧固定资本的投入产出相关且与各行邻接的元素 $\mu^j k_{ij}, -\mu^j k_{ij}$ 取决于旧固定资本的联合生产范式及特征。

在此，从各部门的最后一列到最开始一列，进行一个 j 列加 $j-1$ 列操作，对 Z_o 整体进行这种列基本运算。这样，对应 Z_o 各部门最开始的生产过程的列中，只有新品商品的行出现非零成分，而其他成分都为零。

首先来进行一个行交换操作，即把对应于新品商品的行集中到矩阵的最上部分。其次再进行一个列交换操作，即把各部门最先开始的生产过程（新品固定资本的组合被投入的过程）排列到矩阵的最左侧，我们知道最初的2行2列相交叉的部分被区划出来，并与其他部分相独立。

$$Z_1 = \begin{bmatrix} \varphi_{11}(\mu) & \varphi_{12}(\mu) & \varphi_{13}(\mu) & \varphi_{14}(\mu) & \varphi_{15}(\mu) & \varphi_{16}(\mu) \\ \varphi_{21}(\mu) & \varphi_{22}(\mu) & \varphi_{23}(\mu) & \varphi_{24}(\mu) & \varphi_{25}(\mu) & \varphi_{26}(\mu) \\ 0 & 0 & -k_{11}\mu^5 & 0 & 0 & -k_{11}\mu^2 \\ 0 & 0 & 0 & -k_{11}\mu^4 & 0 & 0 \\ 0 & 0 & -k_{21}\mu^5 & 0 & -k_{21}\mu^3 & 0 \end{bmatrix}$$

$$\begin{bmatrix} \varphi_{17}(\mu) & \varphi_{18}(\mu) & \varphi_{19}(\mu) & \varphi_{1,10}(\mu) & \varphi_{1,11}(\mu) & \varphi_{1,12}(\mu) \\ \varphi_{27}(\mu) & \varphi_{28}(\mu) & \varphi_{29}(\mu) & \varphi_{2,10}(\mu) & \varphi_{2,11}(\mu) & \varphi_{2,12}(\mu) \\ 0 & -k_{12}\mu^5 & 0 & 0 & -k_{12}\mu^2 & 0 \\ -k_{11}\mu & 0 & -k_{12}\mu^4 & 0 & 0 & -k_{12}\mu \\ -k_{21}\mu & -k_{22}\mu^5 & 0 & -k_{22}\mu^3 & 0 & -k_{22}\mu \end{bmatrix}$$

这里，

$$\varphi_{11}(\mu) = -k_{11}\mu^6 + \mu^5 + \mu^4 + (1-k_{11})\mu^3 + \mu^2 + \mu + 1,$$

$$\varphi_{12}(\mu) = -k_{12}\mu^3(\mu^3 + 1),$$

$$\varphi_{21}(\mu) = -k_{21}\mu^2(\mu^4 + \mu^2 + 1),$$

$$\varphi_{22}(\mu) = -k_{22}\mu^6 + \mu^5 + (1-k_{22})\mu^4 + \mu^3 + (1-k_{22})\mu^2 + \mu + 1.$$

这个左上角的块就是斯拉法及置盐-中谷的简化过程中出现的仅由新

品商品组成的子体系的生产价格方程式的系数矩阵。

这里需要注意的是，一开始右乘的对角矩阵，及对应列基本运算的基本矩阵是非奇异矩阵，所以原来的矩阵束 $B - \mu M$ 的秩在上述的各项操作后仍然会保持不变。

第3列和第6列进行对换，这样最初的5列变为正方形，其对角线下方的部分均可进行让它变为零的运算。即，对左上角的块再进行一次三角化运算，让对角线下方变为由0组成的三角块。也就是说，$(1,1)$ 成分乘到第2行，$(2,1)$ 成分乘到第1行，然后再将第2行和第1行相减，这样$(2,1)$成分就会变为0。

$$Z_2 =$$

$$\begin{bmatrix} \varphi_{11}(\mu)\varphi_{21}(\mu) & \varphi_{12}(\mu)\varphi_{21}(\mu) & \varphi_{16}(\mu)\varphi_{21}(\mu) & \varphi_{14}(\mu)\varphi_{21}(\mu) & \varphi_{15}(\mu)\varphi_{21}(\mu) & \cdots \\ 0 & \psi_{22}(\mu) & \varphi_{11}(\mu)\varphi_{26}(\mu) & \varphi_{11}(\mu)\varphi_{24}(\mu) & \varphi_{11}(\mu)\varphi_{25}(\mu) & \cdots \\ 0 & 0 & -k_{11}\mu^2 & 0 & 0 & \cdots \\ 0 & 0 & 0 & -k_{11}\mu^4 & 0 & \cdots \\ 0 & 0 & 0 & 0 & -k_{21}\mu^3 & \cdots \end{bmatrix}$$

这里，$\psi_{22}(\mu) = \varphi_{11}(\mu)\varphi_{22}(\mu) - \varphi_{12}(\mu)\varphi_{21}(\mu)$。

Z_1 的秩由上述矩阵的第5列的组合来决定。实际上，$(5,3)$ 成分可以通过第3行和第5行的行基本运算使得它变为0。虽然第5行的第6列以后增加了非零成分，但并不会影响秩的运算。而第6列以后的列的成分也不会影响一开始的5列，通过适当的列基本运算也可以将其消去。

这样，如果依次把以上矩阵的$(1,1)$ 成分 $(= \varphi_{11}\varphi_{21})$ 一直乘到$(5,5)$ 成分，即它们的乘积

$$\Delta = -k_{11}^2 k_{21}\mu^9 \varphi_{11}(\mu)\varphi_{21}(\mu)\psi_{22}(\mu)$$

为0，那么矩阵 Z 即会降秩，以矩阵束 $B - \mu M$ 为系数的齐次联立方程式就会存在非平凡解。

降秩条件的核心在于

$$\psi_{22}(\mu) = 0$$

是否成立。这其实就是 Z_1 左上角的方块（矩阵）的行列式的值。

也就是说，判断是否会降秩的 μ 的多项式是一个关于仅由新品商品组成的体系的多项式，从式(11-17)可以看到，这个多项式可以决定与之相关的特征值。

换言之，斯拉法及置盐-中谷的方法中，若将以上的运算进行到最后，那么全部的价格变量会被消去，最终归结于只有一个变量 (μ) 的多项式。

总之，马克思-斯拉法的生产价格方程式是一个关于 μ 和全商品的价格 p 的联立代数方程式。斯拉法及置盐-中谷的方法是在简化的过程中把最后的变量变成了 μ 和新品商品的价格。它是这样的一种计算方法，即它作为变量更少的代数方程式，把问题简化到一个仅包含新品商品的特征值问题上。特征值问题最终取决于特征方程式问题即只含有 μ 的代数方程式问题。[1]

由上可知，若根据可逆的正则变换和基本运算来处理，那么斯拉法和置盐-中谷的方法中所算出的所有的解即是原方程式的解。

但是，原方程式的这种简化方法并不是唯一的。[2] 我们在后面会提出一个其他的计算方法。

第二节　SON经济与剑桥方程式

我们来假定一个仅由一种折旧年限为3年的固定资本和一种消费品构成的经济。

对于增广投入矩阵 M、产出矩阵 B 而言，并存3个生产过程，可表现

---

① 这实际上是要计算原方程式的Gröbner基。

② 换言之，Gröbner 基不是唯一的。

为

$$M = \begin{pmatrix} k_1 & 0 & 0 & k_2 & 0 & 0 \\ 0 & k_1 & 0 & 0 & k_2 & 0 \\ 0 & 0 & k_1 & 0 & 0 & k_2 \\ bl_1 & bl_1 & bl_1 & bl_2 & bl_2 & bl_2 \end{pmatrix}, B = \begin{pmatrix} 1 & 1 & 1 & 0 & 0 & 0 \\ k_1 & 0 & 0 & k_2 & 0 & 0 \\ 0 & k_1 & 0 & 0 & k_2 & 0 \\ 0 & 0 & 0 & 1 & 1 & 1 \end{pmatrix}.$$

工资为预付，只有旧固定资本为联合生产物的生产价格均衡式即为式(11-5)。

用置盐-中谷的方法简化到斯拉法-置盐-中谷 (Sraffa-Okishio-Nakatani) 经济（简称SON经济）(Asada, 1982; Li, 2012)，表示投入产出关系的基础系数是

$$K = \begin{pmatrix} k_1 & k_2 \\ 0 & 0 \end{pmatrix}, \widehat{\psi}(r, \tau) = \begin{pmatrix} \psi(r, \tau) & 0 \\ 0 & 1 \end{pmatrix}, f = \begin{pmatrix} 0 \\ b \end{pmatrix}, \ell = \begin{pmatrix} l_1 & l_2 \end{pmatrix}.$$

一　SON经济的产出量体系

令均衡增长率为 g。仅旧固定资本为联合生产物的活动水平均衡式可表示为

$$Bx = (1+g)Mx + \boldsymbol{u}. \tag{11-25}$$

这里的 $\boldsymbol{u}$ 是非生产性消费，$x = {}^t\begin{pmatrix} x_1^1 & x_1^2 & x_1^3 & x_2^1 & x_2^2 & x_2^3 \end{pmatrix}$ 表示活动水平。

与固定资本生产相关的投入产出的数量关系如表11-1所示。

一般来讲，部门 i 的产出量 q_i 与各生产过程的活动水平满足以下关系。

$$q_i = \sum_{h=1}^{3} x_i^h \tag{11-26}$$

因为经济是以一定的比率 g 在增长，所以部门 i 的有"日期标签"的固定资本的第2年、第3年的新增投入量与第1年的新增投入量满足以下关系。

$$k_i x_i^3 = \frac{1}{1+g} k_i x_i^2 = \frac{1}{(1+g)^2} k_i x_i^1 \tag{11-27}$$

折旧年限为 τ 的情形也一样。

表 11-1 固定资本生产的投入产出数量关系

生产过程		投入量			产出量		
		1	2	3	1	2	3
t期	0岁	$k_1 x_1^1$			x_1^1		
	1岁				$k_1 x_1^1$		
	2岁						
$t+1$期	0岁	$k_1 x_1^2$			x_1^2	x_1^1	
	1岁		$k_1 x_1^1$		$k_1 x_1^2$		
	2岁					$k_1 x_1^1$	
$t+2$期	0岁	$k_1 x_1^3$			x_1^3	x_1^2	x_1^1
	1岁		$k_1 x_1^2$		$k_1 x_1^3$		
	2岁			$k_1 x_1^1$		$k_1 x_1^2$	

把活动水平均衡式(11-25)简化到仅含新品商品的体系，可得，[①]

$$q = \left(\left(\widehat{\psi}(g,\tau) + gI \right)K + (1+g)f\ell \right)q + C. \tag{11-28}$$

式(11-28)即是新品商品产出量 q 的决定公式。例如，只有固定资本和消费品（2部门2商品）时，

$$q = \begin{pmatrix} q_1 \\ q_2 \end{pmatrix}, C = \begin{pmatrix} 0 \\ \bar{C} \end{pmatrix}, \widehat{\psi}(g,\tau) = \begin{pmatrix} \psi(g,\tau) & 0 \\ 0 & 1 \end{pmatrix}.$$

这里，C 是仅由新品商品构成的非生产性消费，$\psi(g,\tau)$ 是更新系数，它取决于增长率。

式(11-28)意味着，产出的新品商品用于固定资本和工资品的更新后，还用在了积累和资本家的非生产性消费上。从数量体系的层面来看，这表示了总生产物的社会配置结构。

二 固定资本与剑桥方程式的问题

联合生产与损益计算 众所周知，在不存在固定资本的经济体系下，表示

---

① 关于数量体系的简化方法，参见Fujimori(1982, Ch. 2)。

利润率与增长率的对应关系的剑桥方程式成立。

而在包含旧固定资本的联合生产体系下，由经济整体的价格体系

$$pBx = (1+\pi)pMx$$

与活动水平体系(11-25) 式可知，产出额可表示为

$$pBx = (1+\pi)pMx, \tag{11-29}$$

$$pBx = (1+g)pMx + pu. \tag{11-30}$$

"产出额－费用" 即是利润总量，由(11-29) 式可知，利润总量 Φ_1 为

$$\Phi_1 = \pi pMx.$$

此时，令资本家的非生产性消费率为 c，则积累率 α 可作如下定义。

$$\alpha = 1 - c = 1 - \frac{pu}{\pi pMx} \tag{11-31}$$

进而，由式(11-29)和式(11-30) 可知

$$\pi pMx = gpMx + pu. \tag{11-32}$$

式(11-32) 意味着，价格体系下的利润总量与活动水平体系下的利润总量是一致的。因此，表示利润率与增长率关系的剑桥方程式成立。[①] 即

$$g = \alpha\pi. \tag{11-33}$$

我们知道，从包含旧固定资本的经济整体来计算 pBx，给定利润与增长关系的剑桥方程式是成立的。从联合生产体系算出的利润率是一种毛利润率。

实际上，通过损益计算表 (P/L) 的形式来看马克思-斯拉法的联合生产体系，可简单表示如下：

若 $g = \pi$，则折旧率与更新率之间不会出现偏离。此时的折旧额与更新投资额相一致。增长率 g 与利润率 π 和积累率 $\alpha(=1)$ 的乘积相等的剑

---

① 实际上，由(11-30) 式可知，利润总量可表示为 $gpMx + pu$。以此来定义积累率 α，即

$$\alpha = 1 - c = 1 - \frac{pu}{gpMx + pu},$$

同样也能得出式(11-33) 的结果。

表 11-2　P/L：马克思-斯拉法的情形

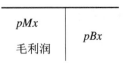

pMx	pBx
毛利润	

桥方程式显然成立。通过简化得到的 SON 经济也是一样。

折旧与实物更新　我们在数量体系中所能看到的是，经济在均衡增长率 g 之下增长时，更新系数给定了每年在机械设备的更新上需要进行多少投资，它可以看成一个百分比。更新系数的定义式与折旧率的定义式相同。但是它所代入的经济变量不是利润率 π，而是增长率 g。从经济的收益性来看，应该用折旧率来计算，而从数量上来看应该用更新率来计算。

若考虑非生产性消费的存在，一般来讲有 $g < \pi$，所以更新率大于折旧率。在马克思-斯拉法的体系下，pMx 和 pBx 的值分别是在期初和期末测定的值。$pBx - pMx$ 的差额部分包含了折旧额，所以被算在了表11-2的左侧，它加上净利润构成了毛利润。表11-2 中的利润部分要求是毛利润。由联合生产体系得到的利润率是一种毛利润率。

同样，SON经济是联合生产体系的一个简化，所以它跟联合生产体系一样，利润和积累都需要从毛利润和毛积累的角度来把握。

那我们再从简化后的新品商品体系的 $\bar{p}q$ 角度来考察一下这个问题。通过计算新品商品的生产总量可知，折旧部分与更新部分并不一致，所以它的差额部分看似体现了简化体系实际上存在计算上的偏差。因此在简化后的生产价格和数量体系下，剑桥方程式并不能直接成立。[1]

三　SON经济的剑桥方程式

由仅由新品商品组成的价格方程式

$$\bar{p} = \bar{p}\widehat{\psi}(\pi, \tau)K + \pi\bar{p}K + (1+\pi)\bar{p}f\ell,$$

---

[1] 关于剑桥方程式不成立的情况，具体可以参见李-藤森(2010)。

以及产出量方程式(11-28) 可知，产出额为

$$\bar{p}q = \bar{p}\widehat{\psi}(\pi,\tau)Kq + \pi\bar{p}Kq + (1+\pi)\bar{p}f\ell q, \tag{11-34}$$

$$\bar{p}q = \bar{p}\widehat{\psi}(g,\tau)Kq + g\bar{p}Kq + (1+g)\bar{p}f\ell q + \bar{p}C. \tag{11-35}$$

进而可得

$$\pi\bar{p}(K+f\ell)q + \bar{p}\widehat{\psi}(\pi,\tau)Kq = g\bar{p}(K+f\ell)q + \bar{p}\widehat{\psi}(g,\tau)Kq + \bar{p}C. \tag{11-36}$$

这表示了如下的关系。

净利润+折旧费=净投资+更新投资+消费

也就是说，我们需要从下面这个角度来考虑上述的各项关系。

毛利润=净利润+折旧费

毛积累=净投资+更新投资

下面，我们对毛利润率和毛积累率作如下定义：

$$毛利润率 = \frac{毛利润}{期初资本量}, \; 毛积累率 = \frac{毛积累}{毛利润}.$$

令 t 期期初的资本量为 $K(t)$，t 期期末（即 $t+1$ 期期初）的资本量为 $K(t+1)$，这样，t 期资本量的增加部分 $\Delta K(t)$ 即为[①]

$$\Delta K(t) = K(t+1) - K(t) = gK(t). \tag{11-37}$$

从表11-1 可知，经济是以一定的比率 g 在增长，故有

$$\Delta K(t) = k_1 x_1^1 + k_2 x_2^1 + g(k_1 x_1^1 + k_2 x_2^1).$$

在此，由式(11-26) 和式(11-27) 可知，我们不用生产过程的活动水平，而用部门的产出量来表示资本量的增加部分的话，有

$$\Delta K(t) = \frac{g(1+g)^3}{(1+g)^3 - 1}\Big(k_1 q_1 + k_2 q_2\Big).$$

由式(11-37) 可得

$$K(t) = \frac{1}{g}\Delta K(t) = \frac{(1+g)^3}{(1+g)^3 - 1}\Big(k_1 q_1 + k_2 q_2\Big).$$

因此，t 期期初的资本量的总额为

$$\frac{(1+g)^3}{(1+g)^3 - 1}\Big(p_1 k_1 q_1 + p_1 k_2 q_2\Big) = \frac{1}{g}\Big(g\bar{p}Kq + \psi(g,3)\bar{p}Kq\Big),$$

---

① 诸如此类的分析，可参见越村(Koshimura, 1967)第5章的相关内容。

由此可知，毛利润率 π 与毛积累率 α 分别为

$$\pi = \frac{\pi \bar{p} K q + \psi(\pi, 3) \bar{p} K q}{\frac{1}{g}\left(g \bar{p} K q + \psi(g, 3) \bar{p} K q\right)}, \tag{11-38}$$

$$\alpha = \frac{g \bar{p} K q + \psi(g, 3) \bar{p} K q}{\pi \bar{p} K q + \psi(\pi, 3) \bar{p} K q}. \tag{11-39}$$

进而可知，

$$\alpha \pi = \frac{g \bar{p} K q + \psi(g, 3) \bar{p} K q}{\pi \bar{p} K q + \psi(\pi, 3) \bar{p} K q} \frac{\pi \bar{p} K q + \psi(\pi, 3) \bar{p} K q}{\frac{1}{g}\left(g \bar{p} K q + \psi(g, 3) \bar{p} K q\right)} = g.$$

亦即，剑桥方程式成立。

第三节 投入产出表与剑桥方程式

我们知道，如果明示旧固定资本的存在，那么折旧这个概念并不显得那么重要。但是若从联合生产体系中消去旧固定资本，那么折旧的计算就必不可少。旧固定资本的价格跟经济整体的相对价格和利润率有关，所以计算旧固定资本时所使用的折旧率当然也跟利润率有关。

本章所分析问题的现实重要性，体现在它跟投入产出表的应用问题上。投入产出表中所计入的原则是新品商品，旧固定资本一般不纳入其中。它其实是一个所谓的简化体系。用这些数据进行相关计算时，理解简化体系所包含的意思至关重要。

也就是说，投入产出表是一个仅以新品商品为对象的可包含固定资本的统计表。应该把它看成一个被简化了的体系，因此如果不从毛利润的角度来考虑的话剑桥方程式一般是不成立的。此时，它的均衡状态必须是以包含折旧部分的毛利润为基础来考虑资本积累的一种状态。

如果给定作为投入产出表附表的固定资本的投资矩阵，那么可由它来推算边际资本系数。此时，可以把原来的投入产出表看作简化体系，依据毛利润的概念，那么在这种均衡状态下的剑桥方程式才能成立。

第十二章 联合生产与马克思的经济理论

第一节 联合生产

联合生产与非联合生产 前面的分析基本上是以商品生产部门只产出一种商品为前提。与此相对，当然也存在一个生产过程产出多种商品的情形。

例如，经营畜牧的农场，每年都会生产诸如牛奶、肉类、皮革等多种生产物。石油化工企业也会同时生产出各种石油精炼产品等。

生产过程中产出的商品种类有2种以上（含2种）时，它即是一个**联合生产过程**。与此相对，只生产单一种类的商品的生产过程称为**非联合生产过程**。①

为了描述这种以联合生产为主的生产过程的集合，即联合生产体系，需要有一个比之前的模型更为复杂的框架。

为简便起见，本章把生产联合生产物的生产过程直接称为**生产过程**。衡量生产过程的尺度是活动水平。也就是说，某个投入的组合就是生产过程的单位，通过运作了几单位这样的组合，来衡量它的活动水平。

---

① 或称为单一生产过程。

投入矩阵与产出矩阵 假定经济中存在 m 种商品。生产过程 j 的单位运作（或作业）所需投入的商品量的组合用投入向量

$$a^j = {}^t\left(a_{1j} \; \cdots \; a_{mj}\right),$$

同样，由这个生产过程的单位运作所产出的商品的组合用产出向量

$$b^j = {}^t\left(b_{1j} \; \cdots \; b_{mj}\right)$$

来表示，这里 $j = 1,\ldots,n$。

投入矩阵 A 和产出矩阵 B 分别由投入向量和产出向量排列组成。二者都是 $m \times n$ 的矩阵。

令 $A = (a_{ij})$ 时，a_{ij} 表示运作1单位的第 j 生产过程时所投入的商品 i 的量。同样，令 $B = (b_{ij})$ 时，b_{ij} 表示运作1单位的第 j 生产过程时产出的商品 i 的量。

生产过程中需要有劳动的投入，假设劳动为同质劳动，将劳动投入量记为 ℓ_j。

当然，在非联合生产的体系中，产出矩阵即为单位矩阵 I。列昂惕夫经济模型中，产出矩阵是一个单位矩阵，投入和产出矩阵都是一个方阵。但更为广义的联合生产体系下，产出矩阵和投入矩阵一般都是一个矩形的矩阵。

令 $C = B - A = (c_{ij})$，c_{ij} 表示生产过程 j 的单位运作所能获得的商品 i 的净产出量。

以净产量为基础的线性生产体系的分析一般被称为一种活动分析(Activity Analysis)，盛行于20世纪五六十年代。在此期间引入和证明了与线性不等式以及拥有矩形系数矩阵的一般联立1次方程式相关的重要定理、命题群。我们把这一领域总称为**线性经济学**。Koopmans (1951)、Gale (1960)、二阶堂(Nikaido, 1961;1968) 等是这一时期具有代表性的研究。

数量和价格 生产过程的运作（个）数称为**活动水平**，用向量表示时，

称之为活动水平向量。

令生产过程的活动水平向量为 x，则商品的产出数量由 Bx 给定，而这时的投入数量是 Ax。x 的量纲根据生产过程的个数来决定。

价格方面，我们依然称之为价格向量。

有效生产过程 生产过程指的就是用诸如 (a^j, b^j, ℓ_j) 的向量和数的组合来表示的一种组合。这些组合中，从除劳动投入之外的商品的投入和产出来看，生产过程可以用商品的组合来表示。

对某个技术矩阵 A, B，$C = B - A$ 的各列也表示商品的组合，它表示的是生产过程的净生产。通过运作多个生产过程（活动水平 x）生产的 $y = (B - A)x = Cx$ 也表示净生产的组合。下面为简便起见，我们不仅把个别的生产过程简称为生产过程，也把个别的生产过程的非负结合简称为生产过程。

用 $y^1 = Cx^1, y^2 = Cx^2$ 表示的生产过程满足 $y^1 \geq y^2$ 时，那么 y^1 与 y^2 相比，是一个更有**效率**的生产过程。

对于某个生产过程 y，如果不存在比它更有效率的其他生产过程，那么 y 即为**有效生产过程**。

令 $p \geq \mathbf{0}$ 为商品的价格向量，那么 $py = p(B - A)x$ 即为运作生产过程 y 而获得的毛利润。

以下两个命题阐明了毛利润最大化和有效生产过程之间关系。

命题 12.1 对一个 $p > \mathbf{0}$，令使 py 最大化的生产过程为 $\hat{y}$。那么 $\hat{y}$ 即为有效生产过程。

实际上，假设 $\hat{y}$ 不是有效生产过程，那么会存在一个其他生产过程 z 且有 $z \geq y$，进而有 $pz > py$，这与 py 最大相矛盾。

以下引理阐明了有效生产过程存在正的价格向量。

引理 12.1 对于一个 $m \times n$ 的矩阵 A，若不存在满足 $Ax \geq 0, x \geq 0$ 的 x，那么存在满足 $pA \leqq \mathbf{0}, p > \mathbf{0}$ 的 p。

证明　对矩阵 $\begin{pmatrix} A \\ I \end{pmatrix}$ 应用Tucker 定理。[1] 由这个定理可知

$$\begin{pmatrix} A \\ I \end{pmatrix} x \geqq 0, \quad \begin{pmatrix} p & u \end{pmatrix} \begin{pmatrix} A \\ I \end{pmatrix} = \mathbf{0}, \quad \begin{pmatrix} p & u \end{pmatrix} \geqq \mathbf{0} \tag{*}$$

中存在满足

$$\begin{pmatrix} A \\ I \end{pmatrix} x + \begin{pmatrix} {}^t p \\ {}^t u \end{pmatrix} > 0 \tag{**}$$

的解 x, p, u。

由(*)式可知，$Ax \geqq 0$, $x \geqq 0$。而由引理的条件可知，不存在满足 $Ax \geq 0$, $x \geqq 0$ 的 x。因此，$Ax = 0$。这样一来，(**) 式中的 $p > \mathbf{0}$。

其次，(*) 式中，$pA + u = \mathbf{0}$，亦即，$pA = -u$。由(*)式可知 $u \geqq \mathbf{0}$，所以有 $pA \leqq \mathbf{0}$。　■

命题 12.2　若 $\hat{y}$ 在以 $y = (B-A)x = Cx$ 形式表示的生产过程中是有效生产过程，则存在 $p > \mathbf{0}$，且 $py \leq p\hat{y}$。

证明　可以表述为存在一个 $\hat{x} \geq 0$，使得 $\hat{y} = C\hat{x}$。把上述引理应用到 $\begin{pmatrix} -\hat{y} & C \end{pmatrix}$，可知存在一个 $p > \mathbf{0}$，且有

$$p \begin{pmatrix} -\hat{y} & C \end{pmatrix} \leqq \mathbf{0},$$

即

$$-p\hat{y} \leqq 0, \tag{*}$$

$$pC \leqq \mathbf{0}. \tag{**}$$

显然，对于任意的 $x \geqq 0$，由(**)可知

$$p(Cx) \leqq 0,$$

因此对于任意的 $y = Cx$，有 $py \leqq 0$，这样，$p\hat{y} \leqq 0$。再考虑(*)式可知，$p\hat{y} = 0$。由上可知，对于任意的 $y = Cx, x \geqq 0$，有 $py \geq p\hat{y} = 0$。

---

[1] Tucker 定理的详细说明参见数学附录B.7。

最后，我们再来确认一下 $\left(-\hat{y}\ C\right)$ 是满足引理条件的。实际上，若引理的条件不被满足，那么对于一个实数 $\lambda \geq 0$，向量 $x \geq 0$，有

$$\left(-\hat{y}\ C\right)\begin{pmatrix}\lambda \\ x\end{pmatrix} = v \geq 0$$

成立。将此变形后可得

$$C\frac{\hat{x}+x}{1+\lambda} = \hat{y} + \frac{v}{1+\lambda} \geq \hat{y}.$$

很显然，$\hat{y}$ 不是一个有效生产过程。这是矛盾的。■

关于劳动投入　我们在上述分析中并没有明示劳动投入的存在。但这并不表示在活动分析中劳动投入被掩盖在了其他商品的投入中。

在非马克思经济学中，商品投入以外的投入通常被称为本源性生产要素的投入。对于一个一般的商品而言，它是某个生产过程的产物的同时，对其他的生产过程而言也是一个必要的投入。

但是劳动又该做如何处理呢？在非马克思经济学中，通常没有劳动力这个概念，因此未能把作为劳动基础的劳动力再生产部门纳入到分析框架中。这样，劳动投入只是作为一个外在的东西在商品的投入产出关系的"外围"来予以记述。

而完全不考虑劳动投入这个因素对生产理论展开分析是没有意义的。为方便起见，我们在 A, B 的末尾加上1行，设定一个关于劳动投入的行。因为不存在产出劳动的生产过程，所以追加到 B 的末尾的行是一个零向量。而追加到 A 的末尾的行表示劳动投入量。这样，追加到 $C = B - A$ 的行即是由零或者负的要素组成。即，$\tilde{B} = \begin{pmatrix} B \\ \mathbf{0} \end{pmatrix}, \tilde{A} = \begin{pmatrix} A \\ \ell \end{pmatrix}$。

因为一般情况下不能"无中生有"，所以我们需要设定一个被称为**世外桃源不可能性** (The Impossibility of the Land of Cockaigne) 的原则。令 $D = \tilde{B} - \tilde{A} = \begin{pmatrix} B - A \\ -\ell \end{pmatrix}$ 时，对于任意的 $x \geq 0$，有

$$Dx \ngeq 0.$$

第二节 马克思的价值理论与联合生产

考虑一类有联合生产的经济模型。我们知道，联合生产体系的主生产物未必都是明确的，通常都是取生产过程的运作数作为它的衡量尺度。生产过程为基本单位，这是一种衡量一套生产设备被运作了几个单位的方法。

非联合生产体系的净生产、投下劳动价值，以及其他的马克思经济学的概念，可以很自然地扩展到联合生产的情形。

令 x 为活动水平向量。对一个 x，我们称

$$y = Bx - Ax = (B - A)x$$

为它的**净生产**。净生产向量的各个要素由商品的数量单位给定。

假定劳动为同质劳动。联合生产体系的劳动投入记为 ℓ。

如果用 w 来表示投下劳动价值，那么价值是作为满足价值方程式

$$wB = wA + \ell \tag{12-1}$$

的解来定义的。

首先的一个问题是，商品的价值是否都为正。

斯蒂德曼(Steedman, 1975) 举出了一个联合生产体系中马克思的投下劳动价值为负值的简单例子。斯蒂德曼的反例如下：

令 $A = \begin{pmatrix} 5 & 0 \\ 0 & 10 \end{pmatrix}, B = \begin{pmatrix} 6 & 1 \\ 3 & 12 \end{pmatrix}, L = \begin{pmatrix} 1 & 1 \end{pmatrix}$。按照式(12-1) 来求价值可知

$$(w_1, w_2) = (-1, 2).$$

要合理解释斯蒂德曼这个反例的意思，首先需要阐明劣等技术这个概念。

价值的正值性条件　价值为负一般没有意义，这里需要明确上述价值方程式有非负解的条件。

价值为正的条件是被运作的生产过程的集合从某种意义上来讲不包含劣等技术。劣等技术指的是，某个组合的技术与其他组合的技术相比，它的净生产量明显处于劣势的一种技术。我们下面来做一个详细的定义。

令投入矩阵为 A，产出矩阵为 B，各个生产过程的净生产向量组成的矩阵为 $B-A$。对于一个活动水平 x，可将其分割成2个向量，即 $x=\begin{pmatrix} x^s \\ x^i \end{pmatrix}$。与这样的分割形式相对应，令 $D=B-A=\begin{pmatrix} D^s & D^i \end{pmatrix}$。如果存在满足

$$D^s x^s \geq D^i x^i \tag{12-2}$$

的 x，那么生产过程的组合 i 与组合 s 相比就是一种**劣等技术**。

从这个定义可知，技术是否是劣等技术，要从技术体系整体来判断，单从个别技术是无法判断的。而且，这是一个不取决于商品的价值和价格的判定条件。

定理 12.1　　不存在劣等技术与价值为正等价。

这个命题可以直接应用与线性不等式相关的著名的Stiemke定理（二者择一定理）来证明。

实际上，劣等技术的存在意味着满足

$$(B-A)\begin{pmatrix} x^s \\ x^i \end{pmatrix} \geq 0$$

的 $x=\begin{pmatrix} x^s \\ x^i \end{pmatrix}$ 的存在，此时，不存在满足

$$w(B-A) = \bullet$$

的 $w > \bullet$。

根据二者择一定理可知，正的价值的存在与劣等技术的不存在是等值的。

定理 12.2　存在劣等技术时，由劣等技术生产的商品的价值中存在负值。

证明　我们可以令 I 为优等技术，II 为劣等技术的组合。把技术矩阵 $D = B - A$、劳动向量 L、价值向量 w 分别分割为

$$D = \begin{pmatrix} D_{I,I} & D_{I,II} \\ D_{II,I} & D_{II,II} \end{pmatrix}, L = \begin{pmatrix} L_I & L_{II} \end{pmatrix}, w = \begin{pmatrix} w_I, w_{II} \end{pmatrix}.$$

这样，式(12-2) 可以表示为以下形式，即对于一个 $x = \begin{pmatrix} x^I \\ x^{II} \end{pmatrix} \geq 0$，令

$$D_{I,I} z^I = D_{I,II} x^{II}, \tag{12-3}$$

$$D_{II,I} x^I > D_{II,II} x^{II}, \tag{12-4}$$

$$L_I x^I \leq L_{II} x^{II}. \tag{12-5}$$

此时，式(12-1) 可重新表示为

$$w_I D_{I,I} + w_{II} D_{II,I} = L_I, \tag{12-6}$$

$$w_I D_{I,II} + w_{II} D_{II,II} = L_{II}. \tag{12-7}$$

由这些公式可知

$$w_{II} \left(D_{II,I} x^I - D_{II,II} x^{II} \right) \leq 0. \tag{12-8}$$

()内的值为正，因此 w_{II} 必有非正的元素。　　■

但是，正如与技术进步相关的置盐定理所示，选择技术的标准一般是均衡利润率，所以对应零利润率状态(损益分歧点或损益临界点)的价值的劣等技术的判定，一般有一定的难度。

在非联合生产的情形下，净生产可能性与价值的正值性是一种等值关系。但在更为一般的联合生产的情形下，这个关系并不成立。

联合生产体系的利润和积累　如果产出量与投入量成正比例，那么可得

$$Bx = \lambda Ax.$$

与非联合生产的情形相比较，很显然 λ 表示的是生产的扩大比率。

令商品的价格为 p，它的量纲为 m。价格与产出向量的乘积 pb^j 为生产过程 j 的产出额的合计。同样，pa^j 为投入额的合计。就全部的生产过程而言，pB 是产出额向量，而 pA 则是投入额向量。

若每个生产过程都达成一个均等的效率，则

$$pB = \alpha pA$$

的比例关系成立。

在下面的分析中，投入矩阵中包含劳动力的再生产所需的消费品的量，即为间接的投入量。

令劳动为同质劳动，以生产过程的单位运作所必要的劳动系数排列的劳动投入向量为

$$L = \begin{pmatrix} \ell_1 & \cdots & \ell_n \end{pmatrix},$$

劳动力的单位生产所必要的工资品束为

$$F = {}^{t}\begin{pmatrix} f_1 & \cdots & f_m \end{pmatrix}.$$

与列昂惕夫体系的情形一样，包含间接性投入的增广投入矩阵 M 可以作如下定义。

$$M = A + FL.$$

决定均衡利润率 π 的是

$$pB = (1+\pi)pM. \tag{12-9}$$

另一方面，若令非生产性消费为 u，则均衡增长率 δ 由下式决定。

$$Bx = (1+\delta)Mx + u. \tag{12-10}$$

如果把一个适当的增长率 g 作为一个媒介变量，那么可以把上述二者择一定理应用到包含 g 来定义的生产过程的相互比较上。即，对于一

个适当的 g，可作如下分割：

$$B - (1+g)M = [C^s(g)\ C^i(g)].$$

此时，若存在可进行如下分割并与之对应的 x，即

$$C^s(g)x^s \geq C^i(g)x^i,$$

那么可以称由该分割规定的生产过程的组合 i 较 s 而言是 g-**劣等**。[①]

不存在这样的 g-劣等生产过程是正的均衡利润率价格存在的一个充要条件。

在上述比较中我们视为问题的是，对与 g 对应的部分进行积累后的剩余中是否存在优劣。如果能分出优劣，那么摒弃劣等技术只运作优等技术的话，实际上可增大 g 的值。

要将以严格等式为基础的马克思经济理论的概念做一般化处理有很多难点。为此，我们将在后面应用广义逆矩阵，或者伪逆等概念。这些概念在线性经济学领域的应用并不多见。

技术选择与增长率　现实经济的运动中，技术选择根据在某个增长率 $g > 0$ 的近旁所运作的生产过程是不是 g-劣等来决定。问题是并不能保证非 g-劣等的生产过程在零增长率之下不为劣等。也就是说，在某个 g 之下即使使用优等技术来计算商品的价值，但价值是否能取正值这一点并不能得到保证。

在这个阶段，用价值来衡量剩余价值会有些难度。

此时，我们可以以剩余劳动来代替剩余价值，通过计算剩余劳动来衡量剩余劳动率。

这样，可以在一个不等式的条件下，应用线性规划方法定义与之相关的概念。这就是我们将在下一节讨论的 von Neumann 模型。

---

① 关于 g-劣等的详细分析，可参见Fujimori (1982, Chapter III)。

第三节 von Neumann 模型

一 基本框架

放宽商品的供需一致条件，我们可以考虑一类需求不超过供给、以不等式为基础的模型。最早对这类模型进行考察的有von Neumann(1945/46[1937])。

对某个生产过程 s 进行单位运作时，可以将商品 i 的产出量标记为 b_{si}，投入量标记为 a_{si}。

假定联合生产体系下的投入矩阵 A 和产出矩阵 B 都是 $m \times n$ 的矩阵。

假设当期的产出都投入到下一期，那么下一期所需的投入量不会超过当期的产出量。令 t 期的活动水平向量为 $x(t)$，二者的关系可以表现为如下形式。

$$Bx(t) \geq Ax(t+1)$$

与这个不等式成对偶关系的是

$$p(t+1)B \leq p(t)A.$$

这个不等式的意思是，归属于产出商品的评价价格一般不超越归属于投入商品的评价价格。

前者可以与增长因子 g 关联，后者可以与利润因子 π 关联，可知在同一时点，有

$$Bx(t) \geq (1+g)Ax(t),$$
$$p(t)B \leq (1+\pi)p(t)A.$$

在此，可以把表示时间的 t 去掉。

$$Bx \geq (1+g)Ax, \tag{12-11}$$

$$pB \leq (1+\pi)pA. \tag{12-12}$$

问题是，满足这个公式的 $x \geqq 0,\ p \geqq \bullet$ 是否一定存在呢？

本节对商品生产的分析框架使用的不是一个严密的等式，而是一个可以允许不等式存在的体系。我们在本节将依据 Howe (1960) 的方法来证明这个框架的均衡存在性。我们先来看两个引理。

引理 12.2　A 为反对称矩阵(Antisymmetric Matrix)时，存在满足以下关系的 x。

$$Ax \geqq 0,\ x \geqq 0,\ Ax + x > 0.$$

证明　对矩阵 $({}^t A,\ I)$，应用 Tucker 定理。即，存在满足

$$({}^t A,\ I)x = 0,\ x \geqq 0,\ y({}^t A,\ I) \geqq \bullet \tag{*}$$

的 $x,\ y$ 的组合，且满足

$$\begin{pmatrix} A \\ I \end{pmatrix} {}^t y + x > 0 \tag{**}$$

的关系。对应 $A,\ I$ 把式(**) 的 x 分割为 $x = \begin{pmatrix} x^1 \\ x^2 \end{pmatrix}$，这样式(*)和式(**) 的符号条件以外的公式即为

$${}^t A x^1 + x^2 = 0,\ A\,{}^t y + x^1 > 0,\ {}^t y + x^2 > 0. \tag{***}$$

因 ${}^t A = -A$，故有

$$x^2 = -\,{}^t A x^1 = A x^1 \geqq 0.$$

因此，式(***) 的第3个公式即是

$${}^t y + A x^1 > 0.$$

式(***)的第2个公式和第3个公式相加可知

$$A\,{}^t y + x^1 + {}^t y + A x^1 = A({}^t y + x^1) + {}^t y + x^1 > 0.$$

在此，可令

$$u = {}^t y + x^1 \geqq 0,$$

显然有 $u \geqq 0$。因此，u 即是所要的向量之一。　■

引理 12.3　　令 A 为 $m \times n$ 的矩阵。满足

$$yA \geqq \ominus, \quad y \geqq \ominus \tag{12-13}$$

$$-Ax \geqq 0, \quad x \geqq 0 \tag{12-14}$$

的 x, y 的组合中存在同时也满足

$$x + {}^t A \, {}^t y > 0, \tag{12-15}$$

$$-Ax + {}^t y > 0 \tag{12-16}$$

的组合。

证明　　令 $B = \begin{pmatrix} O & {}^t A \\ -A & O \end{pmatrix}$，因为它满足 $B = -{}^t B$，所以可以应用上面的引理。即，存在满足 $Bx \geqq 0, x \geqq 0, Bx + x > 0$ 的 x。把 x 分割成 m 阶和 n 阶的块儿，记为 $x = \begin{pmatrix} x^1 \\ x^2 \end{pmatrix}$。对应这样的分块儿，不等式可重写为

$$ {}^t A x^2 \geqq 0, \ -Ax^1 \geqq 0, \ x^1 \geqq 0, \ x^2 \geqq 0, \ \begin{pmatrix} {}^t A x^2 + x^1 \\ -Ax^1 + x^2 \end{pmatrix} > 0. $$

即

$$ x^1 + {}^t A x^2 > 0, \ -Ax^1 + x^2 > 0. $$

由上可知，命题成立。　　■

二　von Neumann 均衡的存在

定理 12.3 (Howe)　　令 $A, B \geq O$ 为 $m \times n$ 的矩阵。A 的所有列都至少有一个正的元素。B 的所有行都至少有一个正的元素。此时，$\alpha > 0, \beta > 0, x \geq 0, p \geq \ominus$，存在满足以下条件的组合。

$$(B - \alpha A)x \geqq 0, \tag{12-17}$$

$$p(B - \beta A) \leqq \ominus, \tag{12-18}$$

$$p(B - \alpha A)x = 0, \tag{12-19}$$

$$p(B - \beta A)x = 0. \tag{12-20}$$

$$pBx > 0. \tag{12-21}$$

而且，以上存在的 α, β，满足 $\alpha = \beta$。

证明　上述条件公式是齐次的，所以对 x, p 进行适当的标准化不会影响到它的一般性。为简单起见，对 $x = {}^t(x_1, \ldots, x_n)$ 进行标准化，即令

$$\sum_{i=1}^{n} x_i = 1.$$

定义集合 Λ 为

$$\Lambda = \{\lambda | (B - \lambda A)x \geq 0, x \geq 0, \sum_{i=1}^{n} x_i = 1\}.$$

因为 $0 \in \Lambda$，显然有 $\Lambda \neq \emptyset$。

取一个比 $\lambda = 0$ 大，绝对值足够小的 $\varepsilon > 0$，可使 $(B - \varepsilon A)x \geq 0$。因此，存在 $0 < \lambda \in \Lambda$。

对于一个足够大的 $\lambda > 0$ 有 $(B - \lambda A)x < 0$，所以 Λ 有上界。

Λ 有上界，因此存在上限。令这个上限为 $\lambda^* = \max \lambda$。显然，$\lambda^* > 0$。

把引理应用到矩阵 $\lambda^* A - B$ 可知，满足

$$p(B - \lambda^* A) \leq \mathbf{0}, \tag{*}$$

$$(B - \lambda^* A)x \geq 0 \tag{**}$$

的 $p \geq \mathbf{0}, x \geq 0$ 中，存在满足

$${}^t x - p(B - \lambda^* A) > \mathbf{0}, \tag{***}$$

$${}^t p + (B - \lambda^* A)x > 0 \tag{****}$$

的 x, p。

下面，只要证明对一组对应 λ^* 且存在得以保证的 x, p，结论成立即可。

实际上，由式(*)和式(**)可知

$$p(B - \lambda^* A)x = 0.$$

另一方面，由式(***) 可知

$$^txx > 0.$$

因此，$x \neq 0$，$x \geq 0$。

同样，需要证明 $p \neq \bullet$。实际上，如果 $p = \bullet$，那么由式(****)可知，

$$(B - \lambda^*A)x > 0,$$

取绝对值足够小的正的 δ，可使

$$[B - (\lambda^* + \delta)A]x \geqq 0.$$

而 $\lambda^* + \delta \in \Lambda$，但这与 λ^* 是 Λ 的最大值相悖。因此，$p \geq \bullet$。

其次，再证明 $pBx \neq 0$。

可以让 x 最前面的成分为正，剩下的部分为 0，这无损一般性。$x = {}^t({}^tx_+, \bullet)$。同样，也令 p 最前面的元素为正，剩下的元素为 0，记为 $p = (p_+, \bullet)$。与这样的分割相对应，把 A, B 也分别分割为以下形式。

$$A = \begin{pmatrix} A_{11} & A_{12} \\ A_{21} & A_{22} \end{pmatrix}, B = \begin{pmatrix} B_{11} & B_{12} \\ B_{21} & B_{22} \end{pmatrix}$$

此时，

$$p_+(B_{11} - \lambda^*A_{11})x_+ = 0.$$

因此，

$$B_{11} = A_{11} = O.$$

由式(****)可知

$$\begin{pmatrix} {}^tp_+ \\ 0 \end{pmatrix} + \left(\begin{bmatrix} O & B_{12} \\ B_{21} & B_{22} \end{bmatrix} - \lambda^* \begin{bmatrix} O & A_{12} \\ A_{21} & A_{22} \end{bmatrix} \right) \begin{pmatrix} x_+ \\ 0 \end{pmatrix} > 0,$$

进而可知

$$(B_{21} - \lambda^*A_{21})x_+ > 0,$$

这样，从整体上，对一个 $x = \begin{pmatrix} x_+ \\ 0 \end{pmatrix}$，有

$$(B - \lambda^*A)x > 0.$$

因此，取绝对值足够小的正的 δ ，可使

$$[B - (\lambda^* + \delta)A]x \geq 0.$$

而 $\lambda^* + \delta \in \Lambda$ ，这与 λ^* 是 Λ 的最大值相悖。这是矛盾的。因此，$pBx \neq 0$。再由 $pBx \geq 0$ 可知，$pBx > 0$。

若 $pBx > 0$ ，则满足定理诸条件的 α, β 满足 $\alpha = \beta = \lambda^*$ 。 ∎

第四节 Marx-von Neumann 模型

可以把上述不等式的框架应用到马克思所考察的包含劳动力商品化的商品生产体系中。我们称这种框架为Marx-von Neumann 模型。其中最具代表性的模型有**马克思-森岛**(Marx-Morishima) 模型。

令劳动为同质劳动，工资品束为 F ，则增广投入矩阵 M 由

$$M = A + FL$$

给定。因此，把上一节的定理应用于产出和投入矩阵 B, M ，可以分析均衡的存在性等问题。

当然，均衡如果具有经济意义，那么应该是利润因子 α ，或者增长因子 β 大于1 的情形。

在马克思的分析框架中，利润率为正的含义非常重要。也就是说，马克思基本定理是在哪种意义上而成立的？森岛从最小必要劳动量的角度定义了必要劳动，利用剩余劳动率证明了马克思基本定理的成立。[①]本节对此进行一些必要的说明。

基本框架 令 A, B 分别为投入矩阵和产出矩阵，且 $A, B \geq O$ 。

假定劳动为同质劳动。劳动向量用 ℓ 表示。再假定 $\ell \geq \mathbf{0}$ ，且经济是

---

① 我们可以称此类模型为Marx-von Neumann-Morishima 模型。

生产性的经济，以及劳动支出对于正的生产是不可或缺的。即，

$$存在满足 Bx \geqq Ax 的 x \geqq 0. \tag{A1}$$

$$x \geqq 0 \text{ 且 } Bx \geqq Ax \Longrightarrow \ell x > 0. \tag{I.L.C}$$

最优价值及劳动最小化问题 考虑以下两个互为对偶关系的线性规划问题。

$$\max\{\Lambda y | \Lambda B \leqq \Lambda A + \ell, \Lambda \geqq \ominus\}, \tag{12-22}$$

$$\min\{\ell x | Bx \geqq Ax + y, x \geqq 0\}. \tag{12-23}$$

我们称第一个公式的最大化问题的最优解 Λ^* 为商品的 y-**最优价值**。

实际上，令工资品向量为 f，现实的活动水平为 x^a，且 $y = f\ell x^a$，那么最小化问题的解 x^* 即给定**最小必要劳动**，因此 $\Lambda^* y = \ell x^*$ 可以理解为它是价值第一对偶规律的一个推广。称 Λ^* 为商品的**最优价值**。

令 η 表示剩余劳动率，则有

$$\eta = \frac{\ell x^a}{\ell x^*} - 1.$$

生产价格与均衡增长 生产价格与均衡增长由以下两个对偶问题来进行定义。即

$$\min\{\pi | pB \leqq (1+\pi)pM, p \geqq \ominus\}, \tag{12-24}$$

$$\max\{g | Bx \geqq (1+g)Mx, x \geqq 0\}. \tag{12-25}$$

均衡解的组合 $(\pi, p), (x, g)$ 的存在性由上一节的定理得以保证。问题是这组解是否具有经济意义，也就是说是否有 $\pi, g > 0$。

定理 12.4 (Marx-Morishima)　　$\pi > 0$ 与 $\eta > 0$ 等价。

证明　　由价格均衡的约束公式可知

$$pBx^* \leq (1+\pi)pMx^*.$$

再由最小必要劳动量的约束公式可知

$$pBx^* \geq pAx^* + pf\ell x^a.$$

因此，有 $pf\ell x^a \leq \pi pAx^* + pf\ell x^*$，进而有

$$pf\ell(x^a - x^*) = \eta pf\ell x^* \leq \pi pAx^*.$$

也就是说，若 $\eta > 0$，则 $\pi > 0$。

反之，由最优价值的约束公式可知

$$\Lambda Bx^c \leq \Lambda Ax^c + \ell x^c.$$

而，由

$$\Lambda Bx^c \geq (1+g)\Lambda(A+f\ell)x^c \geq \Lambda Ax^c + (1+g)\Lambda f\ell x^c$$

可得

$$(1 - (1+g)\Lambda f)\ell x^c \geq \Lambda Ax^c.$$

因为有 $\ell x^c > 0, \Lambda Ax^c \geq 0$，所以

$$1 - (1+g)\Lambda f > 0.$$

显然，有

$$\eta = \frac{1}{\Lambda f} - 1 \geq g.$$

我们称这个命题为**广义马克思基本定理**。

第五节　追记

本节讨论了把拥有矩形系数矩阵的线性模型应用到马克思理论的问题。这种分析框架还可以应用到像复杂劳动的还原等问题上。

第十三章 马克思-斯拉法均衡与特征值问题

Marx-von Neumann 模型是一个以不等式定义的模型，而我们所关心的问题是最终在它的均衡状态下以等式形式成立的部分。从这个意义上来讲，可以认为这种以不等式定义的模型最终还是归结于一类马克思-斯拉法均衡。本章应用摩尔-彭诺斯(Moore-Penrose)的伪逆性质，考察一类联合生产范式不限于联合生产物只有旧固定资本的马克思-斯拉法模型，同时明示把马克思-斯拉法模型的均衡求解问题变换为一类求方阵特征值问题的可能性。

把均衡问题作为一种特征值问题来理解，有着很大的意义。华罗庚(1984a, 1984b, 1984c, 1984d, 1984e, 1985)在社会主义经济大范围最优化的数学理论中，以不含固定资本的列昂惕夫投入产出模型为对象，通过求一类方阵特征值问题，证明了生产价格均衡系统虽然稳定，但数量均衡系统不稳定的"对偶不稳定性"命题，并通过具体的数值例进行了例证。同时作为一个问题意识，提及了社会主义经济计划中可能存在的一些问题的解决办法。

本章同样将存在联合生产的生产过程，工资为预付，并以等式来定义均衡的多部门线性模型称为**马克思-斯拉法模型**。[①] 置盐-中谷(Okishio and Nakatani, 1975)将包含旧固定资本的马克思-斯拉法体系简化成仅含新

[①] Schefold (1989, Part II, B)的"Pure Fixed Capital System"就属于这类模型的范畴。需要注意的是，含有固定资本的马克思-斯拉法联合生产体系的投入与产出系数矩阵一般不是方阵，而是一类列数大于行数的矩形矩阵。

品的列昂惕夫推广体系，证明了不含旧固定资本而只存在新品的体系下也可以决定平均利润率这一命题。[①] 但置盐-中谷的简化方法仅对只有固定资本为联合生产物的情形才能适用，而不能适用于存在2种（或以上）联合生产物的更为一般的联合生产体系。而且置盐-中谷的简化方法忽略了原马克思-斯拉法体系所具有的动态特性。

下面我们将详细讨论拥有矩形系数矩阵的马克思-斯拉法均衡是否可以通过特征值问题来求解，以及它的价格和活动水平是否具有稳定性等问题。

第一节　马克思-斯拉法均衡

均衡的等式表现　我们知道在列昂惕夫体系下，价格和数量的均衡问题都可以通过一个方阵系数矩阵的特征值问题来解决。在之前的章节中已经考察了仅以旧固定资本作为联合生产物的马克思-斯拉法模型的基本方程式以及它的简化方程式。

斯拉法和置盐-中谷的简化体系存在满足等式关系的解，这些解也是原来的联立1次方程式的解。在简化体系下，新品商品的价格和利润率的决定问题可以作为一类特征值问题来解决。但这种方法并不是一个同时决定全部商品的价格和利润率的方法。

在此，我们要考察一下这种联合生产体系能否更为直接地变换成一类求特征值问题。也就是说，我们在这里能否不局限于只有旧固定资本为联合生产物的情形，而把满足拥有矩形矩阵系数的联立1次方程式的广义马克思-斯拉法均衡求解问题直接变换成求一类方阵特征值的问题。

[①] 当然，如果只考虑如何决定平均增长率的问题的话，简化成仅含新品的数量体系也能决定平均增长率(Fujimori, 1982)。

我们在下面的讨论中暂不考虑非生产性消费。生产价格和数量的均衡定义式可简写为

$$pB = \alpha pM, \tag{13-1}$$

$$Bx = \beta Mx. \tag{13-2}$$

当然，我们这里所讨论的对象是有非平凡解的情形。

特征值变换 斯拉法(Sraffa, 1960) 把旧固定资本作为不同种类的商品予以区别，而在只有旧固定资本被联合生产的情况下，投入矩阵和产出矩阵一般是一个列数大于行数的矩形矩阵。因此，我们来考虑一组 $m \times n$ 的 B, M，并做如下假定：

$$\text{rank}(B) = \text{rank}(M) = m = \min(m, n). \tag{13-3}$$

式(13-1) 的两边右乘 ^tM 可知，

$$pB\,^tM = \alpha pM\,^tM. \tag{13-4}$$

$M\,^tM$ 是一个 m 阶的对称矩阵，由秩条件可知它是一个正则（或可逆）矩阵，因此可以在公式的两边右乘它的逆矩阵。

$$\alpha p = pB\,^tM \left(M\,^tM\right)^{-1}.$$

我们可以把右边的系数矩阵表示为

$$W = B\,^tM \left(M\,^tM\right)^{-1}.$$

这样，上述问题即变换成求 W 的特征值和左特征向量的问题。

当 $\text{rank}\left(M\,^tM\right) = m$ 时，我们可以应用一般意义的逆矩阵方法来解决这类问题。但是，由式(13-2) 可知，若令

$$^tMBx = \beta\,^tMMx,$$

那么有 $\text{rank}\left(^tMM\right) = m < n$，也就是说 n 阶的对称矩阵 ^tMM 不存在逆矩阵。

因此，我们需要从一个更为广泛的角度来考察把由矩形矩阵决定的均衡式变换成与之等价的矩阵特征值问题。

奇异值分解与伪逆　我们在上述讨论中明示了可以根据秩条件(13-3)，在秩为 m 的 m 阶方阵体系下决定满足 $p(B - \alpha M) = 0$ 的 α 和 $p \neq \bullet$。

下面我们把以奇异值分解为基础的伪逆性质应用到生产价格和活动水平的决定问题上。

令以 B, M 的奇异值为对角元素的矩阵为 Σ, Λ。由 B, M 的秩条件可知，对称矩阵 $B'B$ 和 $M'M$ 是正定值，其奇异值均为正。因此，有

$$\text{rank}(\Sigma) = \text{rank}(\Lambda) = m.$$

B, M 的**奇异值分解**可以通过适当的正交矩阵 U, V, S, T 将其表示为

$$B = U \begin{pmatrix} \Sigma & O \end{pmatrix} {}^tV, \quad M = S \begin{pmatrix} \Lambda & O \end{pmatrix} {}^tT.$$

这里的 U, S 是 m 阶矩阵，V, T 是 n 阶矩阵。此时，由奇异值分解规定的**伪逆**为

$$B^+ = V \begin{pmatrix} \Sigma^{-1} \\ O \end{pmatrix} {}^tU, \tag{13-5}$$

$$M^+ = T \begin{pmatrix} \Lambda^{-1} \\ O \end{pmatrix} {}^tS. \tag{13-6}$$

需要注意的是，此时的伪逆是唯一的。[①]

均衡行向量　式(13-4) 左边的系数矩阵为

$$B'B = U \begin{pmatrix} \Sigma & O \end{pmatrix} {}^tVV \begin{pmatrix} \Sigma \\ O \end{pmatrix} {}^tU = U\Sigma^2 {}^tU,$$

因此，有

$$(B'B)^{-1} = U\Sigma^{-2}U^{-1}.$$

以此来右乘右边的 $M'B$，并令

$$X = {}^tB (B'B)^{-1} = V \begin{pmatrix} \Sigma^{-1} \\ O \end{pmatrix} {}^tU,$$

---

① 关于广义逆及奇异值分解的详细说明，可参照 Strang (1976)、Ben-Israel and Greville (2003) 等的文献。

可知它即为 B 的伪逆 B^+。令 n 阶正交矩阵 $Z = {}^tTV$，有

$$M\,{}^tB\left(B\,{}^tB\right)^{-1} = MB^+ = S\begin{pmatrix} \Lambda & O \end{pmatrix} Z \begin{pmatrix} \Sigma^{-1} \\ O \end{pmatrix} {}^tU.$$

由上可知，满足式(13-1) 的 p, α 也满足

$$p = \alpha pMB^+. \tag{13-7}$$

这样只要考察这个方阵的特征值问题的解中是否有我们需要的特征值和特征向量即可。

同样，从 ${}^tM$ 的右乘出发，可知 $M^+ = {}^tM\left(M\,{}^tM\right)^{-1}$，进而有

$$B\,{}^tM\left(M\,{}^tM\right)^{-1} = U\begin{pmatrix} \Sigma & O \end{pmatrix} {}^tZ \begin{pmatrix} \Lambda^{-1} \\ O \end{pmatrix} {}^tS = BM^+.$$

亦即

$$pBM^+ = \alpha p. \tag{13-8}$$

MB^+ 与 BM^+ 互为逆矩阵，且式(13-7) 与式(13-8) 等价。实际上，

$$p = \alpha pMB^+ \iff pBM^+ = \alpha p.$$

因此，它们的特征值互为倒数，而特征向量相同。

从上述分析中我们知道，因为 $B\,{}^tB$ 和 $M\,{}^tM$ 都是正则矩阵，所以可以应用一般意义上的逆矩阵的方法。为方便我们之后的分析，现将应用伪逆性质的问题做如下整理。即，直接将 B^+ 右乘式(13-1) 可知

$$pBB^+ = \alpha pMB^+.$$

因为 m 阶的 BB^+ 对称且幂等，所以 $\operatorname{rank}(BB^+) = \operatorname{rank}(MM^+) = m$，由此可知

$$BB^+ = I, \quad MM^+ = I.$$

均衡列向量　先从使用 B^+ 的特征值问题

$$x = \beta B^+Mx \tag{13-9}$$

出发。两边左乘 B，由 $BB^+ = I$ 可知

$$Bx = \beta Mx.$$

因此，满足式(13-9) 的 β, x 也满足式(13-2)。

同样，从满足

$$\beta x = M^+ B x \tag{13-10}$$

的 β, x 出发，由 $MM^+ = I$ 可知，它们也满足

$$Bx = \beta Mx.$$

其次，再来考察一下 B^+M 和 M^+B 的特征值和特征向量之间的关系。令一个 m 阶矩阵为 $Y = {}^tSU$，可知

$$M^+B = T \begin{pmatrix} \Lambda^{-1} \\ O \end{pmatrix} Y \begin{pmatrix} \Sigma & O \end{pmatrix} {}^tV, \quad B^+M = V \begin{pmatrix} \Sigma^{-1} \\ O \end{pmatrix} {}^tY \begin{pmatrix} \Lambda & O \end{pmatrix} {}^tT.$$

M^+B 与 B^+M 的关系与 MB^+ 与 BM^+ 的情形类似，它们除 0 以外的特征值也是互为倒数。

B^+M 和 MB^+ 的特征值 这里的特征值计算问题可以体现在 B^+M 和 MB^+ 这两个矩阵的特征值计算问题上。根据奇异值分解可知

$$B^+M = V \begin{pmatrix} \Sigma^{-1}\, {}^tUS\Lambda & O \\ O & O \end{pmatrix} {}^tT, \quad MB^+ = S \begin{pmatrix} \Lambda & O \end{pmatrix} {}^tTV \begin{pmatrix} \Sigma^{-1} \\ O \end{pmatrix} {}^tU.$$

B^+M 的特征值中，显然有 $n-m$ 个为 0 的特征值，我们只需要考察非零特征值即可。

可以把 T, V 分别分割为 $T = (T_1, T_2)$, $V = (V_1, V_2)$ 的形式，这里的 T_1, V_1 的列数都是 m。由正交矩阵的性质可知，特征方程式为

$$\left| \lambda I - S\Lambda\, {}^tT_1V_1\Sigma^{-1}\, {}^tU \right| = \left| \lambda T_1\Lambda^{-1}\, {}^tS - V_1\Sigma^{-1}\, {}^tU \right| = \left| \lambda I - V_1\Sigma^{-1}\, {}^tUS\Lambda\, {}^tT_1 \right| = 0.$$

因此，MB^+ 的特征值加上 $n-m$ 个重根 0 即为 B^+M 特征值。[1]

实际上，从 MB^+ 和 B^+M 的约当(Jordan)标准型可以看出，MB^+ 的特征方程式 $\psi_{MB^+}(\lambda)$ 和 B^+M 的特征方程式 $\psi_{B^+M}(\lambda)$ 满足关系式 $\psi_{B^+M}(\lambda) = \lambda^{n-m}\psi_{MB^+}(\lambda)$。[2]

---

[1] 详细证明可参照 Yanai, Takeuchi and Takane (2011)。

[2] 约当标准型可参照韩-伊理(Kan and Iri, 1982)的详细说明。

一个形式上的概括　我们可以从形式上对上述分析进行一个简短的概括。为便于我们之后的分析，在此导入以下2个与**矩阵束**(Matrix Pencil)概念有关的问题。即，我们把以 (M, B) 为系数的齐次方程式的求解问题

$$p(B - \alpha M) = \bullet_m, \; p \neq \bullet_m \tag{13-11}$$

以及特征值问题

$$p(I - \alpha MB^+) = \bullet_m, \; p \neq \bullet_m, \tag{13-12}$$

分别记为

$$\Omega = \{(\alpha, p) \,|\, p(B - \alpha M) = \bullet_m, \; p \neq \bullet_m\},$$

$$\Psi = \{(\alpha, p) \,|\, p(I - \alpha MB^+) = \bullet_m, \; p \neq \bullet_m\}.$$

它们的包含关系可表示如下。

命题 13.1　假定秩条件 $\mathrm{rank}(B) = m$。此时，有 $\Omega \subset \Psi$。

实际上，由条件 $BB^+ = I$ 即可知以上命题的成立。以 M 代替 B 结论不变。

斯拉法条件　剩下的问题是要如何证明 $\Psi \subset \Omega$ 这个关系。

斯拉法(Sraffa, 1960, p.44) 考虑了联合生产情形下的以下这种状况，即它也存在与商品种类相同数量的生产过程，并且可在这个体系中决定生产价格的均衡问题。

对 B, M 进行奇异值分解是把它的右边部分变成零矩阵，此时所适用的正交矩阵会有所不同。因此，我们先要考察对 M 进行的线性变换是否同样适用于 B。

由秩条件可知，对 B, M 进行个别的正则变换后可以把它们的右边部分变成零矩阵。我们在此把以下条件称为**斯拉法条件**。

存在正则矩阵 P, Q，使得 $B = P(B_1 \; O)Q, \; M = P(M_1 \; O)Q.$ 　(13-13)

这里的 B_1, M_1 为正则矩阵。此条件意味着，可以从 n 个生产过程中取出

由 m 个线性不相关的向量组成的投入产出关系。[①] 斯拉法条件是一个比秩条件强的条件。

将 M 右乘马克思-斯拉法生产价格的特征值问题式(13-12) 可知

$$pBM^+M = \alpha pM.$$

再由斯拉法条件可知

$$M^+ = Q^{-1}\begin{pmatrix} M_1^{-1} \\ O \end{pmatrix} P^{-1}, \ B^+ = Q^{-1}\begin{pmatrix} B_1^{-1} \\ O \end{pmatrix} P^{-1},$$

此时，有

$$BM^+M = B, \ MB^+B = M.$$

因此，满足 $p = \alpha pMB^+$ 的 α 和 p 的组合也满足 $pB = \alpha pM$。

由此可知，若考虑斯拉法条件，那么求特征值的问题和矩阵束的谱问题是等价的。

但是我们也知道斯拉法条件是一个非常强的假定，在此我们从一个更为广泛的角度只用秩条件及矩阵的秩分解来证明以上命题同样是成立的。

考虑 B 的秩分解问题。取一组适当的非奇异矩阵 X, G, Y，对 B 的奇异值分解施以适当的非奇异变换，可将 B 分解为

$$B = X\begin{pmatrix} G & O \end{pmatrix} Y. \tag{13-14}$$

这里的 G 是 m 阶非奇异矩阵。显然可知

$$B^+ = Y^{-1}\begin{pmatrix} G^{-1} \\ O \end{pmatrix} X^{-1}. \tag{13-15}$$

再有

$$B = \begin{pmatrix} B_1 & B_2 \end{pmatrix} = X\begin{pmatrix} G & O \end{pmatrix}\begin{pmatrix} Y_{11} & Y_{12} \\ Y_{21} & Y_{22} \end{pmatrix},$$

[①] 这里的 B_1, M_1 并非一定需要由原来的 B, M 的列组成，它可以用这些列的线性组合来组成。仅从谱(Spectrum)的计算来看，它可以由以上任意的线性组合组成。

可知

$$Y_{11} = (XG)^{-1}B_1, Y_{12} = (XG)^{-1}B_2.$$

$(XG)^{-1}$为非奇异矩阵，显然有 $\text{rank}(Y_{12}) = \text{rank}(B_2)$。即可知，$Y_{12} \neq O_{m,(n-m)}$。$Y_{21}$可为零矩阵。[①]

式(13-12) 的两边右乘 B可得

$$p(B - \alpha MB^+ B) = \bullet.$$

由式(13-14) 和式(13-15) 可知，$B^+ B = Y^{-1}\hat{I}_m Y$。这里的 $\hat{I}_m = \begin{pmatrix} I & O \\ O & O \end{pmatrix}$。由此可知

$$p(B - \alpha MY^{-1}\hat{I}_m Y) = \bullet.$$

n阶的 $\hat{I}_m$为幂等矩阵，上式两边右乘 $Y^{-1}\hat{I}_m(\neq O)$可得

$$p(B - \alpha M)Y^{-1}\hat{I}_m = \bullet.$$

令 Y_{ij}为 Y的子矩阵，则有

$$Y^{-1}\hat{I}_m = \begin{pmatrix} Y_{11} & Y_{12} \\ Y_{21} & Y_{22} \end{pmatrix}^{-1} \begin{pmatrix} I & O \\ O & O \end{pmatrix} = \begin{pmatrix} Y_1 & O \\ Y_2 & O \end{pmatrix}.$$

在此，

$$Y_1 = Y_{11}^{-1} + Y_{11}^{-1}Y_{12}(Y_{22} - Y_{21}Y_{11}^{-1}Y_{12})^{-1}Y_{21}Y_{11}^{-1},$$

$$Y_2 = -(Y_{22} - Y_{21}Y_{11}^{-1}Y_{12})^{-1}Y_{21}Y_{11}^{-1}.$$

再令 $u = \begin{pmatrix} u^1 & u^2 \end{pmatrix} = p(B - \alpha M)$，则有

$$u^1 Y_1 + u^2 Y_2 = \bullet. \tag{13-16}$$

[①] 需要注意的是，奇异值分解时的 U, V 是固定的，而这里诸如 X, G, Y 的组合存在无限个数。比如，可取满足式(13-14)的2个组合 $\bar{X}, \bar{G}, \bar{Y}$ 和X, G, Y，有

$$X \begin{pmatrix} G & O \end{pmatrix} \begin{pmatrix} Y_{11} & Y_{12} \\ Y_{21} & Y_{22} \end{pmatrix} = \bar{X} \begin{pmatrix} \bar{G} & O \end{pmatrix} \begin{pmatrix} \bar{Y}_{11} & \bar{Y}_{12} \\ \bar{Y}_{21} & \bar{Y}_{22} \end{pmatrix}.$$

这里的 Y_{11} 和 $\bar{Y}_{11}$ 分别是 m 阶的正则矩阵，Y_{22} 和 $\bar{Y}_{22}$ 分别是 $n-m$ 阶的正则矩阵。对公式的两边进行展开后可知，$\begin{pmatrix} GY_{11} & GY_{12} \end{pmatrix} = \begin{pmatrix} X^{-1}\bar{X}\bar{G}\bar{Y}_{11} & X^{-1}\bar{X}\bar{G}\bar{Y}_{12} \end{pmatrix}$。$Y_{11}, Y_{12}$ 受制于其他组合的分块(矩阵)和正则变换，因此诸如此类的 Y 存在无穷个。

因为 Y_{21} 可取任意值，则 $Y_{21} = O_{(n-m),m}$ 时，$u^1 Y_1 = u^1 Y_{11}^{-1} = \mathbf{o}$。$Y_{11}^{-1}$ 是 m 阶非奇异矩阵，故必有 $u^1 = \mathbf{o}_m$。再取任意非零的 Y_{21}，令 $\mathrm{rank}(Y_{21}) = \iota$，此时 ι 满足 $1 \leq \iota \leq \min(m, n-m)$。$Y_2$ 是 Y_{21} 被左乘一个 $n-m$ 阶非奇异矩阵，被右乘一个 m 阶非奇异矩阵而得到的，显然 $\mathrm{rank}(Y_2) = \mathrm{rank}(Y_{21})$。这样，$Y_2 \neq O$ 也可对应 Y_{21} 任意选择。如，可取一个矩阵 Y_{21}，使 Y_2 为秩为 ι 的 $(0,1)$ 矩阵。而 $u^2 Y_2 = \mathbf{o}$ 时，对任意的一个 $Y_2 \neq O$，必有 $u^2 = \mathbf{o}_{n-m}$。因此，$u = \mathbf{o}_n$。由以上的分析可以得出以下命题。

命题 13.2　　$\Psi \subset \Omega$.

由上述两个命题可以得出以下定理。

定理 13.1　　$\Psi = \Omega$.

活动水平向量与齐次联立方程的基本解　式(13-2) 和式(13-9) 可作如下表述。

$$(B - \beta M)x = 0 \tag{13-17}$$

$$(I - \beta B^+ M)x = 0 \tag{13-18}$$

如前所述，显然有 "(13-18) $\Rightarrow$ (13-17)"。

$B^+ M$ 的特征值由 MB^+ 的特征值和 $(n-m)$ 个 0 构成。除 0 以外，前者和后者的特征值一致。因此，不考虑非基本产品时，生产价格均衡体系的利润率因子 α 与活动水平均衡体系的增长率因子 β 一致。

令 $\bar{n} = \mathrm{rank}(B - \beta M)$，可知式(13-17) 存在 $n - \bar{n}$ 个基本解，[①] 再令这些基本解为 $\{x^1, \cdots, x^{n-\bar{n}}\}$，可知齐次联立方程式(13-17) 存在无数个非平凡解 $\sum_{1}^{n-\bar{n}} a_i x^i$（$a_i$ 为任意实数）。

由 $(I - \beta B^+ M)x = 0$ 可得出一个对应于特征值 $\frac{1}{\beta}$ 的特征向量 x，而由 $(B - \beta M)x = 0$ 可得出对应于 β 的 $n - \bar{n}$ 个基本解，可知至少有一个基本解可以作为特征向量来求得。故而，虽然不能通过特征值问题来求得所有

[①] 基本解的求法可参照宫冈-真田(Miyaoka and Sanada, 2007) 第6.3节。

活动水平向量，但通过数值计算的一些技法优先求出具有经济意义且可作为一个特征向量的基本解是可能的。

由上可知，仅由基本商品构成的马克思-斯拉法生产价格和均衡增长问题可变换成与之对应的特征值问题。也就是说，求生产价格的均衡或者活动水平的均衡时，只需要求包含伪逆的 MB^+，B^+M 等的特征值以及特征向量即可。

我们以上所讨论的前提条件要比仅以旧固定资本为联合生产物的这种特殊形式宽很多，而且特征值问题与矩阵束的谱的等价性也成立。

即使模型是以等式作为均衡决定的基础，但只要假定一个秩条件及斯拉法条件，那么就可以知道我们这种应用伪逆的变换方法并不局限于之前讨论的根据（旧）固定资本的衍生生成法对生产过程进行排列的这种特殊范式。斯拉法和置盐-中谷的方法原则上严格依赖于仅以旧固定资本为联合生产物的特殊形式。我们这里提出的伪逆方法在应用上要比置盐-中谷的简化方法更为广泛。

第二节　非基本商品存在的经济

我们上述的分析对象均是仅由基本商品组成的经济。下面我们来考察一下非基本商品存在的情形。

基本框架　生产非基本商品的部门会有诸如旧固定资本的联合生产物。但是一般来讲，大多数生产基本商品的部门不会联合生产非基本商品。

我们先排除所有部门都联合生产非基本商品的这种情形。假设部门1是基本商品部门，它是只生产基本商品的部门的集合；部门2是生产非基本商品的部门，但不排除它联合生产基本商品的可能性。

假设基本商品的种类（包含旧固定资本）为 m_1 种，仅生产基本商品的生产过程个数为 n_1，非基本商品的种类为 m_2，联合生产非基本商品的

生产过程个数为 n_2。令 $m = m_1 + m_2$, $n = n_1 + n_2$。

同样，令 $m_1 \leqq n_1$, $m_2 \leqq n_2$，即 $m \leqq n$。

我们按照上述基本商品和非基本商品的划分标准，把产出矩阵和投入矩阵分割为以下形式的矩阵。

$$B = \begin{pmatrix} B_{11} & B_{12} \\ O & B_{22} \end{pmatrix}, M = \begin{pmatrix} M_{11} & M_{12} \\ O & O \end{pmatrix}. \tag{13-19}$$

这里，B_{11}, M_{11} 为 $m_1 \times n_1$ 的矩阵，B_{12}, M_{12} 为 $m_1 \times n_2$ 的矩阵，B_{22} 为 $m_2 \times n_2$ 的矩阵。

只存在基本商品时，我们知道可以对 B, M 设定同一个秩条件，但一旦存在非基本商品，则无法进行这样的秩条件设定。

分块矩阵与伪逆　B 被进行了三角化处理，因此 B^+ 可以利用分块矩阵来计算。我们在此对 B 的分块矩阵 B_{ij} 的维（度）附加以下条件。即，假定各个分块矩阵为列数大于行数的矩阵，且行满秩。

$$\mathrm{rank}(B_{11}) = m_1, \mathrm{rank}(B_{12}) = m_1, \mathrm{rank}(B_{22}) = m_2. \tag{13-20}$$

由这些秩条件可知

$$BB^+ = I_m, B_{11}B_{11}^+ = I_{m_1}, B_{22}B_{22}^+ = I_{m_2}.$$

以上的 I 的量纲各异。

下面考察一下与 B 的分块矩阵相关的条件。令 $\mathscr{R}(A)$ 为矩阵 A 的值域，即 A 的列向量构成的空间。假设 B 的分块矩阵间的关系为

$$\mathscr{R}(B_{12}) \subset \mathscr{R}(B_{11}), \mathscr{R}({}^t B_{12}) \subset \mathscr{R}({}^t B_{22}). \tag{13-21}$$

这其实是对 B 进行了适当的"区划"。

此时，可知

$$B^+ = \begin{pmatrix} B_{11}^+ & -B_{11}^+ B_{12} B_{22}^+ \\ O & B_{22}^+ \end{pmatrix}.$$

以上对 B 的分块矩阵追加的条件中，第 2 个条件是技术上必要的，而从经济学的角度来看它是一个约束性的条件。也就是说，它是一个有

关非基本商品产出情况的条件，纵观生产非基本商品的过程可知，它所要求的空间要比联合生产基本商品时的空间更大。

由 B^+, M 可知

$$B^+B = \begin{pmatrix} B_{11}^+B_{11} & B_{11}^+B_{12} - B_{11}^+B_{12}B_{22}^+B_{22} \\ O & B_{22}^+B_{22} \end{pmatrix}, \tag{13-22}$$

$$B^+M = \begin{pmatrix} B_{11}^+M_{11} & B_{11}^+M_{12} \\ O & O \end{pmatrix}, \tag{13-23}$$

$$MB^+ = \begin{pmatrix} M_{11}B_{11}^+ & -M_{11}B_{11}^+B_{12}B_{22}^+ + M_{12}B_{22}^+ \\ O & O \end{pmatrix}. \tag{13-24}$$

由此可知，我们可以以 $M_{11}B_{11}^+$ 或 $B_{11}^+M_{11}$ 为核心对上述问题进行相关分析。

生产价格均衡　价格方程式可以以矩阵形式表示为

$$pB = \alpha pM.$$

假定 B 满足前面的秩条件 $\mathrm{rank}(B) = m$，则可以把这个价格均衡问题变换成一个特征值问题 $p = \alpha pMB^+$。

令基本商品的价格向量为 p^1，非基本商品的价格向量为 p^2，价格向量为 $p = \begin{pmatrix} p^1 & p^2 \end{pmatrix}$，利润因子为 α，则马克思-斯拉法的生产价格均衡的定义式为

$$\begin{aligned} p^1B_{11} &= \alpha p^1M_{11}, \\ p^1B_{12} + p^2B_{22} &= \alpha p^1M_{12}. \end{aligned}$$

关于基本商品的第1个方程式是封闭的，在其范围内就可以决定利润因子 α。显然，把之前的结论应用于 B_{11}, M_{11} 可知，可以作为一个特征值问题来决定 α。这里重要的是 B_{11}, M_{11} 的组合。

由此可知，即使有非基本商品存在，我们也只需要在基本商品体系中把它作为一个特征值问题来决定包含利润率的生产价格均衡。

数量均衡 若明确存在非生产性消费，则无法根据齐次方程式来决定它的均衡。在外生给定非生产性消费的情况下，我们可以通过伪逆来表示对应非生产性消费的活动水平的决定体系。

令基本商品部门的活动水平为 x^1，非基本商品部门的活动水平为 x^2，非生产性消费向量为 u，则活动水平 $x = \begin{pmatrix} x^1 \\ x^2 \end{pmatrix}$ 的均衡方程式可以定义为

$$B_{11}x^1 + B_{12}x^2 = \beta(M_{11}x^1 + M_{12}x^2).$$

$$B_{22}x^2 = u.$$

若 $u \geq 0$，则由第2个方程式可知，存在对应于 u 的解 $x^2 = B_{22}^+ u$。把它代入到第1个公式可知

$$\left(\frac{1}{\beta}B_{11} - M_{11}\right)x^1 = \left(-\frac{1}{\beta}B_{12} + M_{12}\right)B_{22}^+ u.$$

亦即

$$x^1 = \left(\frac{1}{\beta}B_{11} - M_{11}\right)^+ \left(-\frac{1}{\beta}B_{12} + M_{12}\right)B_{22}^+ u,$$

它满足原来的方程式。由此可以求得对应 u 的一个解 $x = \begin{pmatrix} x^1 \\ x^2 \end{pmatrix}$。

当然，我们也可以把它整体记为

$$\begin{pmatrix} B_{11} & B_{12} \\ O & B_{22} \end{pmatrix} \begin{pmatrix} x^1 \\ x^2 \end{pmatrix} = \beta \begin{pmatrix} M_{11} & M_{12} \\ O & O \end{pmatrix} \begin{pmatrix} x^1 \\ x^2 \end{pmatrix} + \begin{pmatrix} 0 \\ u \end{pmatrix}.$$

左乘 B^+ 可知

$$\begin{pmatrix} B_{11}^+ B_{11} & B_{11}^+ B_{12} - B_{11}^+ B_{12} B_{22}^+ B_{22} \\ O & B_{22}^+ B_{22} \end{pmatrix} \begin{pmatrix} x^1 \\ x^2 \end{pmatrix} = \beta \begin{pmatrix} B_{11}^+ M_{11} & B_{11}^+ M_{12} \\ O & O \end{pmatrix} \begin{pmatrix} x^1 \\ x^2 \end{pmatrix} + \begin{pmatrix} 0 \\ u \end{pmatrix}.$$

或者

$$\begin{pmatrix} B_{11} - \beta M_{11} & B_{12} - \beta M_{12} \\ O & B_{22} \end{pmatrix} \begin{pmatrix} x^1 \\ x^2 \end{pmatrix} = \begin{pmatrix} 0 \\ u \end{pmatrix}.$$

假定一个适当的分块条件，可以求得左边系数矩阵的伪逆为

$$\begin{pmatrix} B_{11} - \beta M_{11} & B_{12} - \beta M_{12} \\ O & B_{22} \end{pmatrix}^{+} = \begin{pmatrix} (B_{11} - \beta M_{11})^{+} & -(B_{11} - \beta M_{11})^{+}(B_{12} - \beta M_{12})B_{22}^{+} \\ O & B_{22}^{+} \end{pmatrix}.$$

我们知道，不论以哪种方式来计算伪逆 X，都能得出由 X 表现的 $\begin{pmatrix} x^1 \\ x^2 \end{pmatrix} = X \begin{pmatrix} 0 \\ u \end{pmatrix}$ 是一组满足原来的联立方程式的解。

第三节　马克思-斯拉法模型的数值例

如上所述，应用摩尔-彭诺斯伪逆的性质，从理论上明示了更为一般的联合生产体系的均衡求解问题可作为一类含有伪逆的方阵特征值问题来解决的方法。从应用上来讲，尤为重要的仍然是对固定资本问题的分析。下面，我们通过具体的数值例来验证上述理论结果。[①]

一　一个代数计算的例子

与斯拉法、置盐-中谷的对比　这里仍然以衍生生成法为基础确定技术系数。代数算例的目的之一是要明示伪逆方法与斯拉法、置盐-中谷的简化方法的共通性。本小节使用之前在斯拉法、置盐-中谷的简化体系中列举的算例。

[①] 数值计算使用的是FreeBSD系统的Maxima-5.23.2和Scilab-4.1.2。更为一般的联合生产的数值例可参见Li (2012, Ch.4) 及Li and Fujimori (2013)。

计算 BM^+，对 $\alpha I - BM^+$ 进行三角化处理，可知

$$\alpha I - BM^+ \sim \begin{pmatrix} -1 & \alpha & 0 & 0 & 0 \\ 0 & -1 & -\alpha & 0 & 0 \\ 0 & 0 & \varphi_{33}(\alpha) & k_{12} & k_{12} \\ 0 & 0 & 0 & \varphi_{44}(\alpha) & \varphi_{45}(\alpha) \\ 0 & 0 & 0 & 0 & \varphi_{55}(\alpha) \end{pmatrix},$$

这里的 $\varphi_{55}(\alpha) = -\gamma_1 \psi(\alpha)$，$\psi(\alpha) = \gamma_1 \alpha^5 - \gamma_2 \alpha^4 + (1 - \gamma_2)\alpha^3 + (2 - k_{22})\alpha^2 + 2\alpha + 1$，$\gamma_1 = k_{11}k_{22} - k_{12}k_{21}$，$\gamma_2 = k_{11} + k_{22}$。由此可知，令 $\gamma_1 \neq 0$，则 BM^+ 的特征方程式 $\varphi_{55}(\alpha) = 0$，即 $\psi(\alpha) = 0$。

再来计算由 Z 直接能得出的降秩所需要的条件。将其转置后同样进行一个三角化操作，可知

$${}^t Z \sim \begin{pmatrix} 1 & 0 & -k_{11}\alpha & 0 & -k_{21}\alpha \\ 0 & -k_{11} & k_{11}\alpha(1+\alpha) & 0 & 0 \\ 0 & 0 & k_{11}k_{12}\alpha^2 & -k_{11}\alpha & k_{11}k_{22}\alpha^2 \\ 0 & 0 & 0 & -k_{11}k_{12}k_{21}\alpha^3 & k_{11}k_{12}k_{21}(1+\alpha)\alpha^2 \\ 0 & 0 & 0 & 0 & \kappa_{55}(\alpha) \\ 0 & 0 & 0 & 0 & 0 \end{pmatrix},$$

此时，第6行以后的部分都为零，$\kappa_{55}(\alpha) = -k_{11}^2 k_{21} \psi(\alpha)$。若 $\kappa_{55}(\alpha) = 0$，则可出现降秩情况。它与 $\psi(\alpha) = 0$ 同理。

另一方面，在简化后的只有新品商品组成的 SON 体系下，利润因子 ($= 1 +$ 利润率) 由下式决定。

$$\left| I - [\alpha - 1 + \widehat{\varphi(\alpha - 1)}K] \right| = 0$$

这里的 $\widehat{\varphi(\cdot)}$ 是一个折旧率（对角矩阵），K 由投入系数矩阵决定，它与式(11-15) 的谱决定一样。行列式进行展开后可得

$$\frac{1}{\alpha^3 + 2\alpha + 2\alpha + 1} \psi(\alpha) = 0.$$

显然，$\alpha I - BM^+, Z, K(\alpha - 1)$ 的谱问题其实是同一回事。

二　马克思-斯拉法均衡的数值计算

在此，我们可以通过一个具体的数值例来计算一下仅旧固定资本被联合生产的体系的稳态，同时明确它的均衡是否稳定等问题。

数值计算框架　由以下价格体系的均衡决定公式

$$pB = (1+\pi)pM$$

可知

$$p = (1+\pi)pMB^+.$$

活动水平体系的均衡方程式为

$$x = (1+g)B^+Mx. \tag{13-25}$$

下面，我们做如下标记。

$$D = MB^+, \quad C = B^+M.$$

我们在计算时需要注意的是，应用伪逆后的方阵不一定非负。

数值设定　在以下设定的数值下，考察生产价格以及数量体系的均衡问题。

令 $a_1 = 2, a_2 = 3, \ell_1 = \frac{1}{10}, \ell_2 = \frac{1}{5}$。此时，

$$M = \begin{pmatrix} 2 & 0 & 0 & 3 & 0 & 0 \\ 0 & 2 & 0 & 0 & 3 & 0 \\ 0 & 0 & 2 & 0 & 0 & 3 \\ \frac{1}{10} & \frac{1}{10} & \frac{1}{10} & \frac{1}{5} & \frac{1}{5} & \frac{1}{5} \end{pmatrix},$$

$$B = \begin{pmatrix} 1 & 1 & 1 & 0 & 0 & 0 \\ 2 & 0 & 0 & 3 & 0 & 0 \\ 0 & 2 & 0 & 0 & 3 & 0 \\ 0 & 0 & 0 & 1 & 1 & 1 \end{pmatrix}.$$

均衡生产价格　计算矩阵 D 的特征值可知

$$\lambda_1 = 0.8982134, \lambda_2 = 0.0462712, \lambda_3, \lambda_4 = -0.8722423 \pm 1.2826811i.$$

与实数特征值 λ_1, λ_2 对应的左特征向量依次记为

$$p^1 = \begin{pmatrix} 0.4907511 & 0.3443803 & 0.1814237 & 0.7795195 \end{pmatrix},$$

$$p^2 = \begin{pmatrix} 0.0534998 & 0.0533906 & 0.0510294 & -0.9958329 \end{pmatrix}.$$

根据需要，也可以使用以下形式的生产价格。

$$\tilde{p}^1 \equiv \begin{pmatrix} 1.00000 & 0.7017413 & 0.3696858 & 1.5884213 \end{pmatrix} \propto p^1$$

均等利润率 π 为

$$\pi = \frac{1}{\lambda_1} - 1 = 0.1133212,$$

与 λ_1 对应的 p^1 即是生产价格的均衡比率。

D 虽然是非负矩阵，但它存在具有经济意义的正的特征值和与之对应的左特征向量。

p^1 的前3个元素给定了不同年龄固定资本的生产价格。我们可以确认到，它们与由折旧率规定的价格一致，当然这里的折旧率取决于利润率。

由残存年限规定的折旧率分别为

$$\varphi(g, 3) = \frac{1}{1 + (1+g) + (1+g)^2} = 0.2982577,$$

$$\varphi(g, 2) = \frac{1}{1 + (1+g)} = 0.4731888.$$

由折旧率规定的旧固定资本的生产价格公式可知

$$\frac{p^1_2}{p^1_1} = 1 - \varphi(g, 3) = 0.7017423, \quad \frac{p^1_3}{p^1_2} = 1 - \varphi(g, 2) = 0.5268113.$$

从上述算例中可知：

- D 不是非负矩阵（有负的成分存在）；
- D 拥有正的特征值 λ_1 以及与之对应的正特征向量 p^1；
- 固定资本的均衡价格比率与由折旧率规定的价格比率一致。

数量体系的稳态 计算 C 进而求它的特征值和特征向量。由之前的分析可知，C 的非零特征值与 D 的特征值 $\lambda_1, \ldots, \lambda_4$ 相一致，C 同时拥有重根 0。我们可以依次计算与特征值对应的特征向量，可知[①]

$$
z^1 = \begin{pmatrix} 0.5938051 \\ 0.5697299 \\ 0.5481053 \\ 0.1166027 \\ 0.0804900 \\ 0.0480530 \end{pmatrix}, z^2 = \begin{pmatrix} 0.4906 \\ 0.4808 \\ 0.4803 \\ -0.3047 \\ -0.3195 \\ -0.3202 \end{pmatrix}, z^3, z^4 = \begin{pmatrix} 0.0966 \pm 0.1325i \\ 0.0314 \mp 0.2504i \\ 0.5793 \\ -0.2196 \pm 0.2484i \\ -0.3174 \mp 0.3259i \\ 0.5045 \pm 0.0496i \end{pmatrix}.
$$

C 不一定是非负矩阵。但存在正的特征值 λ_1 以及与之对应的正特征向量 z^1。显然，决定活动水平的稳态的是 λ_1 和 z^1。增长率 g 与均衡利润率 π 相一致。

$$
g = \pi.
$$

均衡生产数量 Bz^1 给定稳态下的均衡生产数量。

$$
q^1 \equiv Bz^1 = \begin{pmatrix} 1.7116403 \\ 1.5374183 \\ 1.3809298 \\ 0.2451457 \end{pmatrix} \propto \tilde{q}^1 \equiv \begin{pmatrix} 1.0000000 \\ 0.8982134 \\ 0.8079291 \\ 0.1433145 \end{pmatrix}
$$

生产数量比前三个要素的组合是一个以扩大率 (=增长率+1) 为公比的等比数列。即，它满足

$$
\frac{q^1_1}{q^1_2} = \frac{q^1_2}{q^1_3} = \frac{1}{\lambda_1} = 1.1133212.
$$

这表明，不同年龄固定资本的数量以均衡增长率在增加。

从上述分析可知：

• 系数矩阵 C 并非非负（存在负的成分）；

• C 的特征值集合包含了 D 的所有特征值以及重根 0；

[①] 在此省略了与特征值 0 对应的特征向量。从经济意义上来讲，最为重要的只有 z^1。

- 系数矩阵 C 拥有正的特征值 λ_1 以及与之对应的正的特征向量 z^1；
- 生产数量以一定的扩大率 $\dfrac{1}{\lambda_1}$ 在增加；
- 装备了固定资本的生产过程的活动水平 z^1 不一定以反映扩大率的比率在有规律性地推移。

三 马克思-斯拉法均衡的不稳定性

生产价格体系的动态分析　马克思-斯拉法模型的动态生产价格方程式可表示为

$$p(t+1) = (1+\pi)p(t)MB^+.$$

我们已经计算了 $D = MB^+$ 的特征值和特征向量，所以可以以此来"追踪"价格的时间序列。

本章所举的数值例中，D 的特征值中绝对值最大的那个并不为正，所以决定均衡的特征值 λ_1 以及与之对应的左特征向量 p^1 不具有支配性。只要期初条件不与 p^1 完全一致，早晚会出现负的价格比率。

假设期初值 $p^0 = \left(1 \ \frac{2}{3} \ \frac{1}{3} \ 1.588\right)$，以 $\pi = \dfrac{1}{\lambda_1} - 1$ 进行迭代运算至第6期，可以得出下表的结果。[①]

表 13-1　马克思-斯拉法模型的生产价格时间序列

	1	2	3	4	5	6
p_1	0.9191	0.9896	1.0943	0.6805	1.1720	1.4515
p_2	0.7422	0.6100	0.6418	0.9743	0.2338	0.6804
p_3	0.3711	0.4132	0.2192	0.4705	0.5609	**-0.3641**
p_4	1.4670	1.5661	1.7287	1.1170	1.8202	2.2786

从表13-1中可以看出，第6期的年龄为2岁的固定资本的价格出现了负值。若考虑固定资本的折旧年限为3年这个因素，可知生产价格的动

---

① 我们在此设定的期初值根据固定资本的价格比取决于定额（线性）折旧法的一种计算，消费品的价格比率在均衡比率下为 $\dfrac{p_4^1}{p_1^1}$。

态路径可在大约2个周期内为正值。总而言之，从上述的数值例中我们知道马克思-斯拉法的价格均衡是不稳定的。

数量体系的动态分析　马克思-斯拉法数量体系的动态模型可以标准化表示为

$$x(t+1) = Fx(t), \ F \equiv M^+B.$$

F 的非零特征值与 C 的非零特征值是互为倒数的关系。但是与 F 非负特征向量对应的正特征值不是绝对值最大的特征值，因而它不能在动态过程中起支配性作用。

这样我们知道，数量体系的均衡此时也是不稳定的。

第四节　小结

本章分别从理论与数值计算的角度，将华罗庚命题扩展到一个更为一般的拥有矩形系数矩阵的马克思-斯拉法体系，应用摩尔-彭诺斯伪逆的性质，只需假定一个关于投入与产出矩阵的秩条件，就可以把价格系统的均衡问题等价变换为一类求含有伪逆方阵特征值的问题。通过具体的数值例，可知马克思-斯拉法的价格均衡与数量均衡都不具有支配作用，也就是说，此类联合生产体系具有一种价格与数量均衡都不稳定的"动态不稳定性"。这与不含固定资本的列昂惕夫模型的动态特性有着本质性的区别。

置盐-中谷提出的从全部商品的均衡价格定义群中剔除旧固定资本价格的这一变换方法，完全依赖于模型本身的设定，即只局限于一类特定的投入和产出系数矩阵的情形，这一方法适用不了更为一般的联合生产的情形。不过，置盐-中谷(Okishio and Nakatani, 1975) 所提及的关于折旧的一种会计制度，从某种意义上来讲它在一定程度上发挥了稳定商品生产价格的作用，我们应当对此予以积极评价。

本章应用伪逆的这一变换方法，只要是以等式来定义的均衡问题，不论是仅以固定资本为联合生产物的置盐-中谷模型，还是有多种联合生产物的更为广泛的联合生产模型，只要从形式上满足系数矩阵的秩条件，就可以应用到求一类具有经济意义的均衡价格问题上。从这个意义上来讲，伪逆的应用是一种极为有效的方法。

在不考虑非生产性消费的前提下，均衡活动水平体系的平均增长率与均衡价格体系的平均利润率是一致的。虽然不能完全通过特征值问题来求具有经济意义的活动水平的均衡解，但从本章后半部分的例证中可以看出，在数值计算上可以求出对应于均衡价格的活动水平的均衡解。

现实经济中，旧固定资本会在价格的形成过程中发挥一定的作用，从以上的分析中可知由市场的供需一致条件（等式条件）确立的经济均衡体系不稳定，这类竞争均衡一般也无法实现。换言之，完全或过度依赖市场的经济早晚会出现过剩生产现象甚至危机，迟早会对资本家的商品经济造成直接或间接的打击。这种不稳定性是以市场为基础，含有固定资本的商品经济所共通的问题。即使是明确存在经济计划主体的社会主义经济，若是拥有与商品经济类似的完全竞争型的市场性框架，则不能过度期待市场对供需调节的功能，同样也不可避免出现这种生产过剩现象。因此，对经济的均衡与稳定发展产生重大影响的固定资本，应该由经济计划的主体即国家进行切实有效的调控与投资管理才能达到经济的均衡与持续稳定的发展。

本章为简单起见，假设了固定资本在生产过程中的效率保持不变，且折旧年限是物理性的。本章未言及的固定资本经济年限的内生决定、报废处理成本，以及如何对宏观经济进行有效的调控管理等理论问题将另行讨论。[1]

---

[1] 关于固定资本经济年限的内生决定的模拟计算可参照 Li (2011a)。

第十四章　固定资本系数与工资利润曲线

我们在之前的章节中，详细地讨论了固定资本的重要性。但是，现实的统计数据中，并不存在固定资本系数这样的数据。这使得含有固定资本的经济模型的理论在数据支撑方面显得有些力度不够。

本章利用现阶段可使用的中国固定资本的投资数据以及投入产出表等，对线性经济理论中比较重要的几个理论指标进行估算。

首先，由中国1987~2000年的固定资本投资矩阵估算固定资本的投入系数（边际资本系数）。藤森(Fujimori, 1992a)以斯拉法(Sraffa, 1960)的标准体系为基础，利用日本的固定资本投资矩阵等数据，开发了估算固定资本系数的方法。本章以这种估算方法（以下简称为"Sraffa-Fujimori方法"）为分析框架，对中国经济进行应用分析(Li, 2011b; Li, 2014)。①

其次，明确von Neumann-Leontief经济的基本分析框架，利用由投入产出表估算的中间投入系数以及根据Sraffa-Fujimori方法估算出的固定资本系数，明示中国经济的von Neumann-Leontief工资利润曲线。我们通过长期和短期工资利润曲线，来明确1987~2000年中国经济的长期和短期特征。

---

① 在不包含固定资本的情况下对中国经济相关理论指标的计算结果可参见Li (2008)。

第一节　边际固定资本系数与Sraffa-Fujimori方法

一　基本框架

正如前几章中所讨论的，置盐-中谷(Okishio and Nakatani, 1975) 把含有旧固定资本的马克思-斯拉法联合生产体系简化成以下的仅含新品商品的列昂惕夫增广生产体系。

$$p = pM(r) \tag{14-1}$$

$$M(r) = (\widehat{\psi}(r) + rI)K + (1+r)(A+FL) \tag{14-2}$$

这里，p, A, K, F, L, r 分别是仅由新品组成的生产价格向量、中间投入系数矩阵、固定资本的投入系数矩阵、工资品束、劳动投入向量、均衡利润率。$\widehat{\psi}(r)$ 是一个对角矩阵，它的对角元素由折旧率 $\psi_i(r)$ 排列而成。令固定资本品 i 的折旧年限为 τ_i，则折旧率 $\psi_i(r)$ 由下式来定义。

$$\psi_i(r) = \frac{1}{\sum_{h=0}^{\tau_i - 1} (1+r)^h} \tag{14-3}$$

若不考虑非生产性消费，则马克思-斯拉法的活动水平体系同样可以简化为仅由新品商品组成的列昂惕夫产出量体系(Fujimori, 1982)。与生产价格均衡式(14-1) 相对应的产出量均衡式为

$$q = M(g)q. \tag{14-4}$$

这里，q, g 分别是仅由新品商品组成的产出量向量、均衡增长率，且 $g = r$。

由Perron-Frobenius 定理可知，显然有以下关系成立。

$$\lambda_{M(g)} = \lambda_{M(r)} = 1.$$

二 边际固定资本系数的估算方法

投入产出表的中间投入 X_{ij}、最终需求 Y_i、总产出 X_i 满足以下关系。

$$X_i = \sum_{j=1}^{n} X_{ij} + Y_i$$

投入系数矩阵 $A = (a_{ij})$ 可由下式求得。

$$a_{ij} = \frac{X_{ij}}{X_j}$$

在此，令产出量为 z，投资为 I，消费为 C，由投入产出表可知

$$z = Az + I + C. \tag{14-5}$$

下面我们来求一下现实经济中所隐含的斯拉法标准体系下的增长率。假定最终需求项中消费 C 全部均等地折换到投资 I 中。

投资 I 是库存增加部分与固定资本总投资的合计。

库存增加部分的投资可以看成非耐久性商品的积累，增长率为 g 时，它为 gAz。

另一方面，固定资本的总投资分为净投资部分和折旧部分（更新投资），净投资部分是 gKz，折旧部分是 $\widehat{\psi}(g)Kz$。因为这里 K 无法直接进行计算，我们采用边际方法来计算。

令净投资矩阵为 ΔK，产出量增加部分的向量为 ΔX，此时的**边际资本系数** k_{ij}^* 为

$$k_{ij}^* = \frac{\Delta K_{ij}}{\Delta X_j}. \tag{14-6}$$

这里可以认为 $k_{ij} = k_{ij}^*$。下面我们代替固定资本投入系数 k_{ij} 使用由边际概念定义的 k_{ij}^*。产出量的增加部分可看成 $\Delta X = gX$。

净投资占总投资的比率 γ_i 可定义为

$$\gamma_i = 1 - \frac{1}{(1+g)^{\tau_i}}, \tag{14-7}$$

这样净投资矩阵即为 $\widehat{\gamma}S$。[①] 这里的 $\widehat{\gamma}$ 是一个对角矩阵，它的对角元素由

① 这里需要注意的是，$\gamma_i(g) = \gamma_i(r)$。不考虑非生产性消费的经济中，均衡利润率 r 与均衡增长率 g 一致。详细内容可参见Fujimori (1982)。

γ_i 排列而成。

由此可知，边际资本系数 k_{ij}^* 为

$$k_{ij}^* = \frac{\gamma_i S_{ij}}{g X_j}. \tag{14-8}$$

在这个计算中，k_{ij}^* 取决于均衡增长率 g。

这样一来，令 $K^*(g) = (k_{ij}^*)$，式(14-5)即可置换为以下公式。

$$z = M(g)z \tag{14-9}$$

$$M(g) = (\widehat{\psi}(g) + gI)K^*(g) + (1+g)A \tag{14-10}$$

$\lambda_{M(g)} = 1$ 时的 g 即是所求的最大增长率 g^*。

g^* 的计算过程如下。

(1) 取一个足够小的期初值 $g_0 > 0$。求式(14-10) $M(g)$ 的Perron-Frobenius 根 $\lambda_{M(g)}$。

(2) 由 $\dfrac{\mathrm{d}}{\mathrm{d}g}M(g) > O$ 可知，$M(g)$ 是 g 的递增函数，它会随着 g 的增加而增大。由Perron-Frobenius 定理可知，

$$g_t < g_{t+1} \Leftrightarrow M(g_t) < M(g_{t+1}) \Leftrightarrow \lambda_{M(g_t)} < \lambda_{M(g_{t+1})},$$

由此可知，λ 也是 g 的递增函数。

令 $g_{\max} = \dfrac{1}{\lambda_A} - 1$。由 $|g_t| < g_{\max}$ 可知，g_t 有界。

若 $\lambda_{M(g)} < 1$，则提高 g 的值；若 $\lambda_{M(g)} > 1$，则降低 g 的值。令

$$g_{t+1} = \delta(g_t) = g_t + \beta(1 - \lambda_{M(g_t)}),$$

$\beta > 0$ 是任意的常数，我们在此可组成点列 $\{g_0, g_1, g_2, \cdots\}$。因为假定马克思基本定理的成立，所以 $g > 0$ 一定存在。由

$$\frac{\mathrm{d}g_{t+1}}{\mathrm{d}g_t} = 1 - \beta\frac{\mathrm{d}}{\mathrm{d}g_t}\lambda_{M(g_t)} < 1 \tag{14-11}$$

可知，若取与0接近的 g_t，则 g_{t+1} 会"跃"到45°线的上方。$\delta(g_t)$ 由上到下横切45°线。

g_{t+1} 和 g_t 的关系可用图14-1来表示。当 $1 - \lambda_{M(g_t)} = 0$ 时，可求得 $g_{t+1} = g_t = g^*$。$g_{t+1} = \delta(g_t)$ 拥有不动点 $g_{t+1} = g_t = g^*$。式(14-11)可知，这个不动点是稳定的。

可以通过数值计算中的试位法 (Regula Falsi Method) [1] 找到这个不动点。

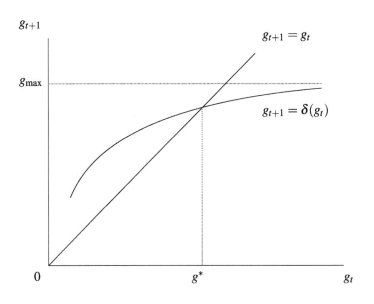

图 14-1 g_{t+1} 和 g_t 的关系

(3) 确定 g^* 后，可由下式求得边际固定资本系数矩阵。

$$K^* = \left(k_{ij}^*(g^*) \right) \tag{14-12}$$

本章按照中国各年度的投资矩阵的部门分类，把1987年、1990年、1992年、1995年的33 部门投入产出表以及1997年、2000年的40 部门投入产出表统一成了24 部门表。[2] 投入产出表中的数据使用了中国国家统计局公布的数据，投资矩阵使用的是以Lü (2007) 的估算数据为基础进行整理的数据。固定资本折旧年限数据综合了财政部(1992)及国务院令第512号(2007)所规定的年限。投入产出表的详细部门分类和固定资本的折旧年限如表14-1 所示。

---

① 试位法的详细说明可参见Traub (1964)、Ortega-Rheinboldt (2000) 等文献。

② 其中1987年、1992年、1997年的是基本表，1990年、1995年、2000年的是延长表。

表 14-1　中国投入产出表的详细部门分类和折旧年限

分类	部门名称	折旧年限
1	农业	16
2	矿业	
3	食品及烟草	
4	纤维、皮革等	
5	木材加工及造纸	
6	电力、蒸汽、热水供给	
7	石油加工、石炭	
8	煤气、石炭制品	
9	化学工业	
10	建筑材料、非金属矿物制品	
11	金属冶炼、压延加工	
12	金属制品	12
13	机械工业	17
14	运输用机械	9
15	电子通信设备制造	17
16	精密机械	15
17	其他制造业	12
18	建设业	40
19	货物及旅客运输	13
20	商业	10
21	服务业	
22	金融、保险、房地产	
23	文教、卫生、科学研究	
24	政府机关	

注：折旧年限的空栏部门是非耐久性部门。

年总劳动人口使用的是国家统计局《中国统计年鉴2003》的公布数据，人均年劳动时间使用的是国际劳工组织(ILO)《国际劳动经济统计年鉴2003》的公布数据。

中国经济的最大潜在增长率以及宏观边际资本/产出比率如表14-2所示。[1]

---

[1] 宏观边际资本/产出比率由 $\dfrac{\sum\sum \gamma_i S_{ij}}{\sum g X_j}$ 算出。这里的 S, X 均为金额表示。

表 14-2　基本变量的计算结果（1987～2000年）

年份	1987	1990	1992	1995	1997	2000
最大潜在增长率 (%)	40.3	35.5	31.9	30.3	30.5	26.6
宏观边际资本/产出比率	0.873	1.003	1.420	1.587	1.397	2.195

第二节　von Neumann-Leontief工资利润曲线

一　基本概念

在一般的生产过程中，除使用原材料以外，还使用各种不同折旧年限及年龄的固定资本。新品固定资本及旧固定资本分别作为不同种类的东西予以区别。这种经济的均衡问题在von Neumann 经济中可作如下描述。[①]

$$\max\{pF \mid \frac{1}{1+r}pB \le pA+L, p \ge \mathbf{0}\} \tag{14-13}$$

在此，令 A 为投入矩阵，B 为产出矩阵，F 为工资品束，L 为劳动投入向量，r 为均衡利润率，p 为价格向量。这是一个把工资率 $w = pF$ 最大化的线性规划问题(Fujimoto, 1975)。

令活动水平为 x，若均衡增长率 $g = r$，则式(14-13) 的对偶问题可表示如下：

$$\min\{Lx \mid \frac{1}{1+r}Bx \ge Ax+F, x \ge 0\}. \tag{14-14}$$

这个对偶问题是一个把投入到经济中的劳动最小化的线性规划问题。

假定不同年龄的固定资本具有同等的效率，那么von Neumann 经济中的这个联合生产体系就可以简化成不包含旧固定资本而仅由新品商品组成的列昂惕夫体系(Fujimori, 1992a)。当然，此时固定资本的折旧年限

[①] 原von Neumann 模型可参见von Neumann (1945/46[1937])。

是物理性年限，是外生给定的。在此，我们把由 von Neumann 经济简化成的列昂惕夫经济称为 von Neumann-Leontief **经济**。

这样，式(14-13)即可由以下的 von Neumann-Leontief 标准最大化问题来表示。

$$\max\left\{pF \mid \frac{1}{1+r}p \le pA+L+p\left(\frac{r}{1+r}I+\frac{1}{1+r}\widehat{\psi}(r)\right)K, p \ge \bullet_m\right\} \quad (14\text{-}15)$$

简化后的 m 部门 m 商品的线性规划问题(14-15)式中，A 是 $m \times m$ 的（中间）投入矩阵，F 是 $m \times 1$ 的消费品向量，L 是 $1 \times m$ 的劳动投入向量，K 是 $m \times m$ 的固定资本投入矩阵，τ_i 是固定资本 i 的折旧年限，$\widehat{\psi}$ 是对角矩阵，它的对角元素由固定资本 i 的折旧率 ψ_i 组成。

利润和（实际）工资之间的关系，可以用利润率与消费品束的单位数的关系来表示。因此，工资利润曲线可用 $(\frac{1}{pF}, r)$ 来表示。

同样，以不存在资本家的非生产性消费为前提，若 $g = r$，则包含固定资本的线性规划问题式(14-15)的对偶问题可用下式表示。

$$\min\left\{Lq \mid \frac{1}{1+r}q \ge Aq+F+\left(\frac{r}{1+r}I+\frac{1}{1+r}\widehat{\psi}(r)\right)Kq, q \ge 0^m\right\} \quad (14\text{-}16)$$

这里的 q 是产出量。

这种线性规划问题可以从短期和长期的视点来考虑。从长期来讲，一般会进行固定资本的更新及净投资，而从短期来看，一般可以不考虑固定资本的更新以及净投资，也就是说不进行固定资本的补充。这样，式(14-15)的线性规划的短期问题可表示为

$$\max\left\{pF \mid \frac{1}{1+r}p \le pA+L, p \ge \bullet\right\}. \quad (14\text{-}17)$$

若 $g = r$，则短期的对偶问题可表示为

$$\min\left\{Lq \mid \frac{1}{1+r}q \ge Aq+F, q \ge 0\right\}. \quad (14\text{-}18)$$

二 计算顺序

(1) 求工资品束 F 和劳动投入向量 L。

首先，年总劳动人口 N_0 与人均年劳动时间 h 的乘积是年总劳动时

间，即

$$H = N_0 h.$$

人均工资品束可以看成消费÷总劳动人口，即与 $\dfrac{C_i}{N_0}$ 相等，所以单位劳动的工资品为

$$f_i = \frac{C_i}{H}.$$

工资品束 $F = (f_i)$。

另一方面，总附加价值 V_0 可由下式确定。

$$V_0 = \sum_{j=1}^{n} W_j + \sum_{j=1}^{n} V_j + \sum_{j=1}^{n} T_j$$

单位价值的劳动时间是 $\dfrac{H}{V_0}$，部门 j 的劳动时间即为 $(W_j + V_j + T_j)\dfrac{H}{V_0}$。这样，单位生产所需的劳动投入是

$$l_j = \frac{H(W_j + V_j + T_j)}{V_0 X_j}.$$

劳动投入向量 $L = (l_j)$。

(2) 求长期线性规划问题的最优解，描画长期的工资利润曲线。

在 $0 \le r \le g^*$ 内给定一个适当的 r，求出长期标准最大化问题(14-15)式的最优解 p^*。[①]

长期的工资利润关系可用 $(\dfrac{1}{p^*F}, r)$ 表示。

(3) 求短期线性规划问题的最优解，描画短期工资利润曲线。

在 $0 \le r \le g_{\max}$ 内给定一个适当的 r，求出(14-17) 式的标准最大化问题的最优解 p^*。

三　计算结果

边际固定资本系数已由上一节给出，我们在此可以描画中国经济的工资利润曲线。von Neumann-Leontief 经济的长期和短期的工资利润关系分别如表14-3 和表14-4 所示。

---

① 此时，折旧率的计算方法为：若 $r = 0$ 则 $\psi_i = \frac{1}{\tau_i}$，若 $r > 0$ 则 $\psi_i = \frac{r}{(1+r)^{\tau_i}-1}$。

表14-3　长期工资利润关系（1987~2000年）

r	1/pF					
	1987年	1990年	1992年	1995年	1997年	2000年
0.00	1.790	1.849	1.935	1.904	1.958	1.889
0.02	1.701	1.752	1.815	1.781	1.836	1.754
0.04	1.613	1.656	1.695	1.658	1.715	1.619
0.06	1.526	1.561	1.577	1.535	1.593	1.482
0.08	1.441	1.466	1.459	1.413	1.472	1.345
0.10	1.356	1.372	1.341	1.291	1.351	1.207
0.12	1.272	1.278	1.224	1.169	1.230	1.068
0.14	1.188	1.184	1.107	1.047	1.108	0.929
0.16	1.105	1.089	0.989	0.925	0.985	0.788
0.18	1.022	0.993	0.872	0.802	0.860	0.645
0.20	0.939	0.896	0.753	0.678	0.734	0.501
0.22	0.855	0.797	0.633	0.552	0.604	0.353
0.24	0.771	0.695	0.511	0.424	0.472	0.201
0.26	0.686	0.590	0.387	0.293	0.334	0.045
0.28	0.600	0.480	0.260	0.158	0.191	
0.30	0.511	0.364	0.130	0.018	0.040	
0.32	0.420	0.240				
0.34	0.326	0.107				
0.36	0.228					
0.38	0.124					
0.40	0.014					

由上述计算得出的1987~2000年的工资利润曲线如图14-2 ~ 图14-7所示。[①] 为方便比较，我们也标出了短期的曲线。

[①] 工资利润曲线的图中，在接近零工资的地方有断开的部分。这个在数值计算上，若给定的 r 超过了一定的大小，那么诸如式(14-15) 和式(14-17) 的线性规划计算本身将无法继续下去。需要注意的是，实际工资率 $\frac{1}{pF} \to 0$ 时的 r 是经济的最大利润率。

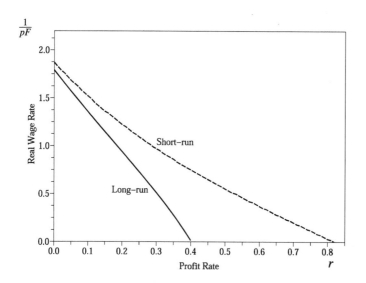

图 14-2 von Neumann-Leotief 经济的工资利润曲线（1987年）

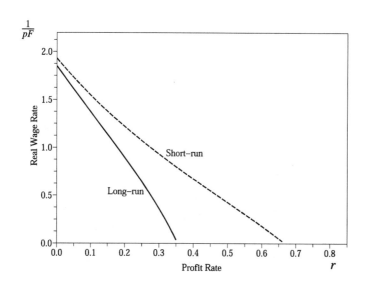

图 14-3 von Neumann-Leotief 经济的工资利润曲线（1990年）

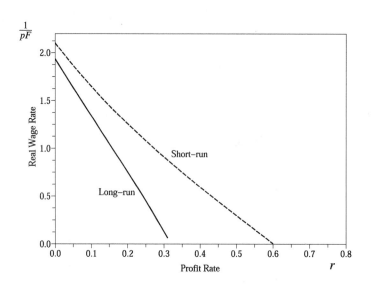

图 14-4　von Neumann-Leotief 经济的工资利润曲线（1992年）

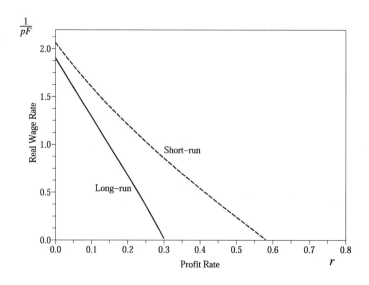

图 14-5　von Neumann-Leotief 经济的工资利润曲线（1995年）

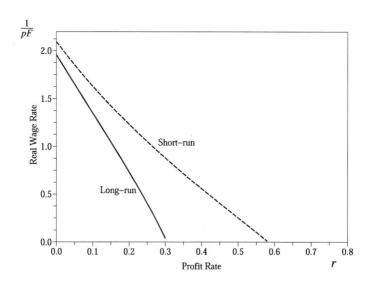

图 14-6　von Neumann-Leotief 经济的工资利润曲线（1997年）

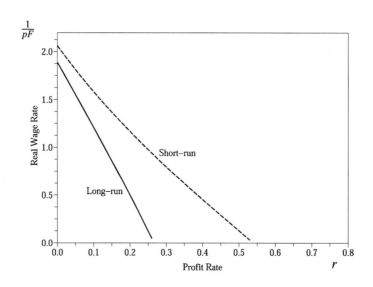

图 14-7　von Neumann-Leotief 经济的工资利润曲线（2000年）

表 14-4　短期工资利润关系（1987~2000年）

r	$1/pF$					
	1987年	1990年	1992年	1995年	1997年	2000年
0.00	1.868	1.929	2.103	2.065	2.096	2.062
0.05	1.685	1.729	1.867	1.825	1.854	1.813
0.10	1.518	1.546	1.649	1.604	1.631	1.582
0.15	1.365	1.376	1.447	1.399	1.425	1.367
0.20	1.223	1.219	1.258	1.208	1.232	1.166
0.25	1.093	1.071	1.080	1.028	1.051	0.976
0.30	0.971	0.932	0.911	0.858	0.879	0.796
0.35	0.857	0.799	0.751	0.696	0.715	0.622
0.40	0.750	0.672	0.596	0.540	0.557	0.454
0.45	0.648	0.548	0.445	0.389	0.404	0.290
0.50	0.552	0.426	0.298	0.241	0.252	0.128
0.55	0.460	0.304	0.152	0.095	0.102	
0.60	0.371	0.179	0.006			
0.65	0.285	0.050				
0.70	0.201					
0.75	0.117					
0.80	0.034					
g_{max}	0.820	0.668	0.602	0.582	0.583	0.539

注：g_{max} 是短期的最大增长率 (=最大利润率)。

第三节　小结

本章用Sraffa-Fujimori方法估算了中国经济的固定资本系数，并描画了von Neumann-Leontief工资利润曲线。

就1987~2000年的中国经济而言，从各项理论指标的计算结果中可以得出以下结论。

(1) 短期最大利润率和长期最大利润率呈下降趋势。

(2) 最大实际工资率处于上升趋势。

(3) 长期工资利润曲线渐渐地在向左下方移动。换言之，长期利润率呈下降趋势。

(4) 与进行固定资本更新的长期相比，不进行更新而提高固定资本运作率的短期有着更高的利润率。而且，实际工资越下降，短期工资利润曲线和长期工资利润曲线之间的偏离范围就越大，也就是说利润率之差越来越大。即使在零利润下，短期实际工资率和长期实际工资率之间也有一定程度的偏离。这是因为与短期相比，长期所耗费的成本更高。

(5) 边际资本/产出比率呈上升趋势。这是近年来基础设施建设等大型设备投资增加所致。

　　不可否认，本章所设定的不同年龄固定资本的效率不变等前提在理论上有一定的局限性，但从现实经济分析的角度来看，所计算的这些理论指标在解释现实经济的问题上有着重要意义。

第十五章　大道理论与中国经济

继von Neumann 的一般均衡模型后线性规划法的研究得以盛行，我们现今可以看到很多比较实用的计算方法。

20世纪30年代末，苏联的康托洛维奇(Kantorovich) 完成了现在的线性规划法的雏形。之后在欧美地区，丹茨格(Dantzig) 完善了线性规划的研究。

20世纪50年代后期，在苏联和美国，基本在同一时期开展了线性规划在经济问题中的应用研究。其中最具代表性的是Kantorovich (1957) 的展望规划论和DOSSO (1958) 的大道(Turnpike)理论。[①]

作为他们所共通的业绩，我们可以在现在的一些线性规划的书籍中看到，这种方法可广泛应用于个别企业的经济活动，以及运输问题等一般的国民经济领域。

本章首先按其先后顺序介绍这两个研究，并对一类考虑机械设备作为商品再生产的模型进行公式化分析。其次通过对二者的模型进行数值计算和例示，考察一类最为简单的应用线性规划法的最优增长模型，并明确二者的共通之处。

本章考虑一类以Marx-Sraffa-von Neumann模型为基础的规划模型。

首先，我们把Kantorovich (1957) 的展望规划论应用到经济规划中，也就是说要在一个跨度几期的供需条件下对最后一期的消费品束的个数进行最大化。此外，我们还要详细讨论它的标准最大化问题和对偶问

---

① DOSSO 是Dorfman, Samuelson 和Solow 名字的缩写。

题。同时利用一个跨度2期的线性规划问题从理论上明示Kantorovich 模型和DOSSO 模型的逻辑一致性（或原理一致性）。

其次，把固定资本所具有的特殊性作为一个追加条件追加到线性规划问题的约束条件中；另外在线性规划问题的约束条件中追加一个与人口动态相关的劳动资源约束条件，同时对这几种情况进行对比。

最后，我们把上一章推算的中国（边际）固定资本系数等数据作为理论模型的支撑数据，对现实中国经济进行一些应用计算，明确一些中长期的特征。其中，由仅含新品商品体系的系数逆推Kantorovich 展望规划论中使用的包含旧固定资本体系系数的方法，我们采用置盐-中谷(Okishio and Nakatani, 1975)的方法。

第一节　Kantorovich 展望规划论

令表示直接及间接性投入的投入矩阵为 M，活动水平为 x，产出矩阵为 B，投入量 Mx 不超过期初赋予量。令期初赋予量为 $d(0)$，则

$$Mx(1) \le d(0). \tag{15-1}$$

在计划中间期，导入一个当期的必要投入量（即需求量）不超过前期的产出量（即供给量）的资源约束条件。令 t 期的产出 $Bx(t)$ 即是下一期的投入，那么 $t+1$ 期的投入 $Mx(t+1)$ 必须要满足下式。

$$Bx(t) \ge Mx(t+1). \tag{15-2}$$

在计划中间期，仅这个约束条件有效。而在计划的最后一期，追加一个最终生产物的要求比率 $a = {}^t(\alpha_1, \cdots, \alpha_r)$，并使最终生产物依此比率最大化。

$$Bx(t) \ge ak \tag{15-3}$$

这里的 k 是最终生产物组合的个数。

以上条件可以综合为以下形式：

$$
\begin{pmatrix}
M & O & O & \cdots & O & 0 \\
-B & M & O & \cdots & O & 0 \\
O & -B & M & \cdots & O & 0 \\
\vdots & \ddots & \ddots & \ddots & \vdots & \vdots \\
O & \cdots & O & -B & M & 0 \\
O & \cdots & \cdots & O & -B & a
\end{pmatrix}
\begin{pmatrix}
x(1) \\
x(2) \\
\vdots \\
\vdots \\
x(t) \\
k
\end{pmatrix}
\leq
\begin{pmatrix}
d(0) \\
0 \\
\vdots \\
\vdots \\
0
\end{pmatrix}.
\tag{15-4}
$$

令式(15-4)的系数矩阵为 G，变量向量为 $\boldsymbol{x}(t)$，右边的常数项向量为 $\boldsymbol{d}$。即

$$
G =
\begin{pmatrix}
M & O & O & \cdots & O & 0 \\
-B & M & O & \cdots & O & 0 \\
O & -B & M & \cdots & O & 0 \\
\vdots & \ddots & \ddots & \ddots & \vdots & \vdots \\
O & \cdots & O & -B & M & 0 \\
O & \cdots & \cdots & O & -B & a
\end{pmatrix},
\boldsymbol{x}(t) =
\begin{pmatrix}
x(1) \\
x(2) \\
\vdots \\
\vdots \\
x(t) \\
k
\end{pmatrix},
\boldsymbol{d} =
\begin{pmatrix}
d(0) \\
0 \\
\vdots \\
\vdots \\
0
\end{pmatrix}.
$$

这样，约束条件可作如下表示。

$$
G\boldsymbol{x}(t) \leq \boldsymbol{d}
\tag{15-5}
$$

目标函数为 k，对一个变量向量，可令

$$
\boldsymbol{v} = \begin{pmatrix} 0 & \cdots & 0 & 1 \end{pmatrix},
\tag{15-6}
$$

则目标函数可表示为 $\boldsymbol{v}\boldsymbol{x}(t)$。

如此，我们可以得出以下线性规划问题。

$$
\max\{\boldsymbol{v}\boldsymbol{x}(t) \mid G\boldsymbol{x}(t) \leq \boldsymbol{d}, \boldsymbol{x}(t) \geq 0\}
\tag{15-7}
$$

这类线性规划问题的经济意义在于，它可以规划未来的资本设备投资，以及对消费生活产生巨大影响的社会资本的基础性投资。

式(15-7) 的对偶问题为

$$
\min\{\boldsymbol{u}(t)\boldsymbol{d} \mid \boldsymbol{u}(t)G \geq \boldsymbol{v}, \boldsymbol{u}(t) \geq \boldsymbol{\ominus}\}.
\tag{15-8}
$$

$u(t)$ 对偶变量。对偶规划问题可以对经济规划最后是否达到了预期目标进行判定，这其实是在阐明所谓的潜在价格的意义。

第二节　DOSSO模型

一　DOSSO的大道路径

假定经济的产出矩阵为 B，投入矩阵为 A，劳动投入向量为 L，工资品向量为 F。令 t 期生产过程的活动水平为 $x(t)$，则产出量（供给量）是 $Bx(t)$。设定下一期的投入量不会超越当期的产出量的前提条件。即

$$Bx(t) \geq Mx(t+1). \tag{15-9}$$

如果这个不等式关系跨度数年得以维持的话，那么式(15-9) 可扩展为

$$\begin{pmatrix} M & O & O & \cdots & O & O \\ -B & M & O & \cdots & O & O \\ O & -B & M & \cdots & O & O \\ \vdots & \ddots & \ddots & \ddots & \vdots & \vdots \\ O & \cdots & O & -B & M & O \\ O & \cdots & \cdots & O & -B & M \end{pmatrix} \begin{pmatrix} x(1) \\ x(2) \\ \vdots \\ \vdots \\ x(t) \end{pmatrix} \leq \begin{pmatrix} d(0) \\ 0 \\ \vdots \\ \vdots \\ 0 \end{pmatrix}. \tag{15-10}$$

这里，$d(0)$ 是期初条件。

式(15-10) 的系数矩阵、常数项、变量向量分别记为 $G, d, x(t)$，则有

$$Gx(t) \leq d. \tag{15-11}$$

可以把规划的目标设定为对 $x(t)$ 的比重和进行最大化。

例如，可令目标函数的系数向量为 $v = \begin{pmatrix} \mathbf{0} & \cdots & \mathbf{0} & 1 & \cdots & 1 \end{pmatrix}$，最大化最终年度消费品的生产数量，这类线性规划问题可表示为

$$\max\{vx(t) \mid Gx(t) \leq d, x(t) \geq 0\}. \tag{15-12}$$

与式(15-12) 成对偶的问题是

$$\min\{y(t)d \mid y(t)G \geq v, y(t) \geq \mathbf{0}\}. \tag{15-13}$$

这里，$\boldsymbol{y}(t) = \big(p(1) \ p(2) \ \cdots \ p(t) \big)$。

需要注意的是，若产出矩阵 B 是一个 $m \times n$ 的矩阵，则在同一个规划期间，就系数矩阵的维度而言，Kantorovich 模型的系数矩阵要比 DOSSO 模型的系数矩阵多出 m 行 1 列。

二　DOSSO模型与Kantorovich 模型的逻辑一致性

我们可以利用跨度2 期的规划问题，明示 DOSSO 模型和 Kantorovich 模型的逻辑一致性。

首先，DOSSO 模型跨度2期的约束公式(15-10) 可表示为

$$\begin{pmatrix} M & O \\ -B & M \end{pmatrix} \begin{pmatrix} x(1) \\ x(2) \end{pmatrix} \leq \begin{pmatrix} d(0) \\ 0 \end{pmatrix}. \tag{15-14}$$

令变量向量为 $\boldsymbol{x}_d = \begin{pmatrix} x(1) \\ x(2) \end{pmatrix}$，目标函数的系数向量为 $\boldsymbol{v}_d = \big(\boldsymbol{\circ} \ 1 \ \cdots \ 1 \big)$，则标准最大化问题为

$$\max \left\{ \boldsymbol{v}_d \boldsymbol{x}_d \ \middle| \ \begin{pmatrix} M & O \\ -B & M \end{pmatrix} \boldsymbol{x}_d \leq \begin{pmatrix} d(0) \\ 0 \end{pmatrix}, \boldsymbol{x}_d \geq 0 \right\}. \tag{15-15}$$

另一方面，跨度2期的Kantorovich 模型的约束公式(15-4) 可以表示为

$$\begin{pmatrix} M & O & 0 \\ -B & M & 0 \\ O & -B & a \end{pmatrix} \begin{pmatrix} x(1) \\ x(2) \\ k \end{pmatrix} \leq \begin{pmatrix} d(0) \\ 0 \\ 0 \end{pmatrix}. \tag{15-16}$$

此时，令目标函数的系数向量为 $\boldsymbol{v}_k = \big(\boldsymbol{\circ} \ 1 \big)$，变量向量为 $\boldsymbol{x}_k = \begin{pmatrix} x(1) \\ x(2) \\ k \end{pmatrix}$，则标准最大化问题可表示为

$$\max \left\{ \boldsymbol{v}_k \boldsymbol{x}_k \ \middle| \ \begin{pmatrix} M & O & 0 \\ -B & M & 0 \\ O & -B & a \end{pmatrix} \boldsymbol{x}_k \leq \begin{pmatrix} d(0) \\ 0 \\ 0 \end{pmatrix}, \boldsymbol{x}_k \geq 0 \right\}. \tag{15-17}$$

这里，可将式(15-16) 做如下变形：

$$\begin{pmatrix} M & O \\ -B & M \end{pmatrix} \begin{pmatrix} x(1) \\ x(2) \end{pmatrix} \leq \begin{pmatrix} d(0) \\ Bx(2) - ak \end{pmatrix}. \tag{15-18}$$

在第2期（规划的最后一期），令可在要求的比率 a 下对最终生产物（即最终生产物组合的个数）进行最大化，那么可得[①]

$$Bx(2) = ak \Rightarrow k = a^+ Bx(2).$$

如此，式(15-17) 的目标函数 $v_k x_k$ 可置换成 $v_a x_d$，此时目标函数的系数向量 v_a 可表示为

$$v_a = \begin{pmatrix} \bullet & a^+ \end{pmatrix} \begin{pmatrix} B \\ & B \end{pmatrix} = \begin{pmatrix} \bullet & a^+ B \end{pmatrix}.$$

这样，Kantorovich 模型的标准最大化问题(15-17) 式可置换为如下的线性规划问题。

$$\max \left\{ v_a x_d \;\middle|\; \begin{pmatrix} M & O \\ -B & M \end{pmatrix} x_d \leq \begin{pmatrix} d(0) \\ 0 \end{pmatrix}, x_d \geq 0 \right\} \tag{15-19}$$

显然，线性规划问题(15-19) 式与(15-15) 式在类型上完全一致，而且目标函数的系数向量 v_a 与 v_d 也可以设定同一个比率。[②]

由上可知，DOSSO的大道模型与Kantorovich 的展望规划模型原理上是一致的。

但需要注意的是，若DOSSO的大道计算设定的目标函数是最大化末期的消费品的总和，那也就是说不一定保证所有种类的消费品都被生产出来。从目标函数的设定上来看，这与能保证所有种类的消费品都被生产出来的Kantorovich 模型有着一定的区别。

综合上述因素，我们下面将根据Kantorovich 展望规划模型，对中国经济进行一些应用计算和分析。

---

① 因 $a \geq 0$ 是列向量，应用Moore-Penrose 的伪逆性质可知，显然有 $a^+ a = 1$。a^+ 是一个行向量。

② 这里即使有 $v_a \neq v_d$，也就是说二者的目标函数即使不一致，由于中间期的约束条件实质上是一样的，故而二者的模型的结论也会保持一致。这就是强大道定理的性质所在。

第三节 展望规划论与中国经济的应用计算

本节使用把各年度的中国投入产出表统合成6大部门的数据。固定资本品、原材料以及消费品的部门分类如表15-1和表15-2所示。

表 15-1 固定资本品的部门分类及折旧年限

部门代码	名称	折旧年限	年龄结构
1	农业	16年	$0, \cdots, 15$岁
2	工业	16年	$0, \cdots, 15$岁
3	建筑	40年	$0, \cdots, 39$岁
4	货物运输、邮政	10年	$0, \cdots, 9$岁
5	商业、饮食业	8年	$0, \cdots, 7$岁

一 Kantorovich 生产数量路径

首先,我们假定1995~1996年、1997~1999年没有大的技术变化。

由仅含新品商品的 K, A, F, L 逆推包含旧固定资本的技术系数矩阵,即矩形投入矩阵 M 和矩形产出矩阵 B,并作如下设定:

$$M_{96} = M_{95}, M_{98} = M_{97}, M_{99} = M_{97},$$

$$B_{96} = B_{95}, B_{98} = B_{97}, B_{99} = B_{97}.$$

表 15-2 原材料和消费品的部门分类

部门代码	名称
1	农业
2	工业
3	建筑
4	货物运输、邮政
5	商业、饮食业
6	非物质生产

以1995年为期初年度，考虑1996～2000年的5年规划。即

$$
G = \begin{pmatrix}
M_{96} & O & O & O & O & 0 \\
-B_{96} & M_{97} & O & O & O & 0 \\
O & -B_{97} & M_{98} & O & O & 0 \\
O & O & -B_{98} & M_{99} & O & 0 \\
O & O & O & -B_{99} & M_{00} & 0 \\
O & O & O & O & -B_{00} & a
\end{pmatrix}.
$$

固定资本的折旧年限的最小公倍数为 l.c.m.(16, 16, 40, 10, 8) = 80，5年规划时，G 是一个 612×2401 的矩阵。

令期初赋予值 $d(0)$ 为[1]

$$d(0) = {}^t(0.03348, \circ, 0.92096, \circ, 0.43310, \circ, 0.01034, \circ, 0.47924, \circ$$

$$1.10666, 6.74796, 0.04973, 0.43646, 1.06864, 0.29998$$

$$0.05389, 0.07140, 0.02364, 0.05366, 0.02279, 0.03068).$$

这里设定的期初条件是一个在期初时点不存在旧固定资本的条件。[2]

假设期末所要求的生产物比率如下：

$$a = {}^t\left(0.5 \quad \circ \quad 0.5 \quad \circ \quad 0.5 \quad \circ \quad 0.5 \quad \circ \quad 0.5 \quad \circ \quad 0.75 \quad \cdots \quad 0.75 \quad 1 \quad \cdots \quad 1 \right).$$

上述线性规划问题在计划期间为5期的条件下进行求解。令由最优解组成的不同年龄的产出量比率为 $q(t) = Bx(t)$，可得出如表A-1 ~ 表A-3（见附录）所示的结果。

由表A-1 ~ 表A-3可知，规划期末 (2000年) 的新品固定资本品、原材料、消费品的比率按照要求的比率 a 被生产出来。

---

[1] $\circ$ 是为零的行向量。$d(0)$ 的单位是 10^{12} 元。

[2] 以日本经济为对象应用多部门最优化（大道）模型来对仅含新品商品的经济体系进行分析的有 Tsukui and Murakami (1979)以及 Tsukui, et al.(1973)。

二　Kantorovich 生产价格路径

作为对偶问题的(15-8)式可以转置后作如下表示：

$$\min\{\,^{t}\boldsymbol{d}z(t)\mid\,^{t}Gz(t)\geq\,^{t}\boldsymbol{v},z(t)\geq 0\}. \tag{15-20}$$

同样，设定计划期间为5期，对上述对偶问题进行求解，得出的不同年龄不同种类的生产价格时间序列如表A-4～表A-6所示。

三　最优规划的追加条件：固定资本约束

固定资本具有以下性质。即，t 期的0岁固定资本在 $t+1$ 期变成了1岁的固定资本。也就是说，t 期装备了 i 岁的固定资本的生产过程，到 $t+1$ 期便成为装备了 $i+1$ 岁的固定资本的生产过程。如果部门之间没有固定资本的自由转移，那么各个活动水平之间有以下关系成立。即，关于0岁（新品）的固定资本，有

$$x_1(t)\geq x_2(t+1), \tag{15-21}$$

同样，对于 i 岁的固定资本而言，有

$$x_i(t)\geq x_{i+1}(t+1) \tag{15-22}$$

成立。对于原材料以及消费品生产部门的生产过程也是一样。我们称这个约束条件为**固定资本约束**。

把这个固定资本约束的系数矩阵 $\mathbb{S}$ 表示到计划的期末，可得[①]

$$\mathbb{S}=\begin{pmatrix}-I\ 0\ \cdots\ 0\ I & & 0\\ & -I\ 0\ \cdots\ 0\ I & & 0\\ & & \ddots\ \ddots\ \ddots\ \ddots\ \ddots & \vdots\\ & & -I\ 0\ \cdots 0\ I\ 0\end{pmatrix}. \tag{15-23}$$

这样，包含固定资本约束的线性规划问题可表示为

$$\max\left\{\boldsymbol{vx}(t)\,\middle|\,\begin{pmatrix}G\\ \mathbb{S}\end{pmatrix}\boldsymbol{x}(t)\leq\begin{pmatrix}\boldsymbol{d}\\ 0\end{pmatrix},\boldsymbol{x}(t)\geq 0\right\}. \tag{15-24}$$

---

① 例如，只有1种折旧年限为 τ 的固定资本时，I 是一个 $(\tau-1)\times(\tau-1)$ 的矩阵，0 是 $(\tau-1)\times 1$ 的零向量，$\begin{pmatrix}-I\ 0\end{pmatrix}$ 和 $\begin{pmatrix}0\ I\end{pmatrix}$ 是 $(\tau-1)\times\tau$ 的矩阵。

式(15-24) 的对偶问题如下：

$$\min\left\{ \boldsymbol{y}(t)\begin{pmatrix} \boldsymbol{d} \\ 0 \end{pmatrix} \;\middle|\; \boldsymbol{y}(t)\begin{pmatrix} G \\ \mathbb{S} \end{pmatrix} \geq \boldsymbol{v}, \boldsymbol{y}(t) \geq \boldsymbol{0} \right\}. \tag{15-25}$$

我们对以上考虑固定资本约束的最优化问题进行求解可以得出不同年龄不同种类商品的产出量的计算结果（如表A-7 ～ 表A-9 所示）。

由表A-7 ～ 表A-9 可知，与没有固定资本约束的计算结果相比，虽在生产数量比率方面并无较大误差，但生产数量本身在一定程度上有所降低。

我们从实际计算中也能知道，附加固定资本约束条件时不同年龄生产价格路径从计划期间的中途到期末，与没有附加固定资本约束条件时不同年龄生产价格路径及步入的轨道是一样的。

四　有劳动资源约束的长期规划

劳动资源的存在量会随着时间的推移而变化，我们把这个作为一个追加约束条件来分析一下上述规划问题。

令 t 期的劳动供给量 $N(t)$ 为已知。t 期的必要劳动量是 $Lx(t)$，因此

$$Lx(t) \leq N(t) \tag{15-26}$$

即是**劳动资源的约束**条件。假定各年度的劳动系数满足以下关系。

$$L_{96} = L_{95}, L_{98} = L_{97}, L_{99} = L_{97}$$

上述条件可总结为

$$\begin{pmatrix} L_{96} & \boldsymbol{0} & \boldsymbol{0} & \boldsymbol{0} & \boldsymbol{0} & 0 \\ \boldsymbol{0} & L_{97} & \boldsymbol{0} & \boldsymbol{0} & \boldsymbol{0} & 0 \\ \boldsymbol{0} & \boldsymbol{0} & L_{98} & \boldsymbol{0} & \boldsymbol{0} & 0 \\ \boldsymbol{0} & \boldsymbol{0} & \boldsymbol{0} & L_{99} & \boldsymbol{0} & 0 \\ \boldsymbol{0} & \boldsymbol{0} & \boldsymbol{0} & \boldsymbol{0} & L_{00} & 0 \end{pmatrix} \begin{pmatrix} x(1) \\ x(2) \\ x(3) \\ x(4) \\ x(5) \\ k \end{pmatrix} \leq \begin{pmatrix} N(1) \\ N(2) \\ N(3) \\ N(4) \\ N(5) \end{pmatrix}. \tag{15-27}$$

这里，令系数部分为

$$\mathbb{H} = \begin{pmatrix} L_{96} & \bullet & \bullet & \bullet & \bullet & 0 \\ \bullet & L_{97} & \bullet & \bullet & \bullet & 0 \\ \bullet & \bullet & L_{98} & \bullet & \bullet & 0 \\ \bullet & \bullet & \bullet & L_{99} & \bullet & 0 \\ \bullet & \bullet & \bullet & \bullet & L_{00} & 0 \end{pmatrix}, \mathbb{N}(t) = \begin{pmatrix} N(1) \\ N(2) \\ N(3) \\ N(4) \\ N(5) \end{pmatrix},$$

则有劳动资源约束的线性规划问题可表示为

$$\max\left\{ \boldsymbol{v}\boldsymbol{x}(t) \ \middle| \ \begin{pmatrix} G \\ \mathbb{H} \end{pmatrix}\boldsymbol{x}(t) \le \begin{pmatrix} \boldsymbol{d} \\ \mathbb{N}(t) \end{pmatrix}, \boldsymbol{x}(t) \ge 0 \right\}. \tag{15-28}$$

有劳动资源约束的Kantorovich不同年龄不同种类产出量的时间序列如表A-10～表A-12所示。

劳动资源约束条件下的必要劳动量在展望规划下的最优路径和已知的劳动供给量的比较如表15-3所示。

表 15-3　必要劳动量的最优路径与已知的劳动供给量

单位：千人

年度	1995	1996	1997	1998	1999	2000
$Lx(t)$	693124.09	428214.52	429759.06	407444.83	553001.63	728129.45
$\mathbb{N}(t)$	693124.09	700085.47	706855.76	713290.91	720366.85	728129.45

注：劳动供给量N的出处：LABORSTA（http://laborsta.ilo.org）。

我们来比较一下投入产出表所编制的年度的实际值和长期规划中的（新品商品）的最优解，其结果如表15-4以及图15-1～图15-3所示。

表 15-4 Kantorovich 展望规划下的最优解与实际值的比较

单位：10^{12}元

部门	1995	1997				2000			
	Q_0	实际值	Q^*	Q_K^*	Q_L^*	实际值	Q^*	Q_K^*	Q_L^*
固定资本 1	0.03348	0.00041	0.23308	0.23300	0.00303	0.02994	0.54797	0.54778	0.00449
2	0.92096	1.51673	1.78096	1.78033	0.02262	1.43884	0.54797	0.54778	0.00449
3	0.43310	0.40455	0.01767	0.01647	0.00410	1.32926	0.54797	0.54778	0.00449
4	0.01034	0.00096	0.08394	0.08537	0.00096	0.01998	0.54797	0.54778	0.00449
5	0.47924	0.04474	0.27718	0.27708	0.00348	0.91835	0.54797	0.54778	0.00449
原材料 1	1.10666	1.34108	0.34963	0.34950	0.00455	1.39858	0.82195	0.82167	0.00673
2	6.74796	8.68378	2.67144	2.67050	0.03393	11.7721	0.82195	0.82167	0.00673
3	0.04973	0.10286	0.02650	0.02471	0.00615	0.13626	0.82195	0.82167	0.00673
4	0.43646	0.39853	0.12591	0.12806	0.00144	0.54592	0.82195	0.82167	0.00673
5	1.06864	1.43181	0.41577	0.41562	0.00523	1.99904	0.82195	0.82167	0.00673
6	0.29998	0.45482	0.15712	0.15807	0.00147	0.67123	0.82195	0.82167	0.00673
消费品 1	0.05389	0.07064	0.46617	0.46600	0.00606	0.07995	1.09594	1.09555	0.00897
2	0.07140	0.07560	3.56191	3.56066	0.04524	0.06603	1.09594	1.09555	0.00897
3	0.02364	0.01929	0.03534	0.03295	0.00820	0.02225	1.09594	1.09555	0.00897
4	0.05366	0.06174	0.16788	0.17074	0.00192	0.08031	1.09594	1.09555	0.00897
5	0.02279	0.02294	0.55436	0.55416	0.00697	0.02858	1.09594	1.09555	0.00897
6	0.03068	0.06257	0.20950	0.21076	0.00196	0.20405	1.09594	1.09555	0.00897

注：Q^*, Q_K^*（固定资本约束），Q_L^*（劳动资源约束）表示最优解（新品）。

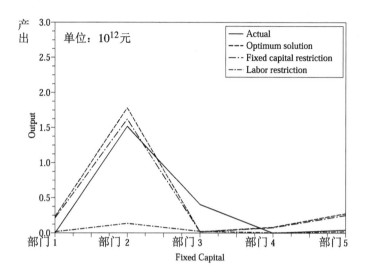

图 15-1　最优解与实际值的比较（1997年，固定资本）

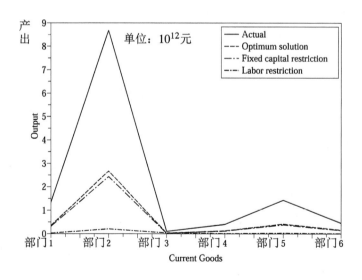

图 15-2　最优解与实际值的比较（1997年，原材料）

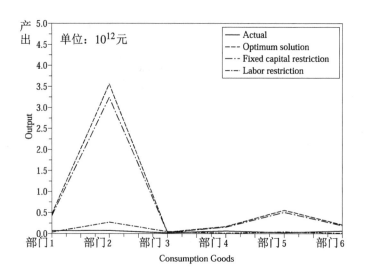

图15-3　最优解与实际值的比较（1997年，消费品）

第四节　小结

一　主要结论

本章在Marx-Sraffa-von Neumann 模型的框架下从理论和应用计算角度对相关问题进行了较为详尽的分析。

首先，我们从理论上明示了Kantorovich 模型与DOSSO 模型的原理及逻辑上的一致性。

其次，以保证所有消费品都被生产的Kantorovich 展望规划论为主，对中国经济进行了一些应用分析。从我们计算的结果来看，可以知道中国经济具有以下几个特点。

（1）由表示固定资本计算结果的图15-1 可知，除部门3（建筑部门）以外的部门实际值基本接近理论值。可以认为在部门3中计划目标以外的政策因素所发挥的作用明显强于其他部门。由图15-2 可知，流动资本（原材料）的所有部门也呈现出实际值大于理论值的趋势可同理解释。

(2) 由表示消费品部门计算结果的图15-3 可知，部门3、部门4、部门6的实际值接近理论值，而部门1、部门2、部门5的实际值远低于理论值。

(3) 由表15-4 可知，追加固定资本的约束条件后，它的生产数量出现了一定程度的下降。另一方面，导入劳动资源的约束条件后，生产数量急剧下降，如表15-3 所示，计划期末的劳动需求量与实际的劳动供给量一致，也就是说达到了完全雇佣的状态。

二 大道计算的现实意义

对中国经济的大道路径的计算有着以下意义。即，我们可以把它作为一种对经济政策进行评价和分析的工具。比如说可以通过衡量实际经济指标与理论值之间的偏离程度，根据需要对实行中或者已实行的经济计划进行客观的微调。

大道模型的应用计算特别是对社会主义国家有着很重要的意义。它可以在根据政策需要对现实经济进行必要的宏观调控时，作为经济政策的一个客观分析工具发挥积极作用。

第十六章　主要结论及意义

第一节　《资本论》与社会主义

本书从数理分析的角度对马克思《资本论》的理论部分进行了一些梳理和发展。本章将概括本书的几个要点，同时对21世纪马克思经济学的意义及其与社会主义的关系进行几点补充说明。

一　马克思理论的特征

马克思理论的特征可以概括为以下几点。

《资本论》是关于资本主义经济的一种资本理论，它在明确资本主义经济基本特征的同时也明确了商品、货币等基本概念和范畴。

《资本论》开篇提到的商品概念其实并不局限于资本主义经济中的商品，对分析以商品生产为基础的其他经济体系同样是个有效的概念。关于商品生产和流通的分析框架虽然是以再生产理论为主，但它同样适用于资本主义经济以外的经济体系。当然，这个分析框架也适用于继资本主义经济之后的经济体系。

即使资本主义经济被别的经济体制所替代，新的经济体制一般也不会马上就停止运行商品经济。即使以更为先进的生产技术和社会制度为前提，各人利用自己所长进行劳动和社会分工，那么为他人生产使用价值的体制会存续下去。也就是说，可以认为继资本主义经济体制之后的体制也是一种商品生产经济，即使资本主义经济被扬弃，商品经济体制也会持续下去。每个社会成员都发挥自己的特长，在为社会贡献的同时维持自己的生活，那么这种社会依然是为他人生产并交换使用价值的商品生产社会，而以此为基础的社会主义社会必将出现。

只要是商品生产社会，那么交换就会是一种等价交换。因此，经济计算不可或缺，而经济理论也必须是一个有会计基础的理论。实际上，马克思的价值公式即在生产价格中看到的那种形式，是一个以简单的加法运算为基础的形式，它作为一种评价经济计算的体系非常自然。

因此，与《资本论》中诸多商品经济体系有关的概念在分析资本主义经济以外的商品生产社会时是有效的。从这个意义上可以说马克思的理论作为商品生产社会的基础理论具有一种普遍的意义。[①]

这也是为什么《资本论》作为社会主义经济的基础理论是非常重要的理由之一。

二 对马克思线性经济模型的一个注释

本书考察的马克思经济学模型以线性经济模型为主。那么，线性经济模型的优势又在哪儿呢？正如价值论和生产价格论中所看到的，利用线性模型是为了更好地突出这些理论所拥有的计算论和会计基础的特征。

我们可以在此比较一下新古典经济学教科书中所采用的边际生产力学说的例子。在斯拉法的标准商品论的章节中也有所提及，令给定的产品价格为 p，资本品价格为 r，工资率为 w，考虑一个拥有生产函数 $y = f(K,L)$ 的企业最大化利润 $\Pi = py - (rK + wL)$ 的问题。

这个问题需要满足以下条件。即生产函数在规模收益递减时有最优解，其最优解满足1阶条件

$$\frac{\partial f}{\partial K} = \frac{r}{p}, \quad \frac{\partial f}{\partial L} = \frac{w}{p}.$$

[①] 例如，Pasinetti (1977) 明确阐释了一种普遍的生产体系，可以认为他所展开的分析框架是一类与马克思-斯拉法体系共通的线性经济模型。

此时最大化的利润为 0。

这个公式虽然非常简单，但它包含了新古典派经济学所主张的基本概念，即非线性却是规模收益递减的生产函数、用边际生产力对价格的解释、被最大化的利润为零。

上述利润最大化问题是一个给定 p, r, w, f 来求使利润最大化的 (K, L) 组合的问题。但是，大多数教科书却是从边际生产力决定价格这个方向来"逆向"解释这个公式和问题。

现实中不会存在把零利润作为理想状态的资本家企业。从这个理论而言，以正利润运作的企业处在一种不均衡状态。

这种解释需要注意的是，它的所有变量都忽略了人与人之间的关系，而看似好像被唯一决定了一样，这种"操作"非常之"巧妙"。

马克思的理论与新古典派的理论不同，它并没有说社会是一个自然封闭的体系，也没有说这些"值"是在这样一个体系下进行决定的。

在本书的线性模型中，马克思两大部类经济的生产价格可定义为满足以下公式的 p。

$$p = (1 + \pi) p (A + cf\ell)$$

c 和 π 的关系至关重要，在资本主义经济中它不是别的，正是阶级斗争。生产价格是在人与人的关系中被决定的。上述生产价格的定义式从特征值角度来看，它所决定的是商品的相对价格而不是绝对价格。这意味着在确定利润率以外，存在由人与人的关系决定绝对价格的机制。

附言之，新古典派经济学的最大利润为零的结论从马克思-斯拉法的体系而言就是利润率为零。

总之，从这种意义上来讲，线性经济模型要优越于非线性模型，它可以给予我们一个很好地阐释经济社会的基础。

三　资本主义经济与其后继经济的不同点

即使是同样的商品生产社会，资本主义经济和社会主义经济有着本质的不同。其不同点表现在以下两个方面。其一是关于增长率决定的问题，其二是关于增长源泉的意义问题。

增长率的决定　我们在此考虑一下资本主义经济的动态。马克思两大部类经济下的利润和增长的基本方程式为以下两个公式。

$$p = (1+\pi)p(A+cf\ell),$$

$$x = (1+g)(A+cf\ell)x+u.$$

这两个公式的"接点"就是**剑桥方程式**。即

$$g = \alpha\pi.$$

接下来我们考虑以下劳动资源即人口增长率和经济体系增长率之间的关系。在此，令人口增长率为 n，且为已知，t 期的人口为 $N_t = N_0(1+n)^t$，经济体系中所必要的雇佣劳动量由 $L_t = (1+g)\ell x^t$ 决定。我们知道，雇佣量不可能超过总人口，如果经济体系的增长率比人口增长率大，那么劳动资源迟早会枯竭，经济增长率必然会趋向于人口增长率。

资本主义经济内含了这样一种机制。即，由于技术的进步，导入用更少的劳动就能进行商品生产的技术，同时将多余的劳动力变为失业者，也就是通过不断地"制造"被称为产业后备军的劳动者集团，来达到以超过人口增长率的增长率进行经济增长。

从资本主义经济的利润至上、资本增长至上的视角来看，只要技术进步能让利润率上升就足够了。而如何从利润和增长的均衡关系中提高劳动者的生活水平并不具有首要的意义。

但是，我们也能看到，上述均衡关系式可以让所有人口都参加到生产过程中，也就是说可以从实现完全雇佣状态的视角来看这个关系式。

从充实生产设备的意义上讲如果假定经济是一个具有高度生产力的经济，那么商品生产所必要的劳动力应在人口的范围之内。这样，通过调整社会成员的人均劳动时间，可以达到劳动需求与由人口决定的劳动供给的一致。此时，要使经济体系的增长率和人口供给的增长率一致，

就需要调整人均消费量和社会全体必要消费量。这意味着，提高劳动者的生活水平和提高社会全体的经济福利变得可能。

增长的源泉　资本主义经济是有两个阶级的社会，而社会主义经济是单一阶级社会。

为使模型简单化，我们假设仅由劳动进行生产的社会存在两代人。假设有三期，每个社会成员第一期作为孩子被抚养，第二期作为父母一代抚养孩子的一代，第三期死亡退出。

令 t 时间点的出生数为 N_t，这样 t 时间点的孩子一代的人数为 N_t，成年一代的人数为 N_{t-1}。令一代的人数由 δ 在扩大，即用常数 δ 可表示为

$$N_t = \delta N_{t-1}.$$

因此，t 时间点的总人口为

$$P_t = N_{t-1} + N_t = (1+\delta)N_{t-1}.$$

令生存所需商品的人均必要量不论是成年人还是孩子均为 f，单位商品的必要劳动量为 ℓ，仅成年人劳动，其人均劳动时间为 T，可知总劳动量就是 TN_{t-1}。为了让这些人都能生存下去，这个劳动量需要满足以下关系。

$$TN_{t-1} = \ell P_t f$$

由此可知，

$$T = (1+\delta)\ell f.$$

这个公式意味着，成年一代的劳动 T 足以养活孩子时期（前期）被抚养的部分 $\delta \ell f$ 和成年时期的必要部分 ℓf。因此，任何人通过劳动得到的工资都被分配为一生中消费的部分。而这样的社会可以实现经济增长，但并不存在剥削。

上述分析中，为简便起见仅有劳动投入到生产中，即使存在生产手段我们的分析仍然可行。

第二节　本书的主要结论

本书的前半部分是以马克思的两大部类经济模型为基础，详细分析了马克思的价值论与再生产理论。重点有两条：其一是资本家获得利润的源泉是对劳动者的无酬劳动的剥削；其二是资本主义经济的竞争均衡的不稳定性。

本书关于马克思经济学的数理分析主要总结了日本经济学家置盐信雄、森岛通夫以及其他数理经济学家所开拓的相关理论。本书以森岛通夫主张的双重对偶性理论为基础对与其相关的理论进行了一些梳理，即由价值和生产价格的对偶性可知生产价格体系的最终决定取决于价值、由生产价格和经济增长的对偶性可知资本的增长取决于价值。

后半部分考察了包含固定资本的资本主义经济乃至一般的商品经济。我们知道，在不考虑固定资本的资本主义经济中，从一个长期的角度来看商品的均衡生产价格是稳定的，一旦明确了固定资本的存在，则从调整市场供需的过程而言它虽然存在竞争均衡，但并不稳定。

在本书的最后部分，讨论了长期的宏观调控模型。若存在一个强有力的经济主体，来对资本以及设备等的积累进行有效的调控，那么就有可能使经济沿着均衡路径增长，这也是大道定理的含义所在。

所谓的竞争均衡更有效率的说法，只是新自由主义经济学的一个"金科玉律"，我们从数值例中也能看到，完全竞争机制并非像他们所鼓吹的那样发挥作用。

固定资本与竞争均衡的不稳定性　我们知道，马克思的两大部类动态模型具有对偶不稳定性。在一个供需一致的条件下，含有固定资本的马克思-斯拉法模型虽然存在均衡，但这种均衡并不稳定。供需一致条件在经济学中是与竞争均衡相近的一种设定。在马克思-斯拉法的框架下，我们可以得出的结论是竞争经济只有不稳定的均衡点。这种不稳定性意味着，竞争经济早晚会出现过剩生产恐慌，对资本家的商品经济造成直接性的打击。这种不稳定性是以市场原理为基础包含固定资本的商品经济所共通的问题。

计划主体与固定资本的投资管理　与竞争经济相比，明确存在计划主体的经济在 Marx-von Neumann 的框架下来把握的话，我们知道它不仅存在被称为大道均衡的均衡路径，而且具有可实现性。

在计划经济的理论盛行的过去一段时期，有很多关于固定资本运动的相关研究。

在关于固定资本更新过程的讨论中，我们知道 Ruchti-Lohmann 效果也是作为一种"共鸣"现象来理解，它是一种衰减运动。但折旧和更新之间的偏离问题，尚未有一个明确的解决办法。而在 Marx-von Neumann 的最优路径的分析中已经暗示了关于固定资本的这类问题只有明示旧固定资本的存在才有解决的可能。

无可厚非，计划主体明确存在的社会主义经济，其实也是一种商品经济。即，通过竞争获得商品的这种机制由市场来保证，但是过度的追求利益（利润）会导致市场的供需调整功能失调，这会与资本主义经济一样，避免不了过剩生产恐慌现象。所以说，诸如此类的（大型）固定资本的投资管理并非易事，应该由经济的宏观调控部门来进行。

作为政策手段的折旧率　我们知道，Ruchiti-Lohmann 效果并不能带来固定资本实际价值的净增。它只是从表象上增加了名义存量，或者是提高了生产力，而实际上并非如此。

需要注意的是，以上的结论与折旧率的设定无关。只要折旧是为了回收固定资本的价值，e_i 是构成递减数列，那么无论 c_i 为何值，都会得出以上的结论。这样，就可以从政策层面上来设定 c_i 的值。若设定一个更大的 c_0，也就是所谓的加速折旧，那么达到折旧年限之前的那一期的

折旧率 c_{m-1} 就会变得越小。但是，在一开始的阶段更大的折旧率会让生产力的"上扬"幅度变得更大。

均衡数量体系的不稳定性　在不存在固定资本的两大部类经济模型中，我们知道其数量均衡是不稳定的。华罗庚(Hua Lookeng, 1984) 提到了它与计划经济的关系。

我们从数值例的计算结果中知道，马克思-斯拉法模型中数量均衡的不稳定性更强，即使从一个均衡比率出发，在短期内就出现负的产出量。华罗庚提出了由数量均衡的不稳定性造成的产出量与均衡的偏离问题，可以通过贸易等政策来逐步解决的可能性。不过光就此点尚不充分。

从大道路径中可以看出，期初赋予量的不同设定会导致在期初阶段消费品产出量下降的可能性。此时，我们需要追加一个消费约束等条件，来设定它的最优路径。

在欧美的正统派经济学中，大道理论是作为一类规范分析来定位的。

实际上，资本主义经济中，竞争经济自然不必多说，即使是庞大资本拥有垄断性立场的情形，垄断资本有吸收兼并其他弱小资本的动机，但没有让经济整体保持稳定均衡增长的动机。

不单是竞争经济中的资本家，垄断资本也是以利润动机在行动的，从这一点来讲二者并无区别。

因此，在资本主义经济体制下根本无法简单地达到大道路径。

李帮喜(Li, 2008)使用了马克思两大部类模型，计算了中国20年来的经济发展的大道路径。从计算结果来看，中国经济的增长轨迹基本是沿着大道路径在增长。

结束语　总之，从竞争经济中的价格形成和供需调节两方面来看，它（们）的均衡点都是不稳定的。原因之一就是固定资本的存在。

固定资本折旧部分的再投资只是引起一定程度的衰减振动，但如若不能对这种投资进行切实有效的管理，即使在社会主义经济下也有导致过剩生产现象的可能性。

需要继续研究的问题　本书尚有未详细讨论的诸多问题。比如技术进步对经济的影响、教育规划与熟练劳动的还原问题、置盐的商品经济的动态不均衡分析、地租理论及金融不稳定性的马克思经济学解释等。这些问题我们将另撰文或在改订版中详细讨论。

附录A Kantorovich 规划的计算结果

表 A-1 展望规划的不同年龄不同种类产出量时间序列

单位：10^{12}元

部门	年龄	1995年	1996年	1997年	1998年	1999年	2000年
固定资本1	0	0.03348	0.29653	0.23308	0.21564	0.18752	0.54797
	1	0.00000	0.03348	0.00000	0.00000	0.00009	0.02768
	2	0.00000	0.00000	0.00027	0.00000	0.00000	0.00627
	3	0.00000	0.00000	0.00000	0.00026	0.00000	0.00000
	4	0.00000	0.00000	0.00000	0.00000	0.00016	0.00000
	5	0.00000	0.00000	0.00000	0.00000	0.00000	0.01192
	6	0.00000	0.00000	0.00000	0.00000	0.00000	0.00000
	7	0.00000	0.00000	0.00000	0.00000	0.00000	0.00000
	8	0.00000	0.00000	0.00000	0.00000	0.00000	0.00000
	9	0.00000	0.00000	0.00000	0.00000	0.00000	0.00000
	10	0.00000	0.00000	0.00000	0.00000	0.00000	0.00000
	11	0.00000	0.00000	0.00000	0.00000	0.00000	0.00000
	12	0.00000	0.00000	0.00000	0.00000	0.00000	0.00000
	13	0.00000	0.00000	0.00000	0.00000	0.00000	0.00000
	14	0.00000	0.00000	0.00000	0.00000	0.00000	0.00000
	15	0.00000	0.00000	0.00000	0.00000	0.00000	0.00000
固定资本2	0	0.92096	1.50119	1.78096	1.70618	1.55070	0.54797
	1	0.00000	0.91104	0.10709	0.08339	1.03488	0.02768
	2	0.00000	0.00000	1.12880	0.10561	0.03796	1.57100
	3	0.00000	0.00000	0.00000	1.12880	0.10561	0.03598
	4	0.00000	0.00000	0.00000	0.00000	1.03897	0.07764
	5	0.00000	0.00000	0.00000	0.00000	0.00000	0.94147
	6	0.00000	0.00000	0.00000	0.00000	0.00000	0.00000
	7	0.00000	0.00000	0.00000	0.00000	0.00000	0.00000
	8	0.00000	0.00000	0.00000	0.00000	0.00000	0.00000
	9	0.00000	0.00000	0.00000	0.00000	0.00000	0.00000
	10	0.00000	0.00000	0.00000	0.00000	0.00000	0.00000
	11	0.00000	0.00000	0.00000	0.00000	0.00000	0.00000
	12	0.00000	0.00000	0.00000	0.00000	0.00000	0.00000
	13	0.00000	0.00000	0.00000	0.00000	0.00000	0.00000
	14	0.00000	0.00000	0.00000	0.00000	0.00000	0.00000
	15	0.00000	0.00000	0.00000	0.00000	0.00000	0.00000

表 A-2　展望规划的不同年龄不同种类产出量时间序列（续1）

单位：10^{12}元

部门	年龄	1995年	1996年	1997年	1998年	1999年	2000年
	0	0.43310	0.02234	0.01767	0.41755	0.07823	0.54797
	1	0.00000	0.40882	0.02234	0.01767	0.41755	0.07823
	2	0.00000	0.00000	0.29164	0.02234	0.01767	1.35624
	3	0.00000	0.00000	0.00000	0.29164	0.02234	0.05873
	4	0.00000	0.00000	0.00000	0.00000	0.29164	0.05809
	5	0.00000	0.00000	0.00000	0.00000	0.00000	0.84305
	6	0.00000	0.00000	0.00000	0.00000	0.00000	0.00000
	7	0.00000	0.00000	0.00000	0.00000	0.00000	0.00000
	8	0.00000	0.00000	0.00000	0.00000	0.00000	0.00000
	9	0.00000	0.02234	0.00000	0.41755	0.00000	0.00000
	10	0.00000	0.00000	0.00000	0.00000	0.00000	0.00000
	11	0.00000	0.00000	0.00000	0.00000	0.00000	0.00000
	12	0.00000	0.00000	0.00000	0.00000	0.00000	0.00000
	13	0.00000	0.00000	0.00000	0.00000	0.00000	0.00000
	14	0.00000	0.00000	0.00000	0.00000	0.00000	0.00000
	15	0.00000	0.00000	0.00000	0.00000	0.00000	0.00000
固	16	0.00000	0.00000	0.00000	0.00000	0.00000	0.00000
定	17	0.00000	0.00000	0.00000	0.00000	0.00000	0.00000
资	18	0.00000	0.00000	0.00000	0.00000	0.00000	0.00000
本	19	0.00000	0.00000	0.00000	0.00000	0.00000	0.00000
3	20	0.00000	0.00000	0.00000	0.00000	0.00000	0.00000
	21	0.00000	0.00000	0.00000	0.00000	0.00000	0.00000
	22	0.00000	0.00000	0.00000	0.00000	0.00000	0.00000
	23	0.00000	0.00000	0.00000	0.00000	0.00000	0.00000
	24	0.00000	0.02234	0.00000	0.00000	0.00000	0.54797
	25	0.00000	0.40882	0.02234	0.01767	0.41755	0.07823
	26	0.00000	0.00000	0.29164	0.02234	0.00000	1.35624
	27	0.00000	0.00000	0.00000	0.00000	0.00000	0.00000
	28	0.00000	0.00000	0.00000	0.00000	0.00000	0.00000
	29	0.00000	0.00000	0.00000	0.00000	0.00000	0.00000
	30	0.00000	0.00000	0.00000	0.00000	0.00000	0.00000
	31	0.00000	0.00000	0.00000	0.00000	0.00000	0.00000
	32	0.00000	0.00000	0.00000	0.00000	0.00000	0.00000
	33	0.00000	0.00000	0.00000	0.00000	0.00000	0.00000
	34	0.00000	0.00000	0.00000	0.00000	0.00000	0.00000
	35	0.00000	0.00000	0.00000	0.00000	0.00000	0.00000
	36	0.00000	0.00000	0.00000	0.00000	0.00000	0.00000
	37	0.00000	0.00000	0.00000	0.00000	0.00000	0.00000
	38	0.00000	0.00000	0.00000	0.00000	0.00000	0.00000
	39	0.00000	0.00000	0.00000	0.00000	0.00000	0.00000

表 A-3　展望规划的不同年龄不同种类产出量时间序列（续2）

单位：10^{12}元

部门	年龄	1995年	1996年	1997年	1998年	1999年	2000年
固定资本4	0	0.01034	0.08524	0.08394	0.11651	0.79660	0.54797
	1	0.00000	0.01034	0.00014	0.00014	0.00005	0.00000
	2	0.00000	0.00000	0.00076	0.00013	0.00000	0.00099
	3	0.00000	0.00000	0.00000	0.00071	0.00013	0.00000
	4	0.00000	0.00000	0.00000	0.00000	0.00062	0.00243
	5	0.00000	0.00000	0.00000	0.00000	0.00000	0.00498
	6	0.00000	0.00000	0.00000	0.00000	0.00000	0.00000
	7	0.00000	0.00000	0.00000	0.00000	0.00000	0.00000
	8	0.00000	0.00000	0.00000	0.00000	0.00000	0.00000
	9	0.00000	0.00000	0.00000	0.00000	0.00000	0.00000
固定资本5	0	0.47924	0.29292	0.27718	0.31359	0.40526	0.54797
	1	0.00000	0.47924	0.00360	0.00398	0.07476	0.01830
	2	0.00000	0.00000	0.03638	0.00357	0.00337	1.09121
	3	0.00000	0.00000	0.00000	0.03638	0.00357	0.01972
	4	0.00000	0.00000	0.00000	0.00000	0.03638	0.03754
	5	0.00000	0.00000	0.00000	0.00000	0.00000	0.66747
	6	0.00000	0.00000	0.00000	0.00000	0.00000	0.00000
	7	0.00000	0.00000	0.00000	0.00000	0.00000	0.00000
原材料	1	–	1.10666	0.44480	0.34963	0.32345	0.28128	0.82195
	2	–	6.74796	2.25179	2.67144	2.55926	2.32604	0.82195
	3	–	0.04973	0.03351	0.02650	0.62633	0.11735	0.82195
	4	–	0.43646	0.12787	0.12591	0.17476	1.19491	0.82195
	5	–	1.06864	0.43938	0.41577	0.47038	0.60788	0.82195
	6	–	0.29998	0.13966	0.15712	0.15037	0.22884	0.82195
消费品	1	–	0.05389	0.59306	0.46617	0.43127	0.37504	1.09594
	2	–	0.07140	3.00239	3.56191	3.41235	3.10139	1.09594
	3	–	0.02364	0.04467	0.03534	0.83510	0.15647	1.09594
	4	–	0.05366	0.17049	0.16788	0.23302	1.59321	1.09594
	5	–	0.02279	0.58584	0.55436	0.62717	0.81051	1.09594
	6	–	0.03068	0.18622	0.20950	0.20050	0.30512	1.09594

表 A-4　展望规划的不同年龄对偶价格时间序列

部门	年龄	1996年	1997年	1998年	1999年	2000年
固定资本1	0	0.00489	0.00000	0.00000	0.00000	0.32123
	1	0.00000	0.00000	15.9893	0.00000	0.32123
	2	0.00000	0.00000	0.00000	0.00000	0.32123
	3	0.00000	0.00000	0.00000	0.00000	0.32123
	4	0.00000	0.00000	0.00000	0.00000	0.00000
	5	0.00000	0.00000	0.00000	0.00000	0.00000
	6	0.00000	0.00000	0.00000	0.00000	0.00000
	7	0.00000	0.00000	0.00000	0.00000	0.00000
	8	0.00000	0.00000	0.00000	0.00000	0.00000
	9	0.00000	0.00000	0.00000	0.00000	0.00000
	10	0.00000	0.00000	0.00000	0.00000	0.32123
	11	0.00000	0.00000	0.00000	0.00000	0.00000
	12	0.00000	0.00000	0.00000	0.00000	0.00000
	13	0.00000	0.00000	0.00000	0.00000	0.00000
	14	0.00000	0.00000	0.00000	0.00000	0.00000
	15	0.00000	0.00000	0.00000	0.00000	0.00000
固定资本2	0	0.00000	0.00000	0.00000	0.00000	0.29496
	1	8.13453	0.00276	0.00000	0.00000	0.00000
	2	8.13453	2.12910	0.01161	0.00000	0.00000
	3	8.13453	2.12910	2.13427	0.00000	0.00000
	4	5.79959	2.12910	2.13427	2.07138	0.00000
	5	6.71811	0.41718	2.13427	2.07138	0.93725
	6	5.46842	1.09062	0.42235	2.07138	0.93725
	7	6.30460	0.17438	1.09579	0.35946	0.93725
	8	1.63645	0.76262	0.00000	0.76262	0.00000
	9	8.13453	0.76538	0.76262	0.00000	0.32123
	10	8.13453	2.12910	0.77423	0.76262	0.00000
	11	8.13453	2.12910	2.13427	0.76262	0.32123
	12	5.79959	2.12910	2.13427	2.07138	0.32123
	13	5.67796	0.41718	2.13427	2.07138	0.93725
	14	5.46842	0.32800	0.42235	2.07138	0.93725
	15	5.26444	0.17438	0.33317	0.35946	0.93725

表 A-5　展望规划的不同年龄对偶价格时间序列（续1）

部门	年龄	1996年	1997年	1998年	1999年	2000年
	0	0.00000	0.43819	0.52942	0.39434	0.33165
	1	0.00000	0.01659	0.52942	0.39434	0.21798
	2	0.00000	0.00000	0.31965	0.39434	0.21798
	3	0.00000	0.00000	0.00000	0.39434	0.21798
	4	0.00000	0.00000	0.00000	0.00000	0.21798
	5	0.00000	0.00000	0.00000	0.00000	0.00000
	6	0.00000	0.00000	0.00000	0.00000	0.00000
	7	0.00000	0.00000	0.00000	0.00000	0.00000
	8	5.00938	0.43819	0.52942	0.39434	0.33165
	9	0.00000	0.66193	0.52942	0.39434	0.21798
	10	0.00000	0.00000	0.31965	0.39434	0.21798
	11	0.00000	0.00000	0.00000	0.39434	0.21798
	12	0.00000	0.00000	0.00000	0.00000	0.21798
	13	0.00000	0.00000	0.00000	0.00000	0.00000
	14	0.00000	0.00000	0.00000	0.00000	0.00000
	15	0.00000	0.00000	0.00000	0.00000	0.00000
固	16	5.00938	0.43819	0.52942	0.39434	0.33165
定	17	0.00000	0.66193	0.52942	0.39434	0.21798
资	18	0.00000	0.00000	0.31965	0.39434	0.21798
本	19	0.00000	0.00000	0.00000	0.39434	0.21798
3	20	0.00000	0.00000	0.00000	0.00000	0.21798
	21	0.00000	0.00000	0.00000	0.00000	0.00000
	22	0.00000	0.00000	0.00000	0.00000	0.00000
	23	0.00000	0.00000	0.00000	0.00000	0.00000
	24	5.00938	0.43819	0.52942	0.39434	0.33165
	25	0.00000	0.66193	0.52942	0.39434	0.21798
	26	0.00000	0.00000	0.31965	0.39434	0.21798
	27	0.00000	0.00000	0.00000	0.39434	0.21798
	28	0.00000	0.00000	0.00000	0.00000	0.21798
	29	0.00000	0.00000	0.00000	0.00000	0.00000
	30	0.00000	0.00000	0.00000	0.00000	0.00000
	31	0.00000	0.00000	0.00000	0.00000	0.00000
	32	5.00938	0.43819	0.52942	0.39434	0.33165
	33	0.00000	0.66193	0.52942	0.39434	0.21798
	34	0.00000	0.00000	0.31965	0.39434	0.21798
	35	0.00000	0.00000	0.00000	0.39434	0.21798
	36	0.00000	0.00000	0.00000	0.00000	0.21798
	37	0.00000	0.00000	0.00000	0.00000	0.00000
	38	0.00000	0.00000	0.00000	0.00000	0.00000
	39	0.00000	0.00000	0.00000	0.00000	0.00000

表 A-6 展望规划的不同年龄对偶价格时间序列（续2）

部门	年龄	1996年	1997年	1998年	1999年	2000年
固定资本4	0	10.3794	0.00000	0.00000	0.00000	0.25750
	1	0.00000	5.93822	0.00000	0.00000	0.00000
	2	0.00000	0.00000	0.00000	0.00000	0.00000
	3	0.00000	0.00000	0.00000	0.00000	0.00000
	4	0.00000	0.00000	0.00000	0.00000	0.00000
	5	0.00000	0.00000	0.00000	0.00000	0.00000
	6	0.00000	0.00000	0.00000	0.00000	0.00000
	7	0.00000	0.00000	0.00000	0.00000	0.00000
	8	0.00000	0.00000	0.00000	0.00000	0.00000
	9	0.00000	0.00000	0.00000	0.00000	0.00000
固定资本5	0	0.04715	0.00000	0.00000	0.00000	0.30149
	1	0.00000	0.32995	0.00000	0.00000	0.00000
	2	0.00000	0.00000	0.96922	0.00000	0.00000
	3	0.00000	0.00000	0.00000	0.00000	0.00000
	4	0.00000	0.00000	0.00000	0.00000	0.00000
	5	0.00000	0.00000	0.00000	0.00000	0.00000
	6	0.00000	0.00000	0.00000	0.00000	0.00000
	7	0.00000	0.00000	0.00000	0.00000	0.00000
原材料	1 —	0.00000	0.00000	0.09795	0.10215	0.06578
	2 —	0.00000	0.45342	0.31552	0.25141	0.19804
	3 —	0.00000	0.00000	0.00000	0.00000	0.16007
	4 —	0.00000	0.00000	0.00000	0.18361	0.05361
	5 —	0.00000	0.00000	0.13480	0.15842	0.12266
	6 —	0.00000	0.00000	0.00000	0.11600	0.02440
消费品	1 —	0.00000	0.00000	0.11230	0.06361	0.02550
	2 —	0.00000	0.85691	0.31225	0.13639	0.05586
	3 —	0.00000	0.00000	0.00000	0.00000	0.02367
	4 —	0.00000	0.00000	0.22334	0.13520	0.10758
	5 —	0.00000	0.00606	0.18763	0.10504	0.02395
	6 —	0.00000	0.00000	0.17977	0.12470	0.09296

表 A-7 有固定资本约束的不同年龄产出量时间序列

单位：10^{12}元

部门	年龄	1995年	1996年	1997年	1998年	1999年	2000年
固定资本1	0	0.03348	0.29713	0.23300	0.21556	0.18745	0.54778
	1	0.00000	0.03348	0.00000	0.00000	0.00009	0.02767
	2	0.00000	0.00000	0.00027	0.00000	0.00000	0.00627
	3	0.00000	0.00000	0.00000	0.00026	0.00000	0.00000
	4	0.00000	0.00000	0.00000	0.00000	0.00016	0.00000
	5	0.00000	0.00000	0.00000	0.00000	0.00000	0.01191
	6	0.00000	0.00000	0.00000	0.00000	0.00000	0.00000
	7	0.00000	0.00000	0.00000	0.00000	0.00000	0.00000
	8	0.00000	0.00000	0.00000	0.00000	0.00000	0.00000
	9	0.00000	0.00000	0.00000	0.00000	0.00000	0.00000
	10	0.00000	0.00000	0.00000	0.00000	0.00000	0.00000
	11	0.00000	0.00000	0.00000	0.00000	0.00000	0.00000
	12	0.00000	0.00000	0.00000	0.00000	0.00000	0.00000
	13	0.00000	0.00000	0.00000	0.00000	0.00000	0.00000
	14	0.00000	0.00000	0.00000	0.00000	0.00000	0.00000
	15	0.00000	0.00000	0.00000	0.00000	0.00000	0.00000
固定资本2	0	0.92096	1.50048	1.78033	1.70558	1.55015	0.54778
	1	0.00000	0.90946	0.11085	0.07922	1.04461	0.02767
	2	0.00000	0.00000	1.12726	0.11085	0.03539	1.53488
	3	0.00000	0.00000	0.00000	1.12726	0.05368	0.08401
	4	0.00000	0.00000	0.00000	0.00000	1.08295	0.04664
	5	0.00000	0.00000	0.00000	0.00000	0.00000	0.95965
	6	0.00000	0.00000	0.00000	0.00000	0.00000	0.00000
	7	0.00000	0.00000	0.00000	0.00000	0.00000	0.00000
	8	0.00000	0.00000	0.00000	0.00000	0.00000	0.00000
	9	0.00000	0.00000	0.00000	0.00000	0.00000	0.00000
	10	0.00000	0.00000	0.00000	0.00000	0.00000	0.00000
	11	0.00000	0.00000	0.00000	0.00000	0.00000	0.00000
	12	0.00000	0.00000	0.00000	0.00000	0.00000	0.00000
	13	0.00000	0.00000	0.00000	0.00000	0.00000	0.00000
	14	0.00000	0.00000	0.00000	0.00000	0.00000	0.00000
	15	0.00000	0.00000	0.00000	0.00000	0.00000	0.00000

表 A-8　有固定资本约束的不同年龄产出量时间序列（续1）

单位：10^{12}元

部门	年龄	1995年	1996年	1997年	1998年	1999年	2000年
	0	0.43310	0.02345	0.01647	0.41740	0.07821	0.54778
	1	0.00000	0.40860	0.02345	0.01647	0.41740	0.07821
	2	0.00000	0.00000	0.29161	0.02345	0.01647	1.35257
	3	0.00000	0.00000	0.00000	0.29161	0.02345	0.05475
	4	0.00000	0.00000	0.00000	0.00000	0.29161	0.07611
	5	0.00000	0.00000	0.00000	0.00000	0.00000	0.83185
	6	0.00000	0.00000	0.00000	0.00000	0.00000	0.00000
	7	0.00000	0.00000	0.00000	0.00000	0.00000	0.00000
	8	0.00000	0.00000	0.00000	0.00000	0.00000	0.00000
	9	0.00000	0.00000	0.00000	0.00000	0.00000	0.00000
	10	0.00000	0.00000	0.00000	0.00000	0.00000	0.00000
	11	0.00000	0.00000	0.00000	0.00000	0.00000	0.00000
	12	0.00000	0.00000	0.00000	0.00000	0.00000	0.00000
	13	0.00000	0.00000	0.00000	0.00000	0.00000	0.00000
	14	0.00000	0.00000	0.00000	0.00000	0.00000	0.00000
	15	0.00000	0.00000	0.00000	0.00000	0.00000	0.00000
固	16	0.00000	0.00000	0.00000	0.00000	0.00000	0.00000
定	17	0.00000	0.00000	0.00000	0.00000	0.00000	0.00000
资	18	0.00000	0.00000	0.00000	0.00000	0.00000	0.00000
本	19	0.00000	0.00000	0.00000	0.00000	0.00000	0.00000
3	20	0.00000	0.00000	0.00000	0.00000	0.00000	0.00000
	21	0.00000	0.00000	0.00000	0.00000	0.00000	0.00000
	22	0.00000	0.00000	0.00000	0.00000	0.00000	0.00000
	23	0.00000	0.00000	0.00000	0.00000	0.00000	0.00000
	24	0.00000	0.00000	0.01000	0.00000	0.00000	0.00000
	25	0.00000	0.00000	0.02345	0.00000	0.00000	0.07821
	26	0.00000	0.00000	0.29161	0.00000	0.01647	0.00000
	27	0.00000	0.00000	0.00000	0.00000	0.00000	0.00000
	28	0.00000	0.00000	0.00000	0.00000	0.00000	0.00000
	29	0.00000	0.00000	0.00000	0.00000	0.00000	0.00000
	30	0.00000	0.00000	0.00000	0.00000	0.00000	0.00000
	31	0.00000	0.00000	0.00000	0.00000	0.00000	0.00000
	32	0.00000	0.00000	0.00000	0.00000	0.00000	0.00000
	33	0.00000	0.00000	0.00000	0.00000	0.00000	0.00000
	34	0.00000	0.00000	0.00000	0.00000	0.00000	0.00000
	35	0.00000	0.00000	0.00000	0.00000	0.00000	0.00000
	36	0.00000	0.00000	0.00000	0.00000	0.00000	0.00000
	37	0.00000	0.00000	0.00000	0.00000	0.00000	0.00000
	38	0.00000	0.00000	0.00000	0.00000	0.00000	0.00000
	39	0.00000	0.00000	0.00000	0.00000	0.00000	0.00000

表 A-9 有固定资本约束的不同年龄产出量时间序列（续2）

单位：10^{12}元

部门	年龄	1995年	1996年	1997年	1998年	1999年	2000年
固定资本4	0	0.01034	0.08563	0.08537	0.11647	0.79632	0.54778
	1	0.00000	0.01034	0.00014	0.00014	0.00009	0.00000
	2	0.00000	0.00000	0.00076	0.00014	0.00000	0.00000
	3	0.00000	0.00000	0.00000	0.00071	0.00000	0.00000
	4	0.00000	0.00000	0.00000	0.00000	0.00071	0.00000
	5	0.00000	0.00000	0.00000	0.00000	0.00000	0.00840
	6	0.00000	0.00000	0.00000	0.00000	0.00000	0.00000
	7	0.00000	0.00000	0.00000	0.00000	0.00000	0.00000
	8	0.00000	0.00000	0.00000	0.00000	0.00000	0.00000
	9	0.00000	0.00000	0.00000	0.00000	0.00000	0.00000
固定资本5	0	0.47924	0.29018	0.27708	0.31348	0.40511	0.54778
	1	0.00000	0.47924	0.00375	0.00378	0.07475	0.01829
	2	0.00000	0.00000	0.03639	0.00375	0.00314	1.06693
	3	0.00000	0.00000	0.00000	0.03639	0.00375	0.06581
	4	0.00000	0.00000	0.00000	0.00000	0.03639	0.02556
	5	0.00000	0.00000	0.00000	0.00000	0.00000	0.65700
	6	0.00000	0.00000	0.00000	0.00000	0.00000	0.00000
	7	0.00000	0.00000	0.00000	0.00000	0.00000	0.00000
原材料	1	–	1.10666	0.44569	0.34950	0.32334	0.28118	0.82167
	2	–	6.74796	2.25072	2.67050	2.55836	2.32523	0.82167
	3	–	0.04973	0.03517	0.02471	0.62611	0.11731	0.82167
	4	–	0.43646	0.12844	0.12806	0.17470	1.19449	0.82167
	5	–	1.06864	0.43526	0.41562	0.47022	0.60767	0.82167
	6	–	0.29998	0.14030	0.15807	0.15032	0.22876	0.82167
消费品	1	–	0.05389	0.59426	0.46600	0.43112	0.37491	1.09555
	2	–	0.07140	3.00096	3.56066	3.41115	3.10030	1.09555
	3	–	0.02364	0.04689	0.03295	0.83481	0.15641	1.09555
	4	–	0.05366	0.17125	0.17074	0.23293	1.59265	1.09555
	5	–	0.02279	0.58035	0.55416	0.62695	0.81023	1.09555
	6	–	0.03068	0.18706	0.21076	0.20043	0.30501	1.09555

表 A-10　有劳动资源约束的不同年龄产出量时间序列

单位：10^{12}元

部门	年龄	1995年	1996年	1997年	1998年	1999年	2000年
固定资本1	0	0.03348	0.00309	0.00303	0.00200	0.00154	0.00449
	1	0.00000	0.00035	0.00000	0.00000	0.00000	0.00038
	2	0.00000	0.00000	0.00000	0.00000	0.00000	0.00000
	3	0.00000	0.00000	0.00000	0.00000	0.00000	0.00000
	4	0.00000	0.00000	0.00000	0.00000	0.00000	0.00000
	5	0.00000	0.00000	0.00000	0.00000	0.00000	0.00000
	6	0.00000	0.00000	0.00000	0.00000	0.00000	0.00000
	7	0.00000	0.00000	0.00000	0.00000	0.00000	0.00000
	8	0.00000	0.00000	0.00000	0.00000	0.00000	0.00000
	9	0.00000	0.00000	0.00000	0.00000	0.00000	0.00000
	10	0.00000	0.00000	0.00000	0.00000	0.00000	0.00000
	11	0.00000	0.00000	0.00000	0.00000	0.00000	0.00000
	12	0.00000	0.00000	0.00000	0.00000	0.00000	0.00000
	13	0.00000	0.00000	0.00000	0.00000	0.00000	0.00000
	14	0.00000	0.00000	0.00000	0.00000	0.00000	0.00000
	15	0.00000	0.00000	0.00000	0.00000	0.00000	0.00000
固定资本2	0	0.92096	0.02195	0.02262	0.02391	0.01269	0.00449
	1	0.00000	0.01200	0.01546	0.01705	0.01651	0.01269
	2	0.00000	0.00000	0.00000	0.00000	0.00055	0.00903
	3	0.00000	0.00000	0.00000	0.00000	0.00000	0.00000
	4	0.00000	0.00000	0.00000	0.00000	0.00000	0.00000
	5	0.00000	0.00000	0.00000	0.00000	0.00000	0.00000
	6	0.00000	0.00000	0.00000	0.00000	0.00000	0.00000
	7	0.00000	0.00000	0.00000	0.00000	0.00000	0.00000
	8	0.00000	0.00000	0.00000	0.00000	0.00000	0.00000
	9	0.00000	0.00000	0.00000	0.00000	0.00000	0.00000
	10	0.00000	0.00000	0.00000	0.00000	0.00000	0.00000
	11	0.00000	0.00000	0.00000	0.00000	0.00000	0.00000
	12	0.00000	0.00000	0.00000	0.00000	0.00000	0.00000
	13	0.00000	0.00000	0.00000	0.00000	0.00000	0.00000
	14	0.00000	0.00000	0.00000	0.00000	0.00000	0.00000
	15	0.00000	0.00000	0.00000	0.00000	0.00000	0.00000

表 A-11　有劳动资源约束的不同年龄产出量时间序列（续1）

单位：10^{12}元

部门	年龄	1995年	1996年	1997年	1998年	1999年	2000年
固定资本3	0	0.43310	0.00376	0.00410	0.00355	0.01372	0.00449
	1	0.00000	0.00507	0.00376	0.00410	0.00355	0.01372
	2	0.00000	0.00000	0.00000	0.00000	0.00026	0.00589
	3	0.00000	0.00000	0.00000	0.00000	0.00000	0.00000
	4	0.00000	0.00000	0.00000	0.00000	0.00000	0.00000
	5	0.00000	0.00000	0.00000	0.00000	0.00000	0.00000
	6	0.00000	0.00000	0.00000	0.00000	0.00000	0.00000
	7	0.00000	0.00000	0.00000	0.00000	0.00000	0.00000
	8	0.00000	0.00000	0.00000	0.00000	0.00000	0.00000
	9	0.00000	0.00000	0.00000	0.00000	0.00000	0.00000
	10	0.00000	0.00000	0.00000	0.00000	0.00000	0.00000
	11	0.00000	0.00000	0.00000	0.00000	0.00000	0.00000
	12	0.00000	0.00000	0.00000	0.00000	0.00000	0.00000
	13	0.00000	0.00000	0.00000	0.00000	0.00000	0.00000
	14	0.00000	0.00000	0.00000	0.00000	0.00000	0.00000
	15	0.00000	0.00000	0.00000	0.00000	0.00000	0.00000
	16	0.00000	0.00000	0.00000	0.00000	0.00000	0.00000
	17	0.00000	0.00000	0.00000	0.00000	0.00000	0.00000
	18	0.00000	0.00000	0.00000	0.00000	0.00000	0.00000
	19	0.00000	0.00000	0.00000	0.00000	0.00000	0.00000
	20	0.00000	0.00000	0.00000	0.00000	0.00000	0.00000
	21	0.00000	0.00000	0.00000	0.00000	0.00000	0.00000
	22	0.00000	0.00000	0.00000	0.00000	0.00000	0.00000
	23	0.00000	0.00000	0.00000	0.00000	0.00000	0.00000
	24	0.00000	0.00000	0.00000	0.00000	0.00000	0.00000
	25	0.00000	0.00000	0.00000	0.00000	0.00000	0.00000
	26	0.00000	0.00000	0.00000	0.00000	0.00000	0.00000
	27	0.00000	0.00000	0.00000	0.00000	0.00000	0.00000
	28	0.00000	0.00000	0.00000	0.00000	0.00000	0.00000
	29	0.00000	0.00000	0.00000	0.00000	0.00000	0.00000
	30	0.00000	0.00000	0.00000	0.00000	0.00000	0.00000
	31	0.00000	0.00000	0.00000	0.00000	0.00000	0.00000
	32	0.00000	0.00000	0.00000	0.00000	0.00000	0.00000
	33	0.00000	0.00000	0.00000	0.00000	0.00000	0.00000
	34	0.00000	0.00000	0.00000	0.00000	0.00000	0.00000
	35	0.00000	0.00000	0.00000	0.00000	0.00000	0.00000
	36	0.00000	0.00000	0.00000	0.00000	0.00000	0.00000
	37	0.00000	0.00000	0.00000	0.00000	0.00000	0.00000
	38	0.00000	0.00000	0.00000	0.00000	0.00000	0.00000
	39	0.00000	0.00000	0.00000	0.00000	0.00000	0.00000

表 A-12　有劳动资源约束的不同年龄产出量时间序列（续2）

单位：10^{12}元

部门	年龄	1995年	1996年	1997年	1998年	1999年	2000年
固定资本4	0	0.01034	0.00092	0.00096	0.00104	0.00100	0.00449
	1	0.00000	0.00017	0.00001	0.00001	0.00001	0.00007
	2	0.00000	0.00000	0.00000	0.00000	0.00000	0.00000
	3	0.00000	0.00000	0.00000	0.00000	0.00000	0.00000
	4	0.00000	0.00000	0.00000	0.00000	0.00000	0.00000
	5	0.00000	0.00000	0.00000	0.00000	0.00000	0.00000
	6	0.00000	0.00000	0.00000	0.00000	0.00000	0.00000
	7	0.00000	0.00000	0.00000	0.00000	0.00000	0.00000
	8	0.00000	0.00000	0.00000	0.00000	0.00000	0.00000
	9	0.00000	0.00000	0.00000	0.00000	0.00000	0.00000
固定资本5	0	0.47924	0.00328	0.00348	0.00439	0.00794	0.00449
	1	0.00000	0.00635	0.00050	0.00053	0.00040	0.00794
	2	0.00000	0.00000	0.00000	0.00000	0.00005	0.00708
	3	0.00000	0.00000	0.00000	0.00000	0.00000	0.00000
	4	0.00000	0.00000	0.00000	0.00000	0.00000	0.00000
	5	0.00000	0.00000	0.00000	0.00000	0.00000	0.00000
	6	0.00000	0.00000	0.00000	0.00000	0.00000	0.00000
	7	0.00000	0.00000	0.00000	0.00000	0.00000	0.00000
原材料	1	—	1.10666	0.00463	0.00455	0.00300	0.00230	0.00673
	2	—	6.74796	0.03293	0.03393	0.03586	0.01904	0.00673
	3	—	0.04973	0.00564	0.00615	0.00533	0.02057	0.00673
	4	—	0.43646	0.00137	0.00144	0.00155	0.00150	0.00673
	5	—	1.06864	0.00492	0.00523	0.00658	0.01191	0.00673
	6	—	0.29998	0.00139	0.00147	0.00176	0.00187	0.00673
消费品	1	—	0.05389	0.00618	0.00606	0.00400	0.00307	0.00897
	2	—	0.07140	0.04390	0.04524	0.04781	0.02539	0.00897
	3	—	0.02364	0.00753	0.00820	0.00711	0.02743	0.00897
	4	—	0.05366	0.00183	0.00192	0.00207	0.00199	0.00897
	5	—	0.02279	0.00656	0.00697	0.00878	0.01588	0.00897
	6	—	0.03068	0.00185	0.00196	0.00234	0.00250	0.00897

附录B 数学附录

为能更好地理解本书的数理分析内容，本章将对相关的数学知识进行一些简要的介绍。

B.1 差分方程式

最为简单的1阶差分方程式：齐次方程式 我们把对应自然数列 $t = 1, 2, \cdots$ 来确定它的数值的数列记为 $x(t)$。自然数中追加一个 0 不会影响一般意义上的分析，故我们在讨论中包含 0 这个数。我们称这样的变量为离散变量。

考虑一类求由

$$x(0) = x_o, \; x(t+1) = ax(t), \; t = 0, 1, 2, \cdots$$

定义的数列 $\{x(t)\}$ 的问题。$t+1$ 与 t 之间的差为 1，我们称之为**1阶差分方程式**。$x(t+1)$ 与 $x(t)$ 分别都是1次，所以称之为**线性**。

实际上，进行迭代运算可知

$$x(t) = ax(t-1) = a^2x(t-2) = \cdots = a^t x_o.$$

因此，一般来讲，可以认为 $x(t) = ca^t$。

这类差分方程式的解基本上是由指数函数 λ^t 给定的。

上述差分方程式只含有与 $x(t)$ 相关的项。我们称这类方程式为**齐次方程式**。

而把含有与 $x(t)$ 不同的其他函数 $f(t)$，即

$$x(t+1)+ax(t)=f(t), t=0, 1, 2, \cdots$$

称为**非齐次方程式**。

非齐次差分方程式与齐次差分方程式密切相关。

实际上，非齐次线性差分方程式的解是由与 $f(t)$ 对应的**特解**和齐次方程的解之和给定的。从这个意义上来讲，我们称齐次线性差分方程式的解为**基本解**。

2阶线性差分方程式　在差分方程式中，离散变量之差为 2 时，称之为 2 阶差分方程式。例如，

$$x(t+2)+a_1x(t+1)+a_2x(t)=f(t)$$

就是一个 2 阶的差分方程式，它的系数为常数，各项之间独立呈现 1 阶的形式，我们称之为 **2 阶常系数线性差分方程式**。

联立1阶差分方程式　我们来考察一个由联立方程式

$$x(t+1) = a_{11}x(t)+a_{12}y(t),$$
$$y(t+1) = a_{21}x(t)+a_{22}y(t)$$

定义的数列 $\{x(t)\}, \{y(t)\}$。

令 $x(t), y(t)$ 均由指数函数 λ^t 来给定，把 $x(t)=h\lambda^t, y(t)=k\lambda^t$ 代入到联立方程式中。

$$h\lambda^{t+1} = a_{11}h\lambda^t+a_{12}k\lambda^t,$$
$$k\lambda^{t+1} = a_{21}h\lambda^t+a_{22}k\lambda^t.$$

即，由 $\lambda^t \neq 0$ 可知

$$h\lambda = a_{11}h+a_{12}k,$$
$$k\lambda = a_{21}h+a_{22}k.$$

这样，联立线性差分方程式的解由联立差分方程式的系数部分

$\begin{pmatrix} a_{11} & a_{12} \\ a_{21} & a_{22} \end{pmatrix}$ 的特征值和特征向量来决定。

B.2　正矩阵的特征值、特征向量

上述模型的核心是矩阵 $M = \begin{pmatrix} a_1 & a_2 \\ b\ell_1 & b\ell_2 \end{pmatrix}$。这是一个 2 阶的正矩阵（所有元素都为正），关于正矩阵的必要数学知识我们作如下整理。

对于一个任意的方阵 A，称满足 $Ax = \lambda x$ 的数 λ 为 A 的**特征值**，此时的 $x \neq 0$ 为对应 λ 的（右）**特征向量**。同样，称满足 $uA = \lambda u$ 的 $u \neq \mathbf{0}$ 为**左特征向量**。

矩阵 A 的转置记为 $'A$，它的特征值与 A 的特征值一致。A 的右特征向量即是 $'A$ 的左特征向量。

A 和 A^{-1} 的特征值、特征向量之间的关系是

$$Ax = \lambda x \Longleftrightarrow \frac{1}{\lambda}x = A^{-1}x.$$

所以它们的特征值互为倒数，但特征向量相同。

我们在前面论述的生产价格的理论与 M 的左特征向量有关。以下，令 $M = \begin{pmatrix} m_{11} & m_{12} \\ m_{21} & m_{22} \end{pmatrix} > O$，假定它的所有元素都为正。

M 的特征值是特征方程式

$$
\begin{aligned}
\varphi(\lambda) &= |\lambda I - M| \\
&= \begin{vmatrix} \lambda - m_{11} & -m_{12} \\ -m_{21} & \lambda - m_{22} \end{vmatrix} \\
&= \lambda^2 - (m_{11} + m_{22})\lambda + (m_{11}m_{22} - m_{12}m_{21}) = 0
\end{aligned}
$$

的根。这是一个 2 次方程式，所以有 2 个根，它们分别是

$$\lambda_1 = \frac{1}{2}\left[m_{11} + m_{22} + \sqrt{(m_{11} - m_{22})^2 + 4m_{12}m_{21}} \right],$$

$$\lambda_2 = \frac{1}{2}\left[m_{11} + m_{22} - \sqrt{(m_{11} - m_{22})^2 + 4m_{12}m_{21}}\right].$$

我们来看一下 $\varphi(\lambda)$ 的图的形状。2 次项的系数是 1 为正，所以抛物线是向上张开的。它的轴的位置是 $\lambda = \frac{m_{11} + m_{22}}{2} > 0$，处于坐标纵轴的右侧。因此，由符号条件显然可知 $\lambda_1 > 0$。

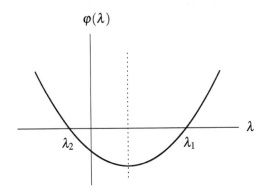

图 B-1　特征多项式的图示

令 $\alpha = \frac{m_{11} + m_{22}}{2}, \beta = \frac{\sqrt{(m_{11} - m_{22})^2 + 4m_{12}m_{21}}}{2}$，则 $\lambda_1 = \alpha + \beta, \lambda_2 = \alpha - \beta$。因为有 $\alpha, \beta > 0$，所以

$$\lambda_1 = \alpha + \beta > |\alpha - \beta| = |\lambda_2|.$$

由此可知，曲线与轴的 2 个交点中，右侧的交点是 λ_1。

又，由 $\varphi(m_{11}) = -m_{12}m_{21} < 0$ 可知

$$\lambda_2 < m_{11} < \lambda_1.$$

对应 λ_1 的特征向量的分量可以都选正的元素。实际上，

$$p = \begin{pmatrix} p_1 & p_2 \end{pmatrix} = \begin{pmatrix} m_{21} & \lambda_1 - m_{11} \end{pmatrix}$$

是它的左特征向量，而且这个向量的 2 个元素都为正。这样可知，2 阶的非负矩阵有绝对值最大且为非负的实数特征值，它的特征向量也是非负的。它的特征值即是Perron-Frobenius **根**（PF根），特征向量即

是Perron-Frobenius 向量（PF向量）。我们下面把 A 的PF 根记为 λ_A。[①]

其次，考虑一个"存在满足不等式 $x > Mx$ 的 $x > 0$"的命题。这即是 M 为可生产性的条件。这个条件可以拓宽到与之等价的一个方程式问题，我们称之为"弱条件"，即"对于一个 $y > 0$，存在满足 $x = Mx + y$ 的非负解 $x > 0$"。

现在，令 $\Delta = (1 - m_{11})(1 - m_{22}) - m_{12}m_{21}$，则有

$$(I - M)^{-1} = \frac{1}{\Delta} \begin{pmatrix} 1 - m_{22} & m_{12} \\ m_{21} & 1 - m_{11} \end{pmatrix},$$

可知以上的非负解的存在条件取决于符号条件

$$1 - m_{11} > 0, \ (1 - m_{11})(1 - m_{22}) - m_{12}m_{21} > 0.$$

此时，显然有列昂惕夫非负可逆条件

$$(I - M)^{-1} > O$$

成立。由此可知，"对一个任意 $y > 0$，存在满足 $x = Mx + y$ 的非负解 $x > 0$"的强条件成立。若强条件成立，则显然一开始的弱条件成立。综上所述，弱条件、符号条件、非负可逆条件、强条件是互为等价的。

进而，如果弱条件成立，那么可以确定 λ_A 和 1 的大小关系。我们可以注意到，由以上的符号条件可知 1 不可能在 λ_2 的左侧。这也不取决于 λ_2 的正负性。现在，令

$$\varphi(1) = 1 - (m_{11} + m_{22}) + m_{11}m_{22} - m_{12}m_{21} > 0,$$

从图上可以看出，横轴之上的抛物线所出现的区域不可能在 λ_1 的右侧以外，显然，若 $\varphi(1) > 0$ 则有 $\lambda_A < 1$。相反亦然，在此不做赘述。

[①] 上述内容作一般化处理后，可得出以下命题。

命题 B.1 正矩阵 $A > O$ 具有绝对值最大且为正的特征值，与其对应的特征向量可以取正元素。

命题 B.2 λ_A 是 A 的递增函数（λ_A 随着 A 的元素增大而增大）。

因此，$\lambda_A < 1$ 对于上述的符号条件而言是一个等值条件。

B.3 矩阵的对角化

与 λ_2 对应的特征向量可作如下设定。

$$u = \begin{pmatrix} u_1 & u_2 \end{pmatrix} = \begin{pmatrix} m_{21} & \lambda_2 - m_{11} \end{pmatrix}.$$

这里，向量元素的符号一定不同。

将 p, u 排列为以下形式，即令 $S = \begin{pmatrix} p \\ u \end{pmatrix} = \begin{pmatrix} m_{21} & \lambda_1 - m_{11} \\ m_{21} & \lambda_2 - m_{11} \end{pmatrix}$，可知

$$SM = \begin{pmatrix} m_{21}\lambda_1 & (\lambda_1 - m_{11})m_{22} + m_{12}m_{21} \\ m_{21}\lambda_2 & (\lambda_2 - m_{11})m_{22} + m_{12}m_{21} \end{pmatrix},$$

对于 $\varphi(\lambda) = 0$ 的根，有

$$(\lambda - m_{11})m_{22} + m_{12}m_{21} = \lambda(\lambda - m_{11}).$$

因此，可知[①]

$$SM = \begin{pmatrix} m_{21}\lambda_1 & \lambda_1(\lambda_1 - m_{11}) \\ m_{21}\lambda_2 & \lambda_2(\lambda_2 - m_{11}) \end{pmatrix}$$

$$= \begin{pmatrix} \lambda_1 & 0 \\ 0 & \lambda_2 \end{pmatrix} \begin{pmatrix} m_{21} & \lambda_1 - m_{11} \\ m_{21} & \lambda_2 - m_{11} \end{pmatrix}$$

[①] 此内容进行推广后可知有以下命题成立。

命题 B.3 (矩阵的对角化)　令 A 的特征值为 λ_i，与其对应的特征向量为 x^i，且 $S = \begin{pmatrix} x^1, \cdots, x^n \end{pmatrix}$，若存在 S^{-1}，则有

$$S^{-1}AS = \begin{pmatrix} \lambda_1 & & \\ & \ddots & \\ & & \lambda_n \end{pmatrix}.$$

$$= \begin{pmatrix} \lambda_1 & 0 \\ 0 & \lambda_2 \end{pmatrix} S.$$

只要 $\lambda_1 \neq \lambda_2$，那么 S 就可逆。此时，

$$M = S^{-1} \begin{pmatrix} \lambda_1 & 0 \\ 0 & \lambda_2 \end{pmatrix} S.$$

这样，对 M 求幂可知

$$M^k = S^{-1} \begin{pmatrix} \lambda_1{}^k & 0 \\ 0 & \lambda_2{}^k \end{pmatrix} S.$$

M 的求幂结果取决于它的特征值和特征向量。

B.4 由 M 规定的递推公式

一般来讲，拥有 2 阶的系数矩阵 A 的线性差分方程

$$x(t+1) = Ax(t), \ t = 0, 1, \dots \tag{B-1}$$

的解是先给定 $x(0)$ 来求的。通过迭代操作可知

$$x(t) = A^t x(0).$$

现在，令 A 的特征值为 λ_1, λ_2，与其对应的（右）特征向量为 x^1, x^2，并令 $S = (x^1, x^2)$，由命题B.3 可知

$$A^t = S \begin{pmatrix} \lambda_1{}^t & 0 \\ 0 & \lambda_2{}^t \end{pmatrix} S^{-1}.$$

这里令 $S^{-1}x(0) = \begin{pmatrix} c_1 \\ c_2 \end{pmatrix}$，可得

$$x(t) = c_1 \lambda_1{}^t x^1 + c_2 \lambda_2{}^t x^2. \tag{B-2}$$

这样，我们知道可以在上述框架下讨论由设定要求利润率而定的价格（全成本定价，Full cost pricing）的收敛性问题。

由这种方式确定的价格基本公式为

$$p(t+1) = (1+\pi)p(t)M,$$

可知形式上是与之前的分析并无两样。[①]

B.5 矩阵的秩和矩阵的分解

定理 B.1 (最大秩分解) 令 A 为 $m \times n$ 的矩阵，且 $\mathrm{rank}(A) = r$，那么 $\mathrm{rank}(B) = \mathrm{rank}(K) = r$ 的条件下，存在满足

$$A = BK$$

的 $m \times r$ 的 B 和 $r \times n$ 的 K。

证明 因为 $\mathrm{rank}(A) = r$，所以存在 r 个线性不相关的向量 $b^1, \ldots, b^r$，A 的各列向量 a^j 可以用这些线性组合来表示。即

$$a^j = \sum_{i=1}^{r} k_{ij} b^i \ (j = 1, \cdots, n).$$

再令 $B = (b^1, \cdots, b^r)$，$K = (k_{ij})$，对于一个单位向量 e^j，有

$$Ae^j = a^j = B(Ke^j) = (BK)e^j, \ (j = 1, \cdots, n).$$

由此可知 $A = BK$。 ∎

若正交矩阵 U 和对角矩阵 D，使

$$A = {}^t U D U$$

时，则称矩阵 A 是**可正交对角化** (Orthogonally diagonalizable) 矩阵。

定理 B.2 A 是 n 阶对称矩阵与 A 可正交对角化等价。

---

① 可以把 $(1+\pi)M$ 当作一个矩阵来看，比如令 $M(\pi) = (1+\pi)M$ 即可。

定理 B.3 (奇异值分解)   令 $m \times n$ 的矩阵 A 的秩 $\mathrm{rank}(A) = r$。可用以 A 的奇异值为对角元素的 r 阶对角矩阵 Σ，以及适当的正交矩阵 U, V 把 A 分解为以下形式。

$$A = U \begin{pmatrix} \Sigma & O \\ O & O \end{pmatrix} {}^t V$$

这样的分解称为 A 的**奇异值分解**(Singular value decomposition)。

证明   因为 ${}^t AA$ 是 n 阶的对称矩阵，所以可正交对角化。 ∎

B.6　Moore-Penrose的逆矩阵

伪逆   通常的广义逆矩阵形式上均包含了未知常数矩阵，也就是说，它的存在不是唯一的。

如果矩阵 X 满足 $AXA = A, XAX = X, {}^t(AX) = AX, {}^t(XA) = XA$，那么我们称这样的 X 为 A 的 Moore-Penrose **广义逆矩阵**，即 **MP 逆矩阵**，或者简单地称为**伪逆**，记为 A^+。

定理 B.4   对一个任意的 $m \times n$ 的矩阵 A，一定存在 MP 逆矩阵，且是唯一的。

证明   因为 $\mathrm{rank}(A) = r$，由定理B.1 可知，存在满足 $A = BK$ 的 $m \times r$ 的 B 和 $r \times n$ 的 K，以及 $\mathrm{rank}(B) = \mathrm{rank}(K) = r$。${}^t BB$ 和 $K{}^t K$ 是正则矩阵。此时，

$$X = {}^t K \left({}^t BA {}^t K \right)^{-1} {}^t B = {}^t K \left({}^t BBK {}^t K \right)^{-1} {}^t B$$

即是 A 的伪逆，它是一个 n 阶方阵。由此证明了它的存在性。

其次，假设 P, Q 都是 A 的伪逆。

$$AP = {}^t(AP) = {}^t P {}^t A = {}^t P {}^t(AQA) = {}^t P {}^t A {}^t(AQ) = {}^t(AP)AQ = (APA)Q = AQ,$$

$$PA = {}^t(PA) = {}^t A {}^t P = {}^t(AQA) {}^t P = {}^t(QA) {}^t A {}^t P = QA {}^t(PA) = Q(APA) = QA.$$

因此，有

$$P = PAP = PAQ = QAQ = Q.$$

由上可知，它是唯一的。

由上述的秩分解 $A = BK$ 可知

$$A^+ = {}^tK \left(K {}^tK \right)^{-1} \left({}^tBB \right)^{-1} {}^tB$$

也是伪逆的表现形式之一。

MP 逆矩阵具有以下性质。

定理 B.5 　令 A 是 $m \times n$ 的矩阵。

(1) $(\alpha A)^+ = \dfrac{1}{\alpha} A^+$, $\alpha \neq 0$。

(2) $({}^tA)^+ = {}^t(A^+)$。

(3) $(A^+)^+ = A$。

(4) 若 $m = n$ 且 A 是正则矩阵，则有 $A^+ = A^{-1}$。

由定理B.5 的(2)可知，对伪逆而言，转置和逆的先后顺序不影响计算结果。因此，可以作如下记述。

$$({}^tA)^+ = {}^t(A^+) = {}^tA^+.$$

定理 B.6 　令 A 是 $m \times n$ 的矩阵。

$$\text{rank}(A) = \text{rank}(A^+) = \text{rank}(AA^+) = \text{rank}(A^+A).$$

定理 B.7 　令 A 是 $m \times n$ 的矩阵。

(1) $({}^tAA)^+ = A^+ {}^t(A^+)$, $(A {}^tA)^+ = {}^t(A^+)A^+$。

(2) $(AA^+)^+ = AA^+$, $(A^+A)^+ = A^+A$。

(3) $A^+ = ({}^tAA)^+ {}^tA = {}^tA(A {}^tA)^+$。

(4) AA^+, A^+A, $I - AA^+$, $I - A^+A$ 对称且幂等。

定理 B.8 　令 A 是 n 阶对称矩阵。

(1) A^+ 也是对称矩阵。

(2) $AA^+ = A^+A$。

(3) 若 A 幂等，则有 $A^+ = A$。

奇异值分解与MP逆矩阵 伪逆可以应用奇异值分解来表现。

令 $m \times n$ 的 A 满足 $\text{rank}(A) < \min(m,n)$。用适当的正交矩阵 U, V，以及以 A 的奇异值为对角元素的 r 阶对角矩阵 Σ，可以把 A 分解为

$$A = U \begin{pmatrix} \Sigma & O_{r,n-r} \\ O_{m-r,r} & O_{m-r,n-r} \end{pmatrix} {}^tV.$$

现在，把 X 表现为

$$X = V \begin{pmatrix} \Sigma^{-1} & O_{r,n-r} \\ O_{m-r,r} & O_{m-r,n-r} \end{pmatrix} {}^tU,$$

这个满足伪逆的条件。因此，

$$A^+ = V \begin{pmatrix} \Sigma^{-1} & O_{r,n-r} \\ O_{m-r,r} & O_{m-r,n-r} \end{pmatrix} {}^tU.$$

定理 B.9 令 $m \times n$ 的 A, B 满足 $\text{rank}(A) = \text{rank}(B) = r \le \min(m,n)$。此时，

$$(AB)^+ = B^+A^+.$$

证明 可将 A, B 的奇异值分解分别表示为

$$A = U \begin{pmatrix} \Sigma & O_{r,n-r} \\ O_{m-r,r} & O_{m-r,n-r} \end{pmatrix} {}^tV, \quad B = S \begin{pmatrix} \Lambda & O_{r,n-r} \\ O_{m-r,r} & O_{m-r,n-r} \end{pmatrix} {}^tT.$$

利用 n 阶的正交矩阵 $Y = {}^tVS$，可有

$$AB = U \begin{pmatrix} \Sigma & O_{r,n-r} \\ O_{m-r,r} & O_{m-r,n-r} \end{pmatrix} Y \begin{pmatrix} \Lambda & O_{r,n-r} \\ O_{m-r,r} & O_{m-r,n-r} \end{pmatrix} {}^tT.$$

把 Y 按照秩 r 进行分块，即令

$$Y = \begin{pmatrix} Y_{11} & Y_{12} \\ Y_{21} & Y_{22} \end{pmatrix},$$

可知

$$AB = U \begin{pmatrix} \Sigma Y_{11} \Lambda & O \\ O & O \end{pmatrix} {}^t T.$$

现在，因为 $\mathrm{rank}(AB) = r$，可知 Y_{11} 为正则矩阵，存在逆矩阵 Y_{11}^{-1}。

另一方面，

$$B^+ A^+ = T \begin{pmatrix} \Lambda^{-1} & O_{r,n-r} \\ O_{m-r,r} & O_{m-r,n-r} \end{pmatrix} Y^{-1} \begin{pmatrix} \Sigma^{-1} & O_{r,n-r} \\ O_{m-r,r} & O_{m-r,n-r} \end{pmatrix} {}^t U$$

$$= T \begin{pmatrix} \Lambda^{-1} Y_{11}^{-1} \Sigma^{-1} & O \\ O & O \end{pmatrix} {}^t U.$$

以上求出的 AB 和 $B^+ A^+$ 满足伪逆的条件。可知定理成立。 ∎

方阵 ${}^t A A, A\,{}^t A$ 的非零特征值是一致的。实际上，令 A 的奇异值分解为 $U \begin{pmatrix} \Sigma & O \\ O & O \end{pmatrix} {}^t V$，则 ${}^t A A, A\,{}^t A$ 与以 $\begin{pmatrix} \Sigma^2 & O \\ O & O \end{pmatrix}$ 形式表现的矩阵相似，只是 0 成分的维度有所不同罢了。

B.7 Tucker 定理

Tucker 定理 作为 Gordan 定理 (1873) 及 Stiemke 定理 (1915) 的一个一般推广我们知道有 Tucker 定理 (1956)。以下是 Tucker (1956) 的证明。

引理 B.1 对于一个 $m \times n$ 的矩阵 $A = (a^1, \cdots, a^n)$，$Ax = 0, x \geqq 0$ 和 $uA \geqq \ominus$ 有满足 $ua^1 + x_1 > 0$ 的解 x, u。这里的 a^1 表示 ${}^t A$ 的第 1 列向量。

证明 用数学归纳法证明。$n = 1$ 时显然是成立的。

假设 n 的时候成立，考虑 $n+1$ 的情形。在 n 的时候矩阵 A 中附加一个第 $n+1$ 列组合成 $\tilde{A}$。

$$\tilde{A} = (A, a^{n+1}).$$

把以上的引理应用 A 可知，x, u 的组合中存在满足

$$uA \geqq \bullet, \ Ax = 0, \ x \geqq 0, \ ua^1 + x_1 > 0$$

的组合。

$ua^{n+1} \geq 0$ 时，取 $\tilde{x} = (x, 0)$，有

$$u\tilde{A} \geqq \bullet, \ \tilde{A}\tilde{x} = 0, \ \tilde{x} \geqq 0, \ ua^1 + x_1 > 0.$$

因此，对 $\tilde{A}$ 是成立的。

另一方面，$ua^{n+1} < 0$ 时，可定义矩阵 B 为

$$B = \left(b^1, \ldots, b^n\right) = \left(a^1 + \lambda_1 a^{n+1}, \ldots, a^n + \lambda_n a^{n+1}\right),$$

这里，

$$\lambda_j = -\frac{ua^j}{ua^{n+1}} \geq 0 \ (j = 1, \ldots, n).$$

结果

$$uB = \bullet,$$

因此引理可适用于 B。即 y, v 的组合中存在满足

$$By = 0, \ y \geqq 0, \ vB \geqq \bullet, \ vb^1 + y_1 > 0$$

的组合。令 $\tilde{y} = \left(y, \sum_{j=1}^n \lambda_j y^j\right)$，由 $y \geqq 0, \sum_{j=1}^n \lambda_j y^j \geqq 0$ 可知

$$\tilde{y} \geqq 0, \ \tilde{A}\tilde{y} = (A, a^{n+1})\tilde{y} = By = 0.$$

再，令

$$w = v + \mu u, \ \mu = -\frac{va^{n+1}}{ua^{n+1}},$$

则有

$$wa^{n+1} = 0.$$

此时有下式成立。即

$$wA \geqq \bullet, \ wa^1 + y_1 > 0.$$

实际上，有

$$wA = wB = vB \geqq \bullet,$$

且

$$wa^1 + y_1 = vb^1 + y_1 > 0.$$

由此可知，$n+1$ 的时候也成立。∎

定理 B.10 (Tucker)

$$Ax = 0^m, x \geqq 0^n$$

且

$$yA \geqq 0_n$$

有满足以下公式的解 x, y。

$$^t(yA) + x > 0^n.$$

证明　引理中列 a^1 发挥着特殊的作用。但通过一个适当的交换，任何一列也都可以放到最先列，所以，结果上，对于任意的 $j = 1, \cdots, n$，存在 u^j, x^j 的组合，满足

$$u^j A \geqq \ominus, \ Ax^j = 0, \ x^j \geqq 0, \ u^j a^j + x^j_{\ j} > 0.$$

在此，令 $u^* = \sum_{j=1}^n u^j, \ x^* = \sum_{j=1}^n x^j$，则有

$$u^* A = \sum_{j=1}^n u^j \geqq \ominus, \ Ax^* = 0, \ x^* = \sum_{j=1}^n x^j \geqq 0.$$

而且，对于 $j = 1, \ldots, n$，有

$$u^* a^j + x^*_{\ j} = \sum_{k=1}^n \left(u^k a^j + x^k_j \right) \geqq u^j a^j + x^j_j.$$

因此，有 $^t(u^* A) + x^* > 0$。∎

推论 B.1 (Tucker)

$$-Ax \geqq 0^m, x \geqq 0^n$$

且

$$yA \geqq 0_n, y \geqq 0_m$$

的解中有 x, y 的组合，它们满足下式。

$$y - {}^t(Ax) > 0_m,$$

且

$$x + {}^t(yA) > 0^n.$$

推论 B.2 若不存在满足 $Ax \geq 0^m$ 的 $x \geq 0^n$，则存在满足 $yA \leq 0_n$ 的 $y > 0_m$。

Tucker 定理是作为一个特殊情形包含了 Stiemke 定理。

推论 B.3 (Stiemke, 1915) $Ax = 0$ 存在 $x > 0$ 的充要条件是，$yA \geqq \ominus$ 不存在作为解的 y。

实际上，Stiemke 定理中，若条件即"不存在满足 $yA \geq \ominus$ 的 y"成立，则由 Tucker 定理可知，存在满足 $Ax = 0, x \geqq 0, yA \geqq \ominus$ 且 $x + {}^t(yA) > 0$ 的 x。因此，必须有 $yA = \ominus$。此时，有 $x > 0$ 成立。由此可知，Stiemke 定理成立。

注 B.1 由 Stiemke 定理可以导出 Tucker 定理 (Nikaido, 1961)。由以上的结果可知，Stiemke 定理与 Tucker 定理等值。

应用 Tucker 定理可知，存在对应概率矩阵的特征值 1 的特征概率向量。

实际上，若 $(I - A)x = 0$ 没有非负解 $x \geq 0$，则不等式

$$p(I - A) > \ominus$$

有解 p。将此细分到各元素，可写为

$$p_j > \sum_{i=1}^{n} a_{ij} p_i.$$

由假定可知，$a_{ij} \geqq 0, \sum_{i=1}^{n} a_{ij} = 1$，因此

$$p_j > \sum_{i=1}^{n} a_{ij} p_i \geqq \min p_j,$$

这不合理。

Tucker 定理与 Minkowski-Farkas 引理   在此，我们来应用 Tucker 定理证明 Minkowski-Farkas 引理。

Minkowski-Farkas 引理作如下表述。

定理 B.11 (Minkowski-Farkas 引理)   方程式 $Ax = b$ 存在非负解 $x \geq 0$ 的充要条件是，对 $yA \geqq \mathbf{0}$ 的一个任意解 y，有 $yb \geq 0$ 成立。

证明 $\Longrightarrow$：必要条件显然成立，在此不作赘述。

$\Longleftarrow$：对 $\begin{pmatrix} A & -b \end{pmatrix}$ 适用 Tucker 定理。方程式 $\begin{pmatrix} A & -b \end{pmatrix} x = 0,\ x \geq 0$ 与线性不等式 $y \begin{pmatrix} A & -b \end{pmatrix} \geqq \mathbf{0}$ 有满足

$$\begin{pmatrix} {}^t A \\ -{}^t b \end{pmatrix} {}^t y + x > 0$$

的解 x, y。

由上述不等式可知，$yA \geqq \mathbf{0},\ -yb \geq 0$。

再由 $yA \geqq \mathbf{0}$ 可知，此时的 $yb \geq 0$。

由 $yb \geq 0$ 且 $yb \leq 0$ 可得，$yb = 0$。因此，

$$\begin{pmatrix} {}^t A\, {}^t y \\ 0 \end{pmatrix} + x > 0,$$

这样一来，$x_{n+1} > 0$。令 $x = {}^t(\, {}^t x^1,\ x_{n+1})$，因为

$$Ax^1 - x_{n+1} b = 0,$$

这里，令 $z = \dfrac{x^1}{x_{n+1}}$，可知

$$Az - b = 0.$$

即，存在满足 $Az = b$ 的 $z \geqq 0$。 ∎

以下两个推论是以充要条件的形式来表现的。

推论 B.4 $Ax \leq b$ 有解 $x \geq 0$。$\Longleftrightarrow$ 对 $yA \geqq 0$ 的任意一个解 $y \geqq 0$，有 $yb \geqq 0$。

实际上，令 $u = b - Ax$，$(A, I)\begin{pmatrix} x \\ u \end{pmatrix} = b$ 有非负解 $x \geqq 0, u \geqq 0$，因此只要把Minkowski-Farkas 定理适用于 (A, I) 即可。

推论 B.5　$yA \geqq c$ 有解 $y \geqq 0$。$\Longleftrightarrow$ 对于 $Ax \leqq 0$ 的任意一个解 $x \geqq 0$，有 $cx \leqq 0$。

实际上，只要把 A 换成 $-A$，把 c 换成 $-c$，再应用Minkowski-Farkas 定理即可。

可利用Minkowski-Farkas 的引理来证明Stiemke 定理的成立。

若不存在满足 $x > 0, Ax = 0$ 的 x，则对于一个适当的 $b \neq 0$，有 $x > 0, Ax = b$ 成立。

此时，由Minkowski-Farkas 定理可知，对于满足 $yA \geqq \bullet$ 的任意一个 y，有 $yb > 0$。即，存在使 $yA \geqq \bullet$ 成立的 y。

注 B.2　由以上的讨论我们可以认为，(Stiemke-)Tucker定理和Minkowski-Farkas引理都是同类型的定理。下面我们还将明示线性规划的对偶定理也是同类型的定理。

B.8　线性规划问题

线性规划问题指的是，在线性不等式的约束条件以及变量的非负条件下，求线性函数值的最大值问题。本节我们简要地概括一下线性规划问题的相关理论。

对称性对偶问题　考虑一类以 m/n 的系数矩阵 $A = (a^1, \ldots, a^n)$ 为基础的线性规划问题。我们把最大化问题

$$\max\{cx \mid Ax \leqq b, x \geqq 0^m\} \qquad \mathfrak{P}$$

称为标准问题 ($\mathfrak{P}$)。把与之对应的最小化问题

$$\min\{yb \mid yA \geqq c, y \geqq \mathbf{o}_n\} \qquad \mathfrak{D}$$

称为它的对偶问题 ($\mathfrak{D}$)。这些问题被称为是**对称性对偶**。

满足 $\mathfrak{P}$ 的约束条件的 x 称为 $\mathfrak{P}$ 的**可行解**。$X = \{x \mid Ax \leqq b, x \geq 0\}$ 被称为是**可行解集合**。

可行解集合 X 是一个凸集合。

命题 B.4　假设 $\mathfrak{P}$、$\mathfrak{D}$ 存在可行解，分别用 x, y 表示。对任意的 x, y，有

$$cx \leq yAx \leq yb.$$

推论 B.6　若 $\mathfrak{P}$ 存在可行解，且在可行域内目标函数没有界，则 $\mathfrak{D}$ 不存在可行解。

实际上，如果 $\mathfrak{P}$ 存在可行解，且在可行域内目标函数有界的话，那么 $cx \to \infty$。然而，由 $cx \leq yb$ 可知，$\mathfrak{D}$ 存在可行解，这是矛盾的。

同样的推论以 $\mathfrak{D}$ 为出发点也会成立。

命题 B.5　对 $\mathfrak{P}$、$\mathfrak{D}$ 的可行解 x^o, y^o，若 $cx^o = y^o b$ 成立，则 x^o 是 $\mathfrak{P}$ 的最优解，y^o 是 $\mathfrak{D}$ 的最优解。

可令 $\mathfrak{P}$ 的任意一个可行解为 x。此时，有

$$cx \leq y^o = cx^o$$

成立，这明示了 x^o 是 $\mathfrak{P}$ 的最优解。对于 y^o 也是一样。

以下几点是明确在怎样的条件下才会（不）存在最优解的问题。

关于 $\mathfrak{P}$ 的最优解，有以下3种情况。

(1)　$X = \emptyset$；

(2)　$X \neq \emptyset, cx \to \infty$；

(3)　$X \neq \emptyset, cx \leq M < \infty$。

显然，最开始的(1)、(2) 不存在最优解。最后的(3) 是存在最优解的情形。

线性规划法的对偶定理

定理 B.12 (对偶定理)   (1) 对 $\mathfrak{P}$ 的任意一个可行解 x 和 $\mathfrak{D}$ 的任意一个可行解 y，有 $yb \geq cx$。

(2) 若存在上述的 x, y，则对适当的 x, y，有 $yb = cx$。

证明   (1) 显然成立。

(2) 以 $Ax \leqq b, yA \geqq c, yb \leqq cx$ 为一组合，明示它有非负解 x, y 即可。这些可总括为以下形式：

$$
\begin{pmatrix} A & O \\ O & -{}^{t}A \\ -c & {}^{t}b \end{pmatrix} \begin{pmatrix} x \\ {}^{t}y \end{pmatrix} \leqq \begin{pmatrix} b \\ -{}^{t}c \\ 0 \end{pmatrix}.
$$

我们来证明它有非负解 $\begin{pmatrix} x \\ {}^{t}y \end{pmatrix}$。

现在，对

$$
\begin{pmatrix} p & {}^{t}q & w \end{pmatrix} \begin{pmatrix} A & O \\ O & -{}^{t}A \\ -c & {}^{t}b \end{pmatrix} \geqq 0
$$

的任意解 $\begin{pmatrix} p & {}^{t}q & w \end{pmatrix} \geqq 0$，由Minkowski-Farkas 定理可知，只要确认以下关系成立即可。

$$
\begin{pmatrix} p & {}^{t}q & w \end{pmatrix} \begin{pmatrix} b \\ -{}^{t}c \\ 0 \end{pmatrix} \geqq 0
$$

实际上，不等式可重写为

$$
pA \geqq wc,
$$

$$
Aq \leqq wb,
$$

$$
p \geqq 0, q \geqq 0, w \geqq 0.
$$

令 $w > 0$，上式除以 w 可得，

$$
\frac{p}{w}A \geqq c, A\frac{q}{w} \leqq b, \frac{p}{w} \geqq 0_m, \frac{q}{w} \geqq 0^n,
$$

因此显然有定理的(1) 成立。

其次，$w = 0$ 时，上式为

$$pA \geqq 0, Aq \leqq 0, p \geqq 0_m, q \geqq 0^n.$$

由推论B.4、B.5 可知，以上成立。 ∎

等式条件与对偶问题 比较典型的对偶定理是由不等式条件约束的标准最大化问题和最小化问题的组合来规定的。但我们也可以在约束条件为等式的场合来考虑同样的对偶性。

在此，从最小化问题出发。考虑以下问题。

$$\min \{cx \mid Ax = b, x \geqq 0\} \tag{B-3}$$

由实数的性质可知，约束条件与

$$Ax \geqq b, Ax \leqq b$$

等价，所以问题可变为

$$\min \left\{ cx \;\middle|\; \begin{pmatrix} -A \\ A \end{pmatrix} x \geqq \begin{pmatrix} -b \\ b \end{pmatrix}, x \geqq 0 \right\}.$$

它的对偶问题是

$$\max \left\{ (u\ v) \begin{pmatrix} -b \\ b \end{pmatrix} \;\middle|\; (u\ v) \begin{pmatrix} -A \\ A \end{pmatrix} \leqq c, u, v \geqq \mathbf{0} \right\}.$$

在此，令 $y = u - v$，有

$$\max\{yb \mid yA \leqq c\}. \tag{B-4}$$

这里的 y 不附随符号条件。

通过以上的变形我们知道，式(B-3) 和式(B-4) 是对偶问题，可以适用对偶定理。

线性规划的对偶定理与Minkowski-Farkas 引理 前面我们以等式条件下的对偶定理为基础，由线性规划的对偶定理B.12 可以推导出Minkowski-Farcas 引理。而在前面的讨论中我们也知道从后者也能导出前者，所以二者是互为等价的定理。

定理 B.13　线性规划的对偶定理与Minkowski-Farkas 引理等价。

实际上，可取常数项为 0 的式(B-3) 和式(B-4)。它们组成最大化问题

$$\max\{bx \mid Ax \leq 0, x \geq 0\}, \tag{B-5}$$

和最小化问题

$$\min\{y0 \mid yA = b, y \geq \mathbf{0}\}. \tag{B-6}$$

如果对偶定理成立，那么"存在满足 $yA = b$ 的 $y \geq 0$"，与"对满足 $Ax \leq 0$ 的 x 有 $bx \leq 0$ 成立"是等值的。这个等值命题的成立即是Minkowski-Farkas 引理的成立。

备考　应用Minkowski-Farkas 引理来证明线性规划的对偶定理的方法，对于证明对偶定理本身而言是最为简单的方法。但是我们也能看到，这是一个与特定的计算方法无关的证明方法。

参 考 文 献

[1] 华罗庚(1984a)：计划经济大范围最优化的数学理论：(I)量综与消耗系数方阵，科学通报，12：705-9页。

[2] 华罗庚(1984b)：计划经济大范围最优化的数学理论：(II)消耗系数(III)正特征矢量法的数学证明，科学通报，13：769-72页。

[3] 华罗庚(1984c)：计划经济大范围最优化的数学理论：(IV)数学模型(V)论调整(VI)生产能力的上限，表格，科学通报，16：961-5页。

[4] 华罗庚(1984d)：计划经济大范围最优化的数学理论：(VII)论价格，科学通报，18：1089-92页。

[5] 华罗庚(1985)：计划经济大范围最优化的数学理论：(X)生产系统的危机，科学通报，9：641-5页。

[6] 李帮喜、藤森赖明(2010)：固定资本与剑桥方程式，经济理论与经济管理，7: 24-9页。

[7] 马克思(2004[1885])：资本论(中共中央马克思恩格斯列宁斯大林著作编译局译)，第2卷，人民出版社。

[8] 中国国家统计局国民经济核算司(编)：2002年中国投入产出表，中国统计出版社。

[9] 中国国家统计局国民经济核算司(编)：2000年中国投入产出表，中国统计出版社。

[10] 中国国家统计局国民经济核算司(编)：1997年中国投入产出表，中国统计出版社。

[11] 中国国家统计局国民经济核算司(编)：1995年中国投入产出表，中国统计出版社。

[12] 中国国家统计局国民经济核算司(编)：1992年中国投入产出表，中国统计出版社。

[13] 中国国家统计局国民经济核算司(编)：1990年中国投入产出表，中国统计出版社。

[14] 中国国家统计局国民经济核算司(编)：1987年中国投入产出表，中国统计出版社。

[15] Asada, Toichiro (1982), "Real Wage Rate, Rate of Profit and Rate of Exploitation in a Fixed Capital Economy", *Economic Studies Quarterly*, XXXIII(1):55-66.

[16] Bapat, R. B. and T. E. S. Raghavan (1997), *Nonnegative Matrices and Applications*, Cambridge University Press.

[17] Ben-Israel, A. and T. N. E. Greville (2003), *Generalized Inverses: Theory and Applications*, Springer.

[18] Dadaian, V. S. (1971[1965]), *Planned Economy and Reproduction Model*(in Japanese), Shinhyoron.

[19] Dmitriev, V. K. (1974[1904]), *Economic Essays on Value, Competition and Utility* (ed. D. M. Nuti), Cambridge University Press.

[20] Dorfman, Robert, Paul A. Samuelson and Robert M. Solow (1958), *Linear Programming and Economic Analysis*, McGraw-Hill.

[21] Duménil, Gérard and Dominique Lévy (2003), *Économie Marxiste du Capitalisme*, La Découverte.

[22] Fujimori, Yoriaki (1998), "Innovation in the Leontief Economy", *Waseda Economic Papers*, 37:67-72.

[23] Fujimori, Yoriaki (1992a), "Wage-Profit Curves in a von Neumann-Leontief Model: Theory and Computation of Japan's Economy 1970-1980", *Journal of Applied Input-Output Analysis*, 1(1):43-54.

[24] Fujimori, Yoriaki (1992b), "On Harrod-Okishio's Dynamic Model: Some Formal Comments", *Josai University bulletin, the Department of Economics*, 11(1):79-89.

[25] Fujimori, Yoriaki (1982), *Modern Analysis of Value Theory*, Springer.

[26] Fujimoto, T. (1975), "Duality and Uniqueness of Growth Equilibrium", *International Economic Review*, 16(3):781-91.

[27] Gale, D. (1960), *Theory of Linear Economic Models*, McGraw-Hill.

[28] Gordan, P. (1873), "Über die Auflösungen linearer Gleighungen mit reelen Coefficienten", *Mathematische Annalen*, 6:23-8.

[29] Han, Tesun and Masao Iri (1982), *Jordan Canonical Form*(in Japanese), University of Tokyo Press.

[30] Harrod, Roy F. (1948), *Towards a Dynamic Economics*, Macmillan.

[31] Hayashi, N. (1959), *Studies in Business Cycle Theory*(in Japanese), Sanichi Shobou.

[32] Hilferding, R. (1904), *Böhm-Bawerk's Marx-Kritik*, in Sweezy (1942).

[33] Howe, Charles W. (1960), "An Alternative Proof of the Existence of General Equilibrium in a von Neumann Model", *Econometrica*, 28(3):635-9.

[34] Hua, Loo Keng (1984e), "On the Mathematical Theory of Globally Optimal Planned Economic System", *Proceedings of the National Academy of Sciences of the United States of America*, 81(20):6549-53.

[35] International Labour Office (2005), *Yearbook of Labour Statistics 2003 (62th Issue)*(in Japanese), The ILO Association of Japan.

[36] Kakeya, S. (1912), "On the Limit of the Roots of an Algebraic Equation with Positive Coefficient", *Touhoku Mathematical Journal*, 140-2.

[37] Kantorovich, L. V. (1957), "O Metodakh Analiza Nekotorykh Ekstremal'nykh Planovo-Proizvodstvennykh Zadach," (On Methods of Analysis of Certain External Problems in Planning and Production), *Doklady*, AN SSSR, 115(3):441-4. Linear Programming.

[38] Koopmans, Tjalling C. (ed) (1951) *Activity Analysis of Production and Allocation*, Yale University Press.

[39] Koshimura, Shinzaburou (1967), *Theory of Crises and Waves*(in Japanese), Shunjusha.

[40] Koshimura, Shinzaburou (1961), *Marxian Econometrics*, Toyo Keizai Inc.

[41] Kurz, Heinz D. and Neri Salvadori (1995), *Theory of Production: A Long-Period Analysis*, Cambridge University Press.

[42] Krause, Ulrich (1979), *Geld und abstrakte Arbeit: über d. analytischen Grundlagen d. politischen Ökonomie*, Campus-Verlag.

[43] Lange, Oskar (1965), *Teoria Reprodukcji i Akumulacji: Pa'nstwowe Wydawnictwo Naukowe*, Warszawa.

[44] Li, Bangxi and Yoriaki Fujimori (2013), "Fixed Capital, Renewal Dynamics and Marx-Sraffa Equilibrium", in M. Kasamatsu ed. *Macro- and Micro Foundations of Economics*, 51-72, Waseda University Press.

[45] Li, Bangxi (2014), "Fixed Capital and Wage-Profit Curves *à la* von Neumann-Leontief: China's Economy 1987-2000", *Research in Political Economy*, Vol.29, forthcoming.

[46] Li, Bangxi (2012), *Linear Economic Theory and Turnpikes of China's Economy: In the Light of Marx, Sraffa and von Neumann*, (in Japanese) Doctoral Dissertation, Graduate School of Economics, Waseda University.

[47] Li, Bangxi (2011a), "Economic Durability of Fixed Capital", *Waseda Journal of Political Science and Economics*, 381-382: 17-25.

[48] Li, Bangxi (2011b), "Estimation of Marginal Fixed Capital Coefficient and Wage-Profit Curves *à la* von Neumann-Leontief: A Case Study of China's Economy 1987-2000", *Waseda Economics Working Paper Series*, 11-001.

[49] Li, Bangxi (2008), "China Input-Output Table and Linear Economic Theory", (in Japanese) *Political Economy Quarterly*, 45(2):66-71.

[50] Lü, Z. (2007), *Development and Application of the China Multi-area Multisector Dynamic Model in Consideration of the Gap between Areas*, (in Japanese) Graduate School of Frontier Sciences, University of Tokyo.

[51] Ministry of Finance of China (1992), *Information Concerning Promulga-tion of the Financial Institutions for Industrial Enterprises*(in Chinese), [(92)CaiGongZi No.574].

[52] Miyaoka, Etsuo and Katsunori Sanada (2007), *Applied Linear Algebra*(in Japanese), Kyoritsu Shuppan.

[53] Morishima, Michio and F. Seton (1961), "Aggregation in Leontief Matri-ces and the Labour Theory of Value", *Econometrica*, 29(2):203-20.

[54] Nakatani, Takeshi (1994), *Economics of Value, Price and Profit*(in Japanese), Keisou Shobou.

[55] National Bureau of Statistics of China, *China Statistical Yearbook 2003*, China Statistics Press.

[56] Nikaido, Hukukane (1968), *Convex Structures and Economic Theory*, Academic Press.

[57] Nikaido, Hukukane (1961), *Linear Algebra for Economics* (in Japanese), Baifukan.

[58] Nikaido, Hukukane (1960), *Mathematical Methods in Modern Economics* (in Japanese), Iwanami Shoten.

[59] Okishio, Nobuo (1988), *Modern Economics II*(in Japanese), Chikuma Shobou.

[60] Okishio, Nobuo (1987), *Marxian Economics II: Theory of Capital Accu-mulation*(in Japanese), Chikumashobo.

[61] Okishio, Nobuo (1977), *Marxian Economics: Value and Price Theory*(in Japanese), Chikumashobo.

[62] Okishio, Nobuo (1976), *Theory of Accumulation*(in Japanese), Chikuma Shobou.

[63] Okishio, Nobuo and Takeshi Nakatani (1975), "Profit and Surplus Labor: Considering the Existence of the Durable Equipments",(in Japanese) *Eco-nomic Studies Quarterly*, XXVI(2):90-6.

[64] Ortega, J. M. and W. C. Rheinboldt (2000), *Iterative Solution of Nonlinear Equations in Several Variables*, SIAM.

[65] Pasinetti, Luigi L. (1977), *Lectures on The Theory of Production*, Columbia University Press.

[66] Schefold, B. (1989), *Mr Sraffa on Joint Production and Other Essays*, Unwin Hyman Ltd.

[67] Sraffa, Piero (1960), *Production of Commodities By Means of Commodities: Prelude to a Critique to Economics*, Cambridge University Press.

[68] State Council of China (2007), *Regulations on the Implementation of Enterprise Income Tax Law of the People's Republic of China*(in Chinese), [Decree No.512].

[69] Stiemke, E. (1915), "Über positive Lösungen homogener linearer Gleichungen", *Mathematische Annalen*, 76:340-2.

[70] Strang, Gilbert (1976), *Linear Algebra and Its Applications*, Academic Press.

[71] Steedman, I. (1977), *Marx After Sraffa*, New Left Books.

[72] Steedman, I. (1975), "Positive Profits with Negative Surplus Value", *Economic Journal*, 85(337):114-23.

[73] Sweezy, P. M. (1942), *The Theory of Capitalist Development*, Monthly Review.

[74] Takasuka, Yoshihiro (1968), *Analysis on Reproduction Schema*(in Japanese), Shinhyoron.

[75] Traub, J. F. (1964), *Iterative Methods for the Solution of Equations*, Prentice Hall, Englewood Cliffs.

[76] von Neumann, J. (1945/46[1937]), "A Model of General Economic Equilibrium", *Review of Economic Studies*, 13(1):1-9; Translation of "Über ein ökonomisches Gleichungssystem und eine Verallgemeinerung des Brouw-

erschen Fixpunktsatzes", *Ergebnisse eines Mathematischen Kolloquiums*, 8:77-83.

[77] Tsukui, J., Y. Murakami and Tokoyama K. et al. (1973), *Turnpike Models: Multisectoral Optimization Models* (in Japanese), Economic Research Institute, Economic Planning Agency, Japan.

[78] Tsukui, Jinkichi and Yasusuke Murakami (1979), *Turnpike Optimality in Input-Output Systems: Theory and Application for Planning*, North-Holland Pub. Co.

[79] Tsuno, Y. (1990), *Mathematics for Economics II: Linear Algebra and Input-Output Analysis*(in Japanese), Baifukan,1990.

[80] Yamada, Kin'ichi and Katsumi Yamada (1961), "Expand Reproduction and Replacement of Fixed Capital",(in Japanese) *Hitotsubashi Review*, 46(5):531-8.

[81] Yanai, Haruo, Kei Takeuchi and Yoshio Takane (2011), *Projection Matrices, Generalized Inverse Matrices, and Singular Value Decomposition*, Springer.

[82] Yoshida, Hiroshi (1990), "So-called 'Ruchti-Lohmann Effect' on Political Economy",(in Japanese) *The Bulletin of Japan Society of Political Economy*, 27:83-98.

索　引

图书在版编目（CIP）数据

马克思经济学与数理分析/（日）藤森赖明，李帮喜著.—北京：社会科学文献出版社，2014.10（2023.11 重印）

（政治经济学新连线.学术研究系列）

ISBN 978 – 7 – 5097 – 6307 – 0

Ⅰ.①马…　Ⅱ.①藤…　②李…　Ⅲ.①数理统计 – 应用 – 马克思主义政治经济学 – 研究　Ⅳ.①F0 – 0

中国版本图书馆 CIP 数据核字（2014）第 171500 号

政治经济学新连线·学术研究系列
马克思经济学与数理分析

著　　者／〔日〕藤森赖明　李帮喜

出 版 人／冀祥德
项目统筹／恽　薇　陈凤玲
责任编辑／陈凤玲
责任印制／王京美

出　　版／社会科学文献出版社·经济与管理分社（010）59367226
　　　　　地址：北京市北三环中路甲 29 号院华龙大厦　邮编：100029
　　　　　网址：www.ssap.com.cn
发　　行／社会科学文献出版社（010）59367028
印　　装／北京虎彩文化传播有限公司

规　　格／开本：787mm × 1092mm　1/16
　　　　　印 张：20.25　字 数：278 千字
版　　次／2014 年 10 月第 1 版　2023 年 11 月第 3 次印刷
书　　号／ISBN 978 – 7 – 5097 – 6307 – 0
定　　价／79.00 元

读者服务电话：4008918866